Jean Grave

La Société future

Essai

ISBN : 978-1986081610

10 9 8 7 6 5 4 3 2 1

Jean Grave

La Société future

Essai

Table de Matières

I. LE LENDEMAIN DE LA RÉVOLUTION

Sous le vocable : *Société au lendemain de la Révolution*, nous avions déjà fait paraître cette étude ; mais ce titre pris, sous l'influence de diverses causes de discussions présentes, ne répondait pas absolument à notre manière de voir, c'est pourquoi, en développant notre étude, nous lui substituons un titre plus en harmonie avec notre conception.

En effet, étant donnée l'idée que nous nous faisons de la Révolution, cette dernière ne peut pas avoir de lendemain. Les révolutions qui s'opèrent en trois jours, une semaine, un mois ou une année, peuvent avoir un lendemain, la révolution sociale, telle que nous la comprenons, ne prendra fin que du jour où l'autorité aura complètement disparu de la terre, elle n'aura plus à intervenir pour assurer l'évolution lorsque cette dernière s'accomplira librement, sans entrave. Mais, Jusqu'à ce résultat obtenu, cette révolution est de toute heure, de tous les instants, en tous les lieux. C'est le combat journalier de l'avenir contre le passé, du futur contre l'immobilisme, de la justice contre l'iniquité. Elle est commencée avec le premier acte d'indépendance de l'initiative individuelle, on ne sait quand elle finira. — Elle ne comporte, momentanément, pas de lendemain.

D'autre part : *Société au lendemain de la Révolution*, semblerait impliquer une transformation complète, immédiate, une société venant, en un tour de main, se substituer de toutes pièces, à la société actuelle. Et c'est là le grand reproche que nous font les évolutionistes, en nous accusant de ne pas tenir compte des lois naturelles qui font que les choses ne progressent que graduellement et lentement.

Nous devons donc éviter ce qui pourrait prêter matière à confusion, car nous savons que la société que nous rêvons ne surgira pas spontanément, comme à un coup de baguette ; qu'elle ne pourra, au contraire, s'établir que progressivement, sous les efforts des générations qui sauront arracher à leurs maîtres soit une concession, soit une victoire qui leur permettra de se passer de leur assentiment.

Les révolutions politiques qui se contentent de renverser les hommes au pouvoir et de leur en substituer de nouveaux, se bornant à changer les noms des rouages abhorrés, tout en en conservant le fonctionnement, ces révolutions peuvent accomplir, plus ou moins rapidement, leur œuvre, mais une fois leurs résultats acquis, elles s'immobilisent. Lorsque ceux qui l'ont faite — ou fait faire, le plus souvent — ont chassé les créatures de l'ancien pouvoir, pour s'y installer, eux et les leurs, la révolution est accomplie : le lendemain de leur révolution, c'est lorsqu'ils peuvent tripoter à leur aise, leur domination étant assurée.

La Révolution sociale que nous comprenons, ne peut s'opérer d'une façon aussi expéditive ; les révolutions politiques n'en sont que des épisodes. Qu'elles réussissent ou qu'elles échouent, cela n'influe en aucune façon sur le résultat final. Quelquefois, comme l'insurrection communaliste de 71, leur défaite peut être le point de départ d'un mouvement d'idées, bien plus fécond, bien plus grandiose, qu'elle aurait été incapable de réaliser si elle avait vaincu. La répression qui suivit sa défaite, sembla, à ce moment-là, être un retour en arrière. La réaction semblait triomphante, et elle exultait : le prolétariat maté allait donc, une bonne fois pour toutes, courber pour de bon, la tête sous le joug de ses maîtres politiques et économiques. — C'est depuis cette époque, que les réclamations ouvrières ont pris un caractère économique très prononcé, que les travailleurs ont enfin compris que les changements politiques n'avaient aucune influence sur leur situation économique, que l'autorité n'était que l'instrument, le véritable maître étant le Capital !

La Révolution sociale procède de l'évolution. C'est cette dernière qui, lorsqu'elle vient se heurter aux institutions sociales lui barrant la route se transforme en Révolution.

Pareille à la rivière dont la nappe s'étale au milieu de la plaine, sans courant perceptible, suivant insensiblement son chemin, semblant s'assoupir sous les chauds rayons du soleil qui l'éclairent et la réchauffent, faisant miroiter, sous leurs caresses, comme un grandiose miroir, la nappe unie de ses eaux, toujours semblables, l'évolution transforme les idées, change les mœurs insensiblement, d'une génération à l'autre, sans que les individus s'en aperçoivent pendant la courte durée de leur vie. Mais si leurs mœurs, leurs tendances, leurs aspirations changent, les institutions fondamentales restent immobiles, et le conflit éclate.

I. LE LENDEMAIN DE LA RÉVOLUTION

De même la rivière s'étale librement, et voilà qu'au bout de la plaine, là-bas, ses rives s'élèvent, se rétrécissent tout à coup, et forcent, sans transition, la rivière à resserrer ses flots, à canaliser son cours. Ce lac, auparavant uni, calme, d'apparence immobile, accélère son cours, ses flots grondent contre les obstacles qui obstruent son lit, se brisent contre les rocs qui arrêtent leur marche, entament les rives qui les emprisonnent, arrachent les matériaux qui leur serviront à assaillir d'autres obstacles plus solides. Et la rivière tranquille et inoffensive devient le torrent tumultueux qui aplanit tout sur son passage.

C'est ce que les gouvernants n'ont pas su comprendre et c'est pourquoi — fidèles à leur rôle du reste, — ils ont toujours essayé d'endiguer le flot de l'idée régénératrice, pour la forcer à se canaliser entre les digues élevées par leur ignorance. Et, lorsque le fleuve irrité, devenu plus puissant que ses entraves, les balaie en brisant les remparts qu'ils croyaient si solides, l'aveuglement de ces ignorants est si profond, que c'est au fleuve qu'ils s'en prennent, ne s'apercevant pas que la catastrophe n'est que le résultat fatal et nécessaire de leurs travaux d'endiguement ; que c'est à leur maladresse qu'ils doivent imputer le désastre et non au flot qui ne demande qu'à être fertilisant.

Quand nous parlons de révolution, nous n'entendons pas seulement la lutte armée. Toute lutte contre l'autorité existante, contre l'organisation sociale actuelle, que cette lutte soit agressive ou passive ; qu'elle soit le fait de la force ou de l'idée, que le but s'atteigne en dépit des lois existantes, sans pour cela tomber sous leur coercition, ou bien en les violant ouvertement, quelles qu'elles soient ; du moment qu'elle tend à la disparition d'une iniquité, à la disparition d'un préjugé, toute lutte aide à la Révolution sociale, tout pas en avant est un coup d'épaule donné à sa marche.

Lorsque, après avoir étudié, de bonne foi, l'organisation actuelle, le critique sincère arrive à conclure que les déshérités ne pourront s'émanciper que par la force, que ce n'est que la force qui les affranchira de l'exploitation économique qu'ils subissent, ce n'est pas une conclusion arbitraire qu'il tire de ses observations, cela ne veut pas dire qu'il soit plus partisan des moyens violents que pacifiques. Il sait fort bien que les révolutions ne se décrètent ni ne s'improvisent ; c'est une vérité qu'il dégage de ses observations, quelles que soient ses préférences personnelles, sans s'occuper si elles sont du goût des exploiteurs ou des exploités. Il enregistre ce qui lui paraît une vérité. Les événements prouveront s'il se trompe.

Ce n'est pas de nos jours que l'on pourrait avoir la prétention d'organiser une révolution. Les temps ne sont plus où les tribuns voyaient les foules s'enflammer à leur voix et pouvaient les lancer à l'assaut du pouvoir à leur volonté. Si jamais cette puissance a pu exister, plus modeste elle est aujourd'hui.

Les orateurs, les écrivains ont certainement une action sur les cerveaux ; cette action peut être plus ou moins grande, immédiate, durable ou à échéance, selon leurs qualités d'élocution, leur propre conviction, leur facilité de développement, leur intensité de logique ; mais en nos temps de critique, cette action est toujours très limitée et ne rentre que pour une part, forte relativement à d'autres, mais assez minime dans l'ensemble d'efforts, de temps et de milieu.

Aujourd'hui, — comme de tous temps, fort probablement — on ne devient le leader de la foule qu'à condition de ne pas se montrer plus avancé qu'elle. La foule ne se presse que derrière ceux qui ont su se mettre à son pas. Et si, parfois, l'histoire nous montre des meneurs entraînant la foule au combat, soyons sûrs que la foule était la première à reconnaître la nécessité de la lutte, c'était elle, probablement, qui les poussait dans la rue.

Quand on poursuit la recherche de la vérité, on ne s'occupe donc pas si on est suivi de la foule. Quand, à côté de cette recherche on fait œuvre de propagande, et on fait toujours ainsi, si on est fortement épris de son idée, on cherche à mettre cette idée à la portée de la foule, on essaie de la lui faire comprendre, et, pour cela, on cherche à l'élucider, à la rendre claire, compréhensible, bien heureux quand on parvient à faire accepter cette vérité par une petite minorité détachée de la foule, mais là s'arrête l'action immédiate du propagateur. Au temps et aux événements à faire le reste. Le philosophe qui conclut à la nécessité de la Révolution pour transformer la société, peut bien travailler à faire comprendre cette idée par ceux à qui il s'adresse, mais ce ne seront pas ses prédications qui avanceront, d'un iota, la Révolution. Et chose tout à fait absurde à supposer, arriverait-il à convaincre toute la foule de la nécessité de la Révolution, cette Révolution ne se ferait que lorsque les circonstances l'auraient rendue inévitable.

Une Révolution ne se décide pas ainsi qu'une partie de piquet. Il ne suffit pas d'y être décidé, en faut-il encore l'occasion. Et combien d'individus, aujourd'hui, qui pensent ne devoir jamais s'y mêler qui, au jour venu, en seront peut-être, les plus chauds défenseurs.

Aussi, lorsque les gouvernants font des lois répressives contre les sociologues qui concluent de leurs études, à la fatalité de la Révolution, ces gouvernants imitent la manœuvre que l'on attribue, à tort sans aucun doute, à l'autruche qui se cacherait la tête sous l'aile pour conjurer le danger. Celte constatation, on peut interdire de la formuler librement, mais tous ceux qui réfléchissent, sont à même de la faire. Il n'y a pas besoin de la crier sur les toits pour que chacun soit en état de s'en apercevoir. Ce n'est pas, non plus, une loi prohibitive qui sera capable d'arrêter les événements.

La lutte est donc fatale entre ceux qui aspirent à s'émanciper et ceux qui veulent perpétuer leur domination. Cette lutte peut être retardée ou avancée, selon les mesures prises par ceux qui détiennent le pouvoir, selon le degré d'énergie et de conscience développé par ceux qui veulent s'affranchir ; mais, facilitée ou entravée, avancée ou retardée, elle n'en est pas moins inévitable.

Or, nous l'avons dit en débutant — nous tâcherons de le démontrer plus loin — la Révolution sociale ne peut être l'œuvre de quelques jours. Elle peut durer quelques années seulement, plusieurs générations peut-être ? Qui pourrait le savoir ?

Pour abattre l'état social pourri qui nous écrase, ce serait se créer de cruels mécomptes de s'imaginer que l'on pourrait le transformer du jour au lendemain. Étant donnés toutes les institutions, tous les préjugés que la Révolution aura à abattre, qui pourrait dire quand s'arrêtera la lutte ?

Nous ne voyons la Révolution que sous l'aspect d'une longue suite d'escarmouches et de combats contre l'autorité et le capital ; luttes semées d'alternatives de succès et de revers, de marches en avant, et de régressions qui sembleront vouloir nous reporter aux époques de pire barbarie.

Entravé en un lieu, le Progrès n'en entraînera pas moins la lutte plus loin. Battus aujourd'hui ses partisans sauront tirer les leçons de leur défaite, pour mieux combiner leurs efforts dans une autre série de luttes. Leurs voisins sauront s'inspirer des efforts accomplis pour mieux coordonner les leurs.

Aujourd'hui, c'est un préjugé qui tombe, demain c'est une réaction qui emporte une partie des pionniers du Progrès. Là, c'est une institution qui s'écroule, ici ce sont des lois répressives qui renforcent les pénalités, tout cela c'est la lutte, c'est la Révolution qui poursuit son œuvre, et le résultat est l'élimination graduelle des préjugés, le discrédit s'attachant aux institutions qui nous écrasent, jusqu'au jour où, ruinées de toutes parts, elles s'écrouleront sous le poids de leur propre faute, autant que sous les coups des assaillants. En tous cas, la lutte est commencée, et ne prendra fin que, lorsque ayant abattu tous les obstacles, l'humanité pourra enfin évoluer sans aucune entrave.

Toute une longue période semée de luttes : coups de forces et progrès pacifiques sera à parcourir pour passer de l'idée au fait, nous aurons, nous et nos descendants, à la voir se dérouler dans toutes ses phases, et la Révolution elle-même tiendra lieu, pour l'humanité, de cette phase évolutive que réclament les partisans de l'atermoiement.

Cette façon d'envisager les choses diffère beaucoup du raisonnement de ceux qui s'imaginent que l'on organise les révolutions, et qu'il suffit d'avoir la force pour changer la société. Ceux qui pensent ainsi, ne sont, au fond, que des politiciens et en plus des raisons que nous avons données plus haut, il y a ceci à ajouter : Étant les partisans les plus absolus de la liberté la plus complète, notre force ne peut nous servir qu'à détruire ce qui nous entrave, la constitution du nouvel ordre social ne peut sortir que de la libre initiative individuelle.

Mais, devant cette façon d'envisager la Révolution tombe l'objection de ceux qui disent :

« La violence ne peut et n'a jamais rien pu établir. C'est de l'évolution et de la lutte pacifique que nous devons tout attendre. »

Beaucoup de ceux qui disent cela, savent pertinemment que la lutte pour obtenir des réformes pacifiquement est une belle blague qui fait le jeu des détenteurs du capital et du pouvoir qui ne lâcheront leur exploitation que du jour où on leur brisera entre les mains la possibilité d'en user, mais beaucoup sont sincères et, ne voyant qu'un côté des choses, ne peuvent pas comprendre qu'il est parfois utile, nécessaire, fatal même, que l'Évolution se change en Révolution, quitte à reprendre ensuite son cours régulier.

La force seule ne peut rien établir ! cela est de toute évidence. Ce qui s'établit par la force, la force peut le détruire, et la force même n'est efficace, ne peut avoir de durée, que, si, à côté d'elle, pour en faciliter le fonctionnement il y a une tendance, une disposition d'esprit des individus, les poussant à regarder l'ordre de choses qu'on leur impose comme une nécessité inéluctable.

Ici, bien entendu, nous parlons des phénomènes politiques et économiques où la force a servi à des minorités pour asservir la masse, et non des conquêtes et asservissement de peuplades où le nombre des assaillants, la force seule, par conséquent, rendait la conquête assurée et était le seul agent de domination. Quoique cette dernière ait été secondée encore, dans bien des cas, parle moindre degré de développement des asservis.

Même aux époques du règne le plus absolu de la force brutale, celle-ci aurait été impuissante si les préjugés, la superstition, la croyance à une protection, n'étaient venus lui prêter un appui moral, encore plus efficace que le glaive et la lance des seigneurs féodaux. Mais, autant l'autorité a raison de se réclamer de la force pour s'installer et se maintenir au pouvoir, autant les partisans de la liberté feraient preuve d'inconséquence, s'ils espéraient instaurer leur idéal en l'imposant par la force.

Mais si la force est incapable d'assurer la création d'un ordre de choses dont la liberté doit être le seul moteur, la patience, la résignation sont de bien peu de poids auprès des exploiteurs pour les amener à faire abandon de leurs privilèges.

Tendre la joue droite après avoir reçu un soufflet sur la gauche n'est pas à la portée de tous les caractères et tempéraments. Puis, pour un agresseur que cette humilité pourra amender, combien d'autres en abuseraient pour redoubler. Et ce qui serait efficace entre deux individus n'a plus aucune valeur quand celui qui donne le soufflet, est à deux cents lieues de celui qui le reçoit, et où tout ne s'accomplit que par une suite de ricochets et d'intermédiaires, comme sont organisées nos sociétés.

Les peuplades les plus douces qui ont reçu les Européens à bras ouverts n'ont pas tardé à être asservies et massacrées tout aussi bien que si elles leur eussent montré les dents. Celles qui ont résisté, ont pu être réduites, elles ont eu l'avantage de retarder leur asservissement et leur sort n'en a pas été pire. La force mène le monde, et si le raisonnement nous apprend que nous ne devons pas en abuser pour opprimer les autres, il nous apprend aussi qu'elle peut nous être utile pour repousser les tentatives d'oppression, briser l'esclavage que l'on a pu nous imposer dans des périodes de faiblesse physique ou intellectuelle.

Ce n'est que par des révoltes multipliées que les esclaves, depuis l'antiquité jusqu'à la guerre de Sécession, sont parvenus à transformer leur situation. C'est à travers la persécution et en opposant la force à la force que le Christianisme a pu s'établir jusqu'à ce qu'il devînt, à son tour, oppresseur.

Que de luttes et de combats ont dû soutenir les Jacques avant d'arriver à obtenir leur situation actuelle. Est-ce autrement que les armes à la main, que la Réforme protestante a pu obtenir de se faire reconnaître ? C'est en rasant les châteaux-forts et en « raccourcissant » nombre de barons féodaux que l'idée de l'unité monarchique a pu accomplir son œuvre. C'est en rasant à son tour, Bastilles et castels, en décapitant prêtres, nobles et roi, en confisquant terres et domaines, que la bourgeoisie à son tour est parvenue à sortir de tutelle. Et c'est en abusant de la force conquise pour exploiter, à son profit, ceux qui viennent derrière elle, qu'elle provoque de la part de ceux-ci, l'emploi de cette même force pour résister à ses prétentions. La violence engendre la violence. C'est une loi que nous subissons, à qui la faute ?

L'organisation sociale avec sa division antagonique des intérêts nous mène à la Révolution ; la force des événements fera plus pour y amener les travailleurs que la conviction de l'impossibilité d'un affranchissement pacifique : cela est un fait acquis aujourd'hui et qui n'est plus nié que par ceux qui voudraient nous faire croire que la Révolution de 89 en portant la bourgeoisie au pouvoir a, pour toujours, fermé la porte aux revendications. Donc, cette force qui aujourd'hui, sert à maintenir les travailleurs sous la férule de l'autorité et les atrocités de l'exploitation, les exploités seront un jour fatalement amenés à s'en servir pour s'émanciper. Mais il n'y a que ceux qui veulent faire le bonheur des individus malgré eux, il n'y a que les prétentieux qui ont l'outrecuidance de croire qu'ils résument, en leur cerveau, le summum des connaissances humaines, il n'y a, en deux mots, que les ambitieux et les imbéciles pour prétendre employer la force à l'établissement de la société future.

Les partisans de la liberté ne réclament pas tant de la force. Qu'elle balaie le capital, l'autorité et leurs institutions, qu'elle fasse place nette de toutes les entraves, c'est tout ce que nous attendons d'elle. Et c'est pour cela que nous ne voulons plus de centralisation, plus de délégation de pouvoir, ni de mandat à des individualités pour agir ou délibérer en notre lieu et place. Qu'à toute tentative de courber toutes les individualités sous le même niveau réponde l'insurrection du « moi, » se dresse l'initiative individuelle qui n'accepte pas d'entrave.

Que les individus soient libres de se grouper entre eux. Si ces groupements ont besoin de se fédérer entre eux, qu'ils soient laissés libres de le faire dans la mesure qu'il leur semblera utile de l'accomplir. Que ceux qui voudront rester en dehors soient libres d'agir à leur guise. Que chacun apprenne à respecter la liberté de son voisin, s'il veut être en mesure de faire respecter la sienne, voilà qui ne comporte aucune force coercitive, et qui sera en mesure de résister à toute force oppressive.

L'initiative individuelle, seule, peut assurer le succès de la Révolution. Toute centralisation est un frein à l'expansion des idées nouvelles ; loin de chercher à les entraver, il faut, au contraire, travailler à leur libre éclosion.

Aussi, faut-il apprendre aux individus qu'ils doivent penser et agir sous leur propre responsabilité, sans attendre l'impulsion de personne. S'ils savent ne compter que sur eux seuls pour faire leurs propres affaires, s'ils savent faire respecter leur autonomie et respecter celle des autres, c'est un élément de succès pour la réalisation de leur bonheur futur.

Ce n'est pas des décrets d'un gouvernement centralisateur qu'ils doivent attendre la destruction de tous les rouages de l'ordre social actuel, mais de leur propre énergie.

Leur premier travail, lorsque la lutte sera commencée, sera de chercher à propager, autour d'eux, le mouvement qu'ils auront commencé, non pas, comme dans les révolutions politiques passées, en leur envoyant force proclamations, mais en envoyant aux habitants des campagnes environnantes, tous les objets utiles à l'existence, tout l'outillage agricole dont on pourra disposer dans les villes avec le personnel volontaire nécessaire pour en assurer le fonctionnement.

Les faits précis parlant plus haut que les promesses, c'est la seule façon de faire comprendre à l'ouvrier agricole que son sort est intimement lié à celui du travailleur industriel, que leurs intérêts sont identiques, que leurs efforts doivent être communs.

Fort probablement, ces mouvements se produiront sous toutes les formes, il y en aura de purement locaux qui se borneront au village où ils auront éclaté, et seront immédiatement étouffés, d'autres pourront couvrir une certaine région, se maintenir un certain temps, commencer un essai de réalisation de diverses formes de conceptions sociales.

Les causes qui les suscitent peuvent être diverses, économiques ou politiques, mais quelle qu'en soit la cause de départ, le caractère économique s'y imprimera forcément si la lutte se poursuit. Qui pourrait prévoir où, quand et pourquoi commencera la lutte ? Les plus grandes iniquités sociales peuvent se dérouler, sans paraître avoir impressionné la foule, la cause la plus futile peut entraîner une conflagration générale.

Il pourra, il arrivera certainement, que plusieurs de ces mouvements seront étouffés avant que les travailleurs d'autres localités répondent aux efforts des insurgents ; mais, en idée, aussi bien qu'en physique, aucune force ne se perd, elle peut se transformer, mais non s'anéantir. Leur commotion se répercutera chez tous ceux qui souffriront des mêmes causes de révolte, qui aspireront au même but dont la tentative de réalisation aura échoué.

L'exemple est contagieux et, une fois en l'air, les idées vont vite. Il arrive des moments où la tension de la situation, la force des événements, entraînent, malgré eux, les individus dans leur tourbillon. Les mêmes causes engendrent les mêmes effets, et, partout, les travailleurs sont las de l'exploitation qu'ils subissent, ils aspirent à être traités en égaux et non en inférieurs ; partout ils commencent à comprendre leur force, à prendre conscience de leur dignité, partout les souffrances sont identiques, partout les aspirations sont semblables.

À l'heure actuelle, le monde ressemble à un lieu rempli de pièces d'artifices, où, selon la direction que prendra la première pièce, chaque pièce peut ne partir qu'à son tour, ou bien tout pourra s'enflammer à la fois. Il peut suffire que les idées soient mises une fois en branle pour que l'équilibre, maintenu par la force, se rompe sous la secousse reçue.

II. LA RÉVOLUTION ET LE DARWINISME

Lorsque Darwin formula ses théories sur « l'évolution », tous les savants officiels, ne voyant que la mise bas du dogme religieux de la création divine, s'empressèrent de le conspuer. Ils avaient déjà étouffé Lamarck, mais cette fois, l'idée avait progressé, les esprits étaient préparés, l'idée de l'évolution résista à leurs attaques et fît son entrée dans le monde scientifique.

Par contre, dans certains milieux, on crut y trouver la justification du régime politique actuel, la condamnation des révolutions du prolétariat, la justification de l'exploitation qu'il subit, et on s'empressa d'accommoder la « lutte pour l'existence », la « sélection » et « l'évolution » à de telles sauces que le savant anglais ne dut, certainement, plus reconnaître son idée, dans la poupée que l'on avait ainsi habillée.

S'emparant des théories émises par le continuateur des Lamarck, des Goethe et des Diderot, la tourbe des commentateurs a voulu appliquer aux sociétés humaines ses théories sur la « lutte pour l'existence » et leur donner une extension à laquelle il n'avait fort probablement jamais pensé lui-même.

« Vu les difficultés de l'existence » disent-ils, « il est tout naturel, que la société soit divisée en deux classes [1]: les jouisseurs et les producteurs. Étant donné que la terre ne fournit pas assez pour assurer la satisfaction des besoins de tous, il y a lutte entre les individus et, par conséquent, des vainqueurs et des vaincus. Que les vaincus soient asservis aux vainqueurs, cela va de soi, c'est la conséquence

---

1 À côté de cela, d'autres prétendent que les classes n'existent plus ; que c'est une invention des socialistes et des révolutionnaires !

de la lutte, mais cette lutte aide au progrès de l'humanité en forçant les individus à développer leur intelligence, s'ils ne veulent pas disparaître. »

« Dans les temps préhistoriques » ajoutent-ils, « le vainqueur mangeait le vaincu ; aujourd'hui il l'emploie à produire pour l'utilité de la société et augmenter les jouissances qu'elle peut fournir, il y a donc progrès réel. On peut le déplorer », — ce sont toujours les économistes qui parlent — « mais les conditions de l'existence sont ainsi, les vivres tellement restreints, qu'il est impossible de satisfaire largement aux besoins de tous. Il faut qu'il y en ait qui consentent à se priver. C'est une loi naturelle qu'à un petit nombre d'élus soit réservée la satisfaction intégrale de leurs besoins. Par le fait seul qu'ils sont les vainqueurs, ces élus se trouvent être les plus aptes, les mieux doués. »

« Certes, il est regrettable » — c'est étonnant ce que ces gens-là regrettent de choses, tout en s'employant de leur mieux à les justifier et à les éterniser — « il est regrettable que tant de victimes disparaissent dans la lutte : sans doute, la société aurait besoin de réformes, mais cela ne peut être, que le produit du temps, le résultat de l'évolution humaine. À ceux qui se sentent assez forts ou assez intelligents, de faire leur trou dans la mêlée et à s'imposer à la société ! Cet antagonisme fut toujours et continue d'être une des causes des progrès humains ! »

Et les bourgeois, de s'extasier à la lecture de ces lignes tant de fois citées, de dodeliner de la tête et cligner de l'œil, en savourant cet aveu qui résume si bien leur égoïsme féroce :

« … Un homme qui naît dans un monde déjà occupé, si sa famille n'a pas le moyen de le nourrir ou si la société n'a pas besoin de son travail, cet homme, dis-je, n'a pas le moindre droit à réclamer une portion quelconque de nourriture, il est réellement de trop sur la terre. Au grand banquet de la nature, il n'y a point de couvert mis pour lui. La nature lui commande de s'en aller, et elle ne tarde pas à mettre elle-même cet ordre à exécution…. Lorsque la nature se charge de gouverner et de punir, ce serait une ambition bien méprisable de prétendre lui arracher le sceptre des mains. Que cet homme soit donc livré au châtiment que la nature lui inflige pour le punir de son indigence !!! Il faut lui apprendre que les lois de la nature le condamnent, lui et sa famille, aux souffrances, et que si lui et sa famille sont préservés de mourir de faim, ils ne le doivent qu'à quel bienfaiteur compatissant qui, en les secourant, désobéit aux lois de la nature !!!! » (Malthus, *Essai sur la population*.)

On le voit l'aveu est net, et la menace des plus catégoriques : « Tout indigent n'a pas le droit de vivre ! S'il parvient à se maintenir à l'aide des rogatons que lui abandonne la munificence de quelque charité publique ou privée, ce n'est qu'une simple bonté de la part des maîtres ! Travailleurs que le chômage force souvent à avoir recours à l'emprunt et au crédit, rappelez-vous que vous n'avez pas le droit de vivre si vous n'avez pas de capitaux en réserve. Ne venez donc pas nous casser la tête avec votre droit à l'existence. Ne le proclamez pas trop haut. Prenez garde ! on pourrait vous rappeler que c'est un crime d'être né indigent, que votre existence n'est qu'un simple acte de tolérance, de la part de ceux qui possèdent.

Travailleurs, qui crevez de faim sur vos vieux jours alors que vos forces se sont usées à produire les richesses qui augmentent la somme des jouissances de vos exploiteurs, c'est un crime d'être venus au monde de parents pauvres et de ne pas avoir su se faire des rentes. Tenez-vous pour satisfaits que des « protecteurs compatissants » aient encore bien voulu employer vos services, alors que vous étiez capables de mettre en œuvre les capitaux dont, sans vous, ils n'auraient su tirer aucun parti. On a bien voulu vous laisser vivre alors que vous étiez utiles, que l'on pouvait exploiter vos facultés productrices, c'était déjà une bonté d'âme, mais maintenant que vous êtes fourbus, plus bons à rien, dépêchez-vous de disparaître, vous gênez la circulation, on ne vous doit plus rien. »

Cet aveu n'est pas isolé, il y en a d'autres, écoutons :

«… Le Darwinisme est tout, plutôt que socialiste… Si l'on veut lui attribuer une tendance politique, cette tendance ne saurait être qu'aristocratique. La théorie de la sélection n'enseigne-t-elle pas que, dans la vie de l'humanité comme dans celle des plantes et des animaux — partout et toujours une faible minorité privilégiée parvient seule à vivre et à se développer, l'immense majorité, au contraire, pâtit et succombe plus ou moins prématurément. La cruelle lutte pour l'existence sévit partout. Seul le petit nombre élu des plus forts ou des plus aptes, est en état de soutenir victorieusement cette concurrence.

« La grande majorité des concurrents malheureux doit nécessairement périr. La sélection des élus est liée à la défaite ou à la perte du grand nombre des êtres qui ont survécu…. » Haeckel (cité par E. Gautier dans le *Darwinisme social*.)

Cette fois-ci, crève la faim et miséreux, on ne vous l'envoie pas dire : le développement de la bourgeoisie entraîne fatalement la perte des prolétaires, sinon du prolétariat ; chaque jouissance nouvelle apportée par la science à la bourgeoisie correspond à une souffrance nouvelle pour les travailleurs. Pour que l'existence de la bourgeoisie soit assurée, il faut qu'elle ait rivé définitivement le prolétariat sous le joug où elle le tient courbé. Ce n'est pas nous qui le lui faisons dire, c'est M. Haeckel, un bourgeois, un savant qui doit savoir ce qu'il dit, puisqu'il a étudié pour cela.

N'est-il pas révoltant de voir les bourgeois étaler cette prétention d'être les meilleurs, eux dont la seule supériorité consiste à être venus au monde après leurs pères, au milieu du luxe, des rentes, de tous les moyens de développement, n'ayant d'autres efforts à faire que de se laisser vivre et jouir.

Autrefois, la noblesse aussi, se croyait supérieure. Parce qu'il pouvait citer de ses ancêtres, plus ou moins éloignés, quelques faits, dont beaucoup n'auraient pas déparé le dossier d'un capitaine de grandes routes, ou de proxénète de marque, un gentilhomme se croyait, de beaucoup, supérieur au manant qui ne tenait pas les annales de son ascendance. Aujourd'hui la noblesse a dû céder le pas à la finance. Un homme ne vaut plus par ses ancêtres, mais par ses écus. Le noble datait sa valeur par les existences que ses aïeux pouvaient avoir violemment tranchées, le capitaliste, par les extorsions qu'il peut avoir opérées. Coupe-jarrets et coupeurs de bourses, voilà ce que l'on voudrait nous démontrer être l'élite de l'humanité.

Eux l'élite de l'humanité ! et il y a à peine un siècle que leur classe est au pouvoir, qu'elle est déjà en pleine décadence. Si elle n'était constamment révivifiée par l'apport des travailleurs transfuges que la soif de jouir et de dominer pousse dans ses rangs, peut-on savoir où elle en serait ?

Est-ce dans les sciences ? Mais leur science officielle a toujours été une barrière contre la véritable science. Toutes les découvertes scientifiques ont d'abord été combattues par elle et n'ont été acceptées que lorsque leur évidence crevait les yeux. La principale préoccupation de ses savants autorisés, est de triturer et torturer chaque fait scientifique afin d'en extraire une justification de son exploitation.

Est-ce dans les arts, dans la littérature ? mais il n'y a eu d'œuvres sérieuses, vraiment fortes que celles qui démolissaient ses préjugés, ses institutions et reniaient toute solidarité avec elle. Elle a toujours conspué ceux qui apportaient une note nouvelle dans leur art, réservant ses faveurs et ses jouissances aux plus plates médiocrités, aux plus écœurantes non-valeurs.

Et dans la politique, — la force de son système, — s'y est-elle distinguée, au moins ? Parlons-en. Un ramassis d'aigrefins et de ruffians, n'ayant à leur actif aucune idée forte, aucune conception justifiant leur prétention, pouvant faire excuser leur pleutrerie. Des hommes tarés ne voyant dans le pouvoir qu'un moyen de trafiquer de leur influence et de s'enrichir plus vite. Ils ont tellement conscience de leur abjection que, même dans la défense de leur classe, ils n'osent plus apporter la farouche énergie des conventionnels de 93, qui sectaires fanatiques pour leur caste, furent cruels aux classes qu'ils dépossédaient, injustes et féroces pour la classe des travailleurs qui contribua à leur victoire, mais qui, du moins eurent le courage de leurs actes, payèrent de leur peau, et eurent le mérite de ne pas être vulgaires. Leurs descendants sont peut-être plus féroces, mais trop lâches pour payer de leur peau. Ils cherchent à escobarder même avec les lois qu'ils font eux-mêmes.

Que sont devenus les descendants de cette race forte, issue, elle-même, des tenaces communiers du moyen-âge ? — Disparus de la scène de l'histoire ; tombés dans l'oubli, remplacés par les escrocs de la politique qui ne se maintiennent sur la scène parlementaire que par une absence complète de toute vergogne, ce qui leur permet d'avaler les camouflets les plus retentissants, avec la même tranquillité qu'ils empochent les pots de vin, ne dominant les autres que par une roublardise qui, chez eux, remplace l'intelligence, mais ne l'est pas.

La classe bourgeoise est devenue parasite, elle vit aux dépens de ceux qui agissent, de ceux qui travaillent, perdant ainsi la faculté de produire elle-même. Et lorsque des hommes, d'un savoir supérieur, comme ceux que nous venons de citer, et dont nous pourrions allonger la liste ; des hommes qui ont eu à leur disposition tous les moyens de développement dont sont privés les travailleurs, en arrivent à tirer, des données scientifiques que leur éducation leur permet d'analyser, des conclusions pareilles à celles que nous venons de lire, nous sommes en droit de nous demander quel serait le degré de développement qu'eux-mêmes auraient atteint, s'ils avaient été privés des moyens d'étudier.

Eux, les meilleurs ! mais pour quelques-uns qui profitent réellement de ces moyens de développement que procurent la richesse et la position sociale, richesse produite par les seuls efforts des travailleurs, combien dont l'intelligence reste véritablement inférieure, et qui seraient bien empêchés de vivre s'ils devaient, eux-mêmes produire pour assurer leur existence ? Combien d'intelligences dont s'enorgueillit la bourgeoisie, ont-elles été drainées, à son profit, au détriment du prolétariat, les comptant à son actif, alors que c'est eux, au contraire, qui l'ont conquise de haute lutte !

Combien, en revanche, parmi les travailleurs, qui succombent à la peine, exténués par un travail sans relâche et qui, pourtant auraient le droit, en se frappant le front, de répéter les mots que l'on attribue — vérité ou légende — à André Chénier, marchant à l'échafaud : « Et pourtant, j'avais quelque chose là ! »

Ah ! elle serait curieuse à faire la statistique des célébrités dont s'enorgueillit la civilisation actuelle, et de savoir celles qui sont arrivées avec son aide, et de celles qui ont surgi, malgré elle et contre elle, et surtout, d'en comparer les valeurs respectives.

Appartenant à une classe dont l'émancipation n'a été rendue possible qu'à l'aide de la force, nous allons, pour appuyer nos revendications, nous emparer des arguments fournis par les savants officiels eux-mêmes ; retournant contre eux leur propre dialectique, nous allons démontrer qu'il nous suffirait de leurs assertions pour justifier du droit qu'ont les travailleurs de recourir à la force pour s'émanciper. Quand, avec les propres armes dont ils prétendent défendre l'ordre bourgeois, nous aurons démontré que, pareille à la lance d'Achille, leur argumentation guérit ce qu'elle a blessé, nous démontrerons ensuite toute la fausseté de leurs arguments, nous ferons voir que la lutte pour l'existence n'explique qu'une bien minime partie des faits de l'évolution, qu'applicable aux choses en général, elle est absurde au sein des sociétés puisque ces dernières sont la mise en pratique de la loi de solidarité et d'appui mutuel qui en est le contraire. Nous démontrerons, enfin, que la société actuelle, loin de favoriser les plus aptes, les mieux doués, ne ré-serve, au contraire, ses jouissances que pour une classe avachie et épuisée ; que cette pénurie de vivres, sur laquelle ils s'appuient, est un fantôme de leur imagination dont ils se servent pour Justifier leur exploitation, que c'est leur propre organisation qui la crée, afin de mieux courber le travailleur sous leur domination, sachant que celui-ci n'y resterait pas longtemps du jour où il ne serait plus tenu au ventre, où il n'aurait plus à trembler pour l'existence des siens.

Quand même la « lutte pour l'existence » serait-elle entrée, pour une part quelconque dans les facteurs du progrès de l'évolution humaine, il est faux qu'elle seule suffise à l'expliquer ; ce n'est qu'en torturant les faits, qu'on arrive à justifier les prétentions de l'ambi-tion et de la cupidité ; la science et l'histoire s'accordent pour nier cette suprématie que prétendent s'arroger certaines races, certaines classes et certains individus, fussent-ils appuyés sur la Force et sur le Nombre.

La religion commençant à baisser dans la croyance des masses, les bourgeois ont cherché sur quoi ils pourraient bien étayer leur domination. S'ils pouvaient arriver à faire consacrer leur régime par la science, prouver aux travailleurs que leur situation est la conséquence fatale d'un ordre de choses naturel, aussi logique que la loi de gravitation, ou qu'une équation mathématique, cela serait parfait. Aussi, se sont-ils jetés sur la « lutte pour l'existence » qui venait, il leur semblait du moins, apporter cette justification, à leur propre conscience.

« La lutte, » disent-ils, « en forçant les individus à s'ingénier pour trouver leurs moyens de subsistance, leur a fait développer leurs facultés ; la concurrence individuelle les force à tenir ces facultés en éveil, ce qui leur permet de conserver celles nouvellement ac-quises, mais encore de les élargir, d'en acquérir d'autres encore. La lutte pour l'existence est donc la mère de tous progrès, car elle force les individus et les races à progresser indéfiniment, sous peine d'être éliminés. En faisant disparaître les plus faibles, les moins aptes, les moins doués, elle déblaie, au surplus, le chemin pour les plus intelligents ! »

Et, toujours d'après eux, il doit continuer d'en être ainsi ; « car si les individus se trouvaient placés dans un état social où la satisfaction de tous leurs besoins serait librement assurée, où ils seraient tous égaux, où personne n'aurait à obéir, personne à commander, où chacun ne produirait qu'à sa volonté, il n'y aurait plus d'émulation, plus d'initiative ; une société pareille ne pourrait que déchoir, retomber en barbarie, au désordre, à la suprématie de la force brutale ! »

Pour combattre ces assertions nous n'avons qu'à citer les bourgeois eux-mêmes :

«…. Un grand inconvénient de la guerre sociale comparée à la guerre simplement naturelle, c'est que les influences de la loi naturelle *étant plus ou moins entravées* par la volonté et les institutions humaines, *ce n'est pas toujours* le meilleur, le plus robuste, le mieux adapté qui a chance de triompher de son concurrent. *Au contraire* ce serait plutôt la grandeur individuelle de l'esprit qui serait habituellement sacrifiée à des préférences personnelles inspirées par *la position sociale, la race, la richesse* ». (Büchner, *l'Homme selon la Science*, pp. 207-208.)

De même la lutte, loin d'être le produit des inégalités naturelles, en serait la cause, et les défenseurs bourgeois sont mal venus de s'en targuer pour Justifier leur société :

«… Toutes ces inégalités, ces monstruosités, il faut, comme nous l'avons dit, les attribuer à la lutte sociale pour vivre, lutte non encore réglée par la raison et la justice, et particulièrement maintenue par les nombreux actes d'oppression politique, de *violence*, de *spoliation*, de conquêtes, qui remplissent l'histoire du passé et *semblent* aux yeux de l'esprit *mal éclairé* des contemporains une inévitable conséquence du mouvement social… » (Büchner, *l'Homme selon la Science*, p. 222.)

Dans ces temps reculés, où l'homme confondu avec le restant de l'animalité, ne possédant, pour toute arme, que ses instincts : le besoin de vivre et de se reproduire, qu'un cerveau rudimentaire où s'imprimaient bien lentement chaque progrès acquis, chaque adaptation nouvelle, il a pu se faire que la « lutte pour l'existence » ait été pour lui une condition de vie et de mort, et qu'il ait dû s'y plier. Tuer pour ne pas être tué ; manger pour ne pas être mangé, si ce furent là, les débuts de l'humanité, ce dut être l'âge d'or de l'économie politique, car la concurrence aurait été, d'après certains naturalistes, la seule règle des êtres vivants d'alors.

Jusqu'à quel point cette concurrence et cette rivalité ont-elles été poussées, il y a large champ pour l'hypothèse, mais au fond, on l'ignore absolument. Si on trouve des ossements humains portant des traces de blessures provenant d'armes primitives, on trouve aussi des ossements portant des traces de blessures ayant subi une évolution qui prouvent que le blessé avait dû recevoir des soins de mains solidaires, soins assez prolongés, puisque l'état de cicatrisation des ossements démontre que l'individu a survécu à la blessure, que cette cicatrisation a dû être assez lente, et que la nature de la blessure ne permettait pas au blessé de s'aider lui-même pendant l'état maladif.

Donc, en remontant aux origines de l'humanité, si nous trouvons des traces de violence entre les individus, nous trouvons aussi la trace de solidarité et d'aide mutuelle, autre « loi naturelle » dont les commentateurs politiciens de Darwin se gardent bien de faire mention.

Par conséquent, ce premier moteur : — la lutte, — des actions humaines, trouvé, cela nous explique pourquoi les premières sociétés humaines furent, dès leur naissance, entachées du péché originel et servirent aux plus forts et aux plus avisés de levier pour exploiter les plus faibles et les plus simples, mais ne prouve nullement qu'elle fut une cause de progrès. Le progrès s'est-il accompli par ou malgré l'état de lutte où l'humanité a été plongée, voilà ce qu'il serait intéressant à élucider, mais qui, fort probablement, ne le sera jamais.

Mais, quoi qu'il en soit, la lutte fût-elle une des causes du progrès, il est déjà de toute évidence, qu'elle est loin de tout expliquer, et que nombre d'atitres lois naturelles interviennent dans les causes d'évolution et que l'aide mutuelle n'en est pas une des moindres ; à elle seule, déjà, elle nous explique pourquoi, malgré les désavantages qui en sont résultés pour certains d'entre eux, les hommes se sont maintenus en sociétés.

Lorsque les premiers êtres organisés, après une suite ininterrompue de transformations et d'adaptations successives, parurent sur la terre, il est bien évident qu'entre tous ces organismes sans raisonnement, sans intelligence, poussés par les seuls besoins de vivre et de se reproduire, ce dut être une guerre incessante et sans pitié pour les vaincus.

Mais là, encore, ce ne fut pas la « lutte pour l'existence » des économistes. Les espèces se font bien la guerre entre elles, mais non entre individus de la même espèce : le végétal use le minéral, l'animal herbivore mange le végétal, l'animal carnivore mange l'herbivore ou d'autres carnivores d'espèces plus faibles, différentes de la sienne, par conséquent.

Il faut une catastrophe imprévue, des circonstances exceptionnelles, mettant l'animal dans l'impossibilité de rechercher sa nourriture ordinaire, soit par l'émigration, soit en changeant ses procédés de chasse, pour qu'il s'attaque non seulement aux individus de son espèce, mais même aux espèces alliées de la sienne. R. Wallace, dans son *Darwinisme*, démontre, pp. 146-148, que les espèces les plus rapprochées, habitent des territoires distincts, fort éloignés, ce qui prouverait qu'au lieu de lutte entre elles, les espèces détachées les unes des autres ont préféré se séparer, et émigrer pour chercher leur nourriture que de lutter entre elles.

Il suffit de parcourir un traité d'histoire naturelle pour s'assurer que la lutte entre individus de la même espèce n'est que l'infime exception, tandis que l'association pour la lutte — attaque ou défense — l'aide mutuelle, la solidarité, en un mot, sont la règle générale. Elle est pratiquée non seulement entre individus de la même espèce, mais aussi entre espèces différentes s'associant pour se procurer leur nourriture ou résister à leurs ennemis. Jusque chez les végétaux dont certaines espèces résistent ainsi, inconsciemment, en se groupant, aux causes de destruction qui emportent les individus isolés.

Les économistes et autres prétendus évolutionistes sentent si bien le côté faible de leur raisonnement, qu'ils cherchent à expliquer la lutte d'une façon différente.

« La lutte», disent-ils, « ne s'accomplit pas toujours d'une façon brutale, il peut y avoir lutte entre individus de la même espèce, sans que, pour cela, il y ait forcément corps à corps entre les concurrents. » Et ils citent, entre autres, les chevaux sauvages du Thibet, qui, surpris par les neiges de l'hiver, subissent la famine lorsque la neige recouvre l'herbe des pâturages et où les moins robustes après quelque temps de ce régime, n'ayant plus la force de briser la croûte de glace qui les empêche de rechercher leur nourriture, périssent d'inanition, pendant que les plus vigoureux résistent, survivent et font souche.

Nous nous contentons de signaler cet exemple, les autres cités sont de la même espèce. — Eh bien, messieurs les économistes nous permettront de le leur dire, leur exemple indique bien que des individus ont péri là où d'autres ont résisté, mais cela ne prouve nullement que ceux qui ont survécu ont gagné quelque chose à la mort de ceux qui ont disparu ; ensuite cette disparition provient de perturbations atmosphériques naturelles et non de concurrence entre eux. Au contraire, si l'aide mutuelle était pratiquée par eux sur une plus grande échelle, il est fort probable qu'il pourrait en survivre davantage.

Ils font aussi le calcul — les économistes, pas les chevaux — qu'étant donnée la prolificité de certaines espèces, elles ne tarderaient pas à envahir en fort peu de temps toute la surface terrestre, au détriment des autres espèces, et que les individus de la même espèce seraient forcés de se dévorer entre eux, si tous les germes qui se forment pouvaient éclore et venir à maturité. « Ceux qui arrivent à se développer, » disent-ils, « ne survivent qu'au détriment de ceux qui disparaissent. Là encore ce sont les plus forts, les plus aptes qui triomphent. »

Que les espèces vivent aux dépens les unes des autres, que, pour des causes physiologiques ou autres, quantité d'individus disparaissent en germes, cela tient à des causes naturelles que nous ne pouvons éviter, jamais personne n'a songé à récriminer contre, mais il s'agirait de savoir si, 1° un individu de notre espèce, une fois qu'il a vu le jour, a virtuellement le droit de vivre, de se développer, dans les mêmes conditions que tout autre individu de son espèce ? — 2° s'il est plus profitable aux individus et à l'espèce de lutter les uns contre les autres pour s'exploiter et s'asservir ; — 3° si un individu peut être complètement heureux, tant qu'il aura à côté de lui, des individus qui souffrent et qui peinent.

Nous croyons qu'il suffit de poser ces questions pour que déjà la réponse soit prête sur les lèvres de tout individu qui n'est pas aveuglé par l'esprit d'autorité et d'exploitation, nous ne nous y arrêterons pas ici, nous aurons assez l'occasion d'y revenir dans le cours de ces différents chapitres.

Si les sociétés humaines ont évolué dans le sens de la concurrence individuelle poussée au dernier degré, si, au milieu de leurs associations les individus ont continué à se traiter en ennemis, cela est un fait, ce serait perdre son temps de s'attarder à le déplorer, mais en étudiant les causes de cette évolution on s'aperçoit vite, contrairement aux affirmations intéressées, que ce n'était pas une loi inéluctable, qu'il aurait pu en être autrement, et qu'en tous cas, il est plus profitable aux individus, et à l'espèce, qu'il en soit autrement dans le présent.

Cette étroite solidarité que nous voyons se pratiquer chez certains végétaux, chez certains animaux, chez des insectes tels que fourmis, abeilles, guêpes, etc., que l'on retrouve si développée dans certaines tribus primitives, pouvait prendre le dessus dans la lutte des instincts chez l'homme, donner une autre direction à son évolution, et tout autres auraient été les sociétés humaines. Il est donc absurde de venir dire que la « lutte pour l'existence » — entre individus — est une loi inéluctable.

L'homme en sortant de l'animalité nu et désarmé en face d'ennemis puissamment armés, a eu fort à faire pour protéger et assurer son existence. Il a dû avoir recours à la ruse, aux expédients que lui suggérait son cerveau, jusqu'à ce que cette intelligence fût devenue assez puissante pour suppléer à sa faiblesse native en lui permettant de fabriquer les armes défensives et offensives que la nature lui avait refusées.

Cette vie précaire, cette lutte incessante contre la nature et les autres espèces mieux armées, contre lesquelles il était forcé de disputer sa pâture et le droit de vivre, contribuèrent à amasser en lui une forte dose héréditaire d'instincts de combativité et de domination. Cela nous explique donc pourquoi, dans ces premiers essais de solidarisation d'efforts et d'intérêts, alors même que les hommes comprenaient les bienfaits de l'association, puisqu'ils la pratiquaient, les plus forts, les plus rusés, s'en servirent pour dominer les autres et s'établir en parasites sur cet organisme nouveau : La Société.

Mais aujourd'hui, l'homme est un être conscient, aujourd'hui l'homme compare et raisonne ; pour transmettre à ses descendants, ses connaissances et ses découvertes, il possède un langage parlé et écrit des plus développés, un outillage merveilleux pour le multiplier, un cerveau capable des raisonnements les plus abstraits — que trop abstraits ! parfois, hélas ! — doit-il continuer à en être ainsi ? — Évidemment non. Il doit reconnaître que ses ancêtres ont fait fausse route en se massacrant, en se pillant, en s'exploitant, il doit revenir à ces pratiques de solidarité dont des milliers de siècles de lutte n'ont pu étouffer les germes en lui.

La nature ne nous offre-t-elle pas assez d'obstacles à vaincre, pour que l'humanité entière n'ait pas trop de toutes ses forces réunies, en dirigeant ses instincts de combativité contre les difficultés naturelles et y trouver les éléments d'une lutte plus avantageuse, sans avoir besoin de se déchirer elle-même ?

Ainsi, forts des arguments fournis par les savants officiels, nous n'aurions, lorsque les bourgeois viennent nous parler de progrès, des droits de la Société, etc., qu'à leur rire au nez en leur répliquant par les droits de l'individu qui, lui, se soucierait fort peu du progrès s'il devait continuer à en être la victime.

Mais nous verrons plus loin qu'une société, où l'homme serait assuré de la satisfaction intégrale de tous ses besoins, loin d'être une entrave au progrès, lui viendrait, au contraire, en aide, car la nature de l'homme est de se créer des besoins nouveaux, au fur et à mesure qu'il trouve la facilité de satisfaire ses fantaisies. Pour le moment, contentons-nous de prouver que la société actuelle, loin de réserver ses jouissances aux plus intelligents, aux plus aptes, aux plus forts, à ceux qui doivent contribuer à l'amélioration de la race humaine, ne les réserve, au contraire, qu'à une classe d'individus dont le succès assuré est un facteur de décadence pour la classe dont ils font partie, mais aussi pour l'humanité tout entière.

Tant que la bourgeoisie eut à lutter contre la noblesse, tant qu'elle eut à combattre pour conquérir sa place au soleil, elle a forcément développé des qualités qui lui ont permis d'arriver à ce qu'elle voulait, et d'acquérir ce pouvoir, but suprême de ses convoitises ; mais une fois parvenue à ses fins, il lui est arrivé ce qui arrive dans le règne animal à tout parasite, notamment à certains crustacés, cités par Haeckel, dans son *Histoire de la Création*, qui vivent sur le dos de mollusques et dont les larves sont plus développées que l'animal parfait ; l'animal parfait, une fois installé sur le dos de son hôte, perd tous ses moyens de locomotion pour développer des tentacules qui lui servent à s'attacher à celui qu'il doit exploiter, et à en tirer sa nourriture. Après avoir été un animal agissant, nageant, luttant, il perd toutes ces facultés pour se transformer en un simple sac digestif. Tel est déjà l'état de la bourgeoisie, tout au moins comme classe, sinon encore, comme individus.

Ce qui, dans la société actuelle, fait la force, ce ne sont ni les facultés physiques, ni les facultés morales et intellectuelles, c'est tout simplement l'argent. On peut être scrofuleux, rachitique, idiot, difforme au physique et au moral, si on a de l'argent, des relations avec ceux déjà arrivés, on peut prétendre à tout, on est sûr de trouver femme pour faire souche d'une lignée qui vous ressemble.

Mais le prolétaire, lui, fût-il né avec un cerveau d'une capacité hors ligne, cela ne lui servira de rien si ses parents n'ont pas eu les ressources suffisantes pour lui donner l'instruction qui devait développer son intelligence. Parvînt-il à acquérir cette instruction, s'il n'a pas les moyens de la faire valoir, il ira grossir le nombre des déclassés ou devra se contenter d'une situation inférieure chez un exploiteur qui ne le vaudra pas, mais qui possédera ce qui lui manque : le capital. Il devra renoncer à donner la mesure de ce dont il eût été capable de produire.

Fût-il doué de tous les avantages physiques, un travail prématuré, les privations et la misère, le ploieront avant l'âge et si, par hasard, il trouve quelque malheureuse qui consente à lier son sort au sien, ce ne sera que pour donner naissance à des êtres chétifs et malingres ; car le travail forcé de la femme et son dépérissement viendront s'ajouter à celui de l'homme pour contribuer à l'abâtardissement de la race. Elle aussi, les trois quarts du temps, les nécessités du ménage l'y forçant, elle devra travailler, tant qu'elle peut tenir sur ses jambes, rester à l'atelier, tant que les douleurs de l'enfantement ne l'auront pas saisie et courbée sur son lit de douleurs. Que l'on ajoute à cela les conditions malsaines dans lesquelles s'effectue, la plupart du temps le travail actuel, voilà plus qu'il n'en faut pour atrophier une race pour longtemps.

Certes, c'est là une situation extrême, le sort de certains travailleurs n'atteint pas cette intensité de misère, il y a des gradations depuis l'individu qui crève littéralement de faim jusqu'au milliardaire qui dépense, pour s'amuser, des milliers de francs à faire enterrer un chien, la gamme se continue d'une façon insensible.

Et le service militaire, lui aussi, n'est-il pas une sélection à rebours, puisque l'on prend les hommes les plus forts, les plus sains, pour les condamner au célibat, à la pourriture de la prostitution des villes de garnison, à l'atrophie morale et intellectuelle des casernes et de la discipline ?

« C'est tout à fait à rebours de la sélection artificielle des Indiens et des anciens Spartiates que se fait dans nos modernes États militaires le choix des individus pour le recrutement des armées permanentes. Nous considérerons ce triage comme une forme spéciale de la sélection et nous lui donnerons le nom très juste de « sélection militaire ». Malheureusement, à notre époque plus que jamais, le militarisme joue le premier rôle dans ce qu'on appelle la civilisation ; le plus clair de la force et de la richesse des États civilisés les plus prospères est gaspillé pour porter ce militarisme à son plus haut degré de perfection. Au contraire, l'éducation de la Jeunesse, l'instruction publique, c'est-à-dire les bases les plus solides de la vraie prospérité des États et de l'ennaoblissement de l'homme, sont négligées et sacrifiées de la manière la plus lamentable. Et cela se passe ainsi chez des peuples qui se prétendent les représentants les plus distingués de la plus haute culture intellectuelle, qui se croient à la tête de la civilisation ! On sait que, pour grossir le plus possible les armées permanentes, on choisit par une rigoureuse conscription tous les jeunes hommes sains et robustes. Plus un jeune homme est vigoureux, bien portant, normalement constitué, plus il a de chances d'être tué par les fusils à aiguille, les canons rayés et autres engins civilisateurs de la même espèce. Au contraire, tous les jeunes gens malades, débiles, affectés de vices corporels, sont dédaignés par la sélection militaire ; ils restent chez eux en temps de guerre, se marient et se reproduisent. Plus un jeune homme est infirme, faible, étiolé, plus il a de chances d'échapper au recrutement et de fonder une famille. Tandis que la fleur de la jeunesse perd son sang et sa vie sur les champs de bataille, le rebut dédaigné, bénéficiant de son incapacité, peut se reproduire et transmettre à ses descendants toutes ses faiblesses et toutes ses infirmités. Mais, en vertu des lois qui régissent l'hérédité, il résulte nécessairement de cette manière de procéder que les débilités corporelles et les débilités intellectuelles qui en sont inséparables doivent non seulement se multiplier, mais encore s'aggraver. Par ce genre de sélection artificielle et par d'autres encore s'explique suffisamment le fait navrant, mais réel, que, dans nos États civilisés, la faiblesse de corps et de caractère sont en voie d'accroissement et que l'alliance d'un esprit libre, indépendant, à un corps sain et robuste devienne de plus en plus rare . . . .

« Si quelqu'un osait proposer de mettre à mort dès leur naissance, à l'exemple des Spartiates et des Peaux-Rouges, les pauvres et chétifs enfants, auxquels on peut à coup sur prophétiser une vie misérable, plutôt que de les laisser vivre à leur grand dommage et à celui de la collectivité, notre civilisation soi-disant humanitaire pousserait avec raison un cri d'indignation. Mais cette « civilisation humanitaire» trouve tout simple et admet sans murmurer, à chaque explosion guerrière, que des centaines et des milliers de jeunes hommes vigoureux, les meilleurs de la génération, soient sacrifiés au jeu de hasard des batailles, et pourquoi, je le demande, cette fleur de la population est-elle sacrifiée ? Pour des intérêts qui n'ont rien de commun avec ceux de la civilisation, des intérêts dynastiques tout à fait étrangers à ceux des peuples qu'on pousse a s'entre-égorger sans pitié. Or, avec le progrès constant de la civilisation dans le perfectionnement des armées permanentes, les guerres deviendront naturellement de plus en plus fréquentes. Nous entendons aujourd'hui cette « civilisation humanitaire » vanter l'abolition de la peine de mort comme une « mesure libérale » ! (Haekel, *Histoire de la création naturelle*).

« ... Dans tous les pays où existent des armées permanentes, la conscription enlève les plus beaux jeunes gens, qui sont exposés à mourir prématurément en cas de guerre, qui se laissent souvent entraîner au vice, et qui, en tous cas, ne peuvent se marier de bonne heure. Les hommes petits, faibles, à la constitution débile, restent, au contraire, chez eux, et ont, par conséquent, beaucoup plus de chance de se marier et de laisser des enfants... (Darwin, *Descendance de l'homme*, p. 145-146.)

Pour que la classe prolétarienne ait résisté, depuis des centaines de siècles, à toutes ces causes de débilitement, et qu'elle continue à fournir des hommes robustes et intelligents, il fallait qu'elle possédât une force de vitalité absolument incomparable ; et la bourgeoisie qui, elle, après si peu de temps de pouvoir et de domination, en est arrivée, en pleine jouissance, à un tel degré d'avachissement, n'a pas le droit de proclamer qu'elle donne le jour aux plus aptes et aux meilleurs. Les faits nous prouvent qu'elle n'en a pas le monopole, qu'elle est au-dessous de ce que la situation devrait lui permettre d'accomplir.

Par le peu qui précède, on voit que la liberté de la « lutte pour l'existence » dont se réclament les bourgeois n'est qu'une liberté illusoire et que ce combat pour l'existence qu'ils voudraient voir se perpétuer parmi nous, est le proche parent de ces combats dont l'aristocratie romaine se délectait dans ses orgies sanglantes, et où, lorsqu'elle condescendait à y prendre part, on donnait aux chevaliers armés de toutes pièces, de pauvres esclaves, à combattre, absolument nus, armés d'un sabre de fer blanc.

Et aux bourgeois qui viennent nous dire que la vie est un éternel combat où les faibles sont destinés à disparaître pour faire place aux plus forts, nous pouvons leur répondre : Nous acceptons vos conclusions. La victoire est aux plus forts, et aux mieux organisés, dites-vous ? Eh bien, soit, nous, travailleurs, nous prétendons à la victoire de par vos théories mêmes.

Votre force consiste dans le respect que vous avez su élever autour de vos privilèges, votre puissance est tirée des institutions que vous avez élevées comme un rempart entre vous et la masse que, réduits à vous-mêmes vous ne sauriez défendre ; votre perfection réside dans l'ignorance où, jusqu'à présent, vous nous avez tenus, de nos véritables intérêts ; votre aptitude est dans l'habileté que vous savez déployer à nous forcer d'être les défenseurs de vos propres privilèges que vous nous faites défendre sous les noms de : Patrie ! Morale ! Propriété ! Société, etc.

Or, aujourd'hui, nous voyons clair dans votre jeu, nous commençons à comprendre que notre intérêt est tout l'opposé du vôtre ; nous savons que vos institutions loin de nous protéger ne servent qu'à nous enserrer de plus en plus dans notre misère, et alors nous vous crions :

« À bas les préjugés bêtes, à bas le respect idiot d'institutions surannées, à bas la fausse morale, nous sommes les plus forts, les mieux doués, puisque depuis une suite innombrable de siècles, nous luttons contre la faim et la misère, sous un travail éreintant, dans des conditions mortelles de mauvaise hygiène, d'insalubrité manifeste, et que nous sommes encore debout et vivaces, nous sommes les plus aptes, puisque c'est notre production et notre activité qui permettent à votre société de se maintenir.

Nous prétendons à la victoire comme les mieux adaptés, car votre classe pourrait, du jour au lendemain, disparaître du globe sans que cela nous empêchât de produire, et nous n'en consommerions que mieux, tandis que du jour où nous refuserons de produire pour vous, il serait impossible à nombre des vôtres de se livrer à aucun travail productif.

Nous prétendons enfin à la victoire puisque les plus nombreux, ce qui, toujours selon vous, suffit à légitimer toutes les audaces, à absoudre toutes les prétentions, toutes les injustices. Au jour de la bataille nous serions en droit de vous appliquer votre sentence en vous faisant disparaître de la société dont vous n'êtes que les parasites et les microbes dissolvants.

Vous l'avez dit vous-mêmes : La victoire est aux plus forts.

III. LA LUTTE CONTRE LA NATURE ET L'APPUI MUTUEL

Comme on le voit, sans avoir à rechercher d'autres arguments en faveur du droit à la révolte, dont nous nous réclamons, nous n'aurions qu'à nous saisir de ceux que nous fournit la science bourgeoise officielle pour défendre ses privilèges, justifier l'exploitation qu'elle nous fait subir. Avec les théories bourgeoises rien de plus facile pour saper les bases de l'ordre social qu'elles prétendent consolider.

Mais nous avons des vues plus larges, une conception plus nette des relations sociales. Nous savons que, même au milieu de l'abondance, l'homme ne peut être heureux, s'il est forcé de défendre sa situation contre les réclamations d'affamés, nous savons que, quelle que soit son inconscience, le privilégié peut, parfois, être tenaillé par le remords lorsqu'il réfléchit que son luxe est le produit de la misère de centaines de malheureux. Nous savons que la violence n'est pas une solution, et prétendons justifier nos théories avec des arguments rationnels, positifs et non à l'aide de fausses conceptions des lois naturelles.

Aussi, loin d'envisager les sociétés humaines comme un vaste champ de bataille où la victoire appartient aux appétits les plus larges, nous pensons, au contraire, que tous les efforts de l'homme doivent s'unir pour se tourner contre la seule nature qui lui présente assez de difficultés à vaincre, assez d'obstacles à renverser, assez de résistance à lui produire ce qui est nécessaire à son existence, assez de mystères à éclaircir, pour y user ses instincts de combativité, y trouver les éléments d'un combat assez long, assez acharné, pour que ce ne soit pas de trop de tous les efforts humains réunis, de tout le labeur accumulé des générations pour le mener à bien, combat bien plus profitable que de s'entre-déchirer mutuellement.

Que de forces perdues, que d'existences sacrifiées, soit dans le dur combat pour la vie au sein des sociétés, soit dans ces guerres stupides que se livrent les sociétés sous le nom de luttes nationales ! que d'intelligences dévoyées qui, dans un autre milieu, tourneraient au profit de l'évolution humaine, tandis qu'elles périssent misérablement sans avoir rien pu produire !

Les économistes disent que chaque homme représente un capital, et ils cherchent à justifier un ordre de choses qui — ils sont bien forcés de l'avouer — entraîne par sa mauvaise organisation, la disparition de milliers de malheureux qui meurent avant d'avoir fourni la moitié, le quart, et même bien moins de leur carrière ! Quelle illogisme !

Et tous ces hommes qui s'énervent et s'abrutissent dans la vie des camps et des casernes, s'ils s'employaient à des travaux d'assainissement, de défrichement, ou autres travaux utiles, tels que, construction de routes, canaux, endiguement de cours d'eaux, travaux de drainage et d'irrigation, reboisage et percement de montagnes, desséchement de marais, cela ne serait-il pas plus avantageux à l'humanité, que de les voir faire « Portez, armes ! Présentez, armes ! » toute une journée, ou faire la faction au pied d'un mur où il ne passe personne, ou bien encore, à la porte d'une cour pour empêcher les chiens d'y entrer ? Quand comprendra-t-on qu'au lieu d'employer leurs forces à des nuisances destructives, il serait plus utile à l'humanité, qu'ils emploient leurs forces à un travail producteur ? Quand s'apercevra-t-on que tout organisme qui se laisse envahir par le parasitisme, non seulement périt lui-même, mais entraîne aussi la perte des parasites eux-mêmes, incapables qu'ils sont de s'accommoder à de nouvelles conditions ?

Si toutes les forces qui sont dépensées pour produire ces armes de guerre, ces engins explosibles, tout ce matériel de guerre, utile seulement à la destruction, étaient occupées à produire les machines et les outils perfectionnés nécessaires à la production, combien serait réduite la part d'efforts réclamée de chacun pour la coopération à la production générale, combien peu de temps il faudrait à chacun pour produire à la satisfaction de ses premiers besoins. On sent tout de suite qu'il n'y aurait plus besoin de la coercition sociale que les économistes jugent utile pour assurer la subsistance de tous.

Si tous les efforts des inventeurs s'acharnant à découvrir des cuirasses et blindages pour des navires que leur poids empêche de marcher et que demain la création d'un nouveau canon, ou d'un nouveau système de torpilles rendra inutiles, si tous leurs calculs, toutes leurs équations, toutes leurs facultés inventrices étaient tournées à trouver des formules pour augmenter la puissance productive de l'homme, des instruments nouveaux de production, ne serait-ce pas mieux que d'employer celles déjà existantes à ces travaux de Pénélope où le travail de demain détruira celui de la veille. Que de projets on pourrait réaliser ainsi qui, aujourd'hui, ne nous semblent encore que des rêves !

L'action de chercher, calculer, étant, chez l'inventeur un besoin incoercible, dans la société que nous voulons, où ne se ferait plus sentir le besoin d'armées si puissantes, toutes ces dépenses de forces seraient, forcément, tournées vers la découverte de forces utiles, et ces découvertes seraient à l'avantage de tous puisque, la spéculation étant détruite, elle ne pourrait plus s'en emparer et les transformer en moyens d'exploitation au profit d'une minorité, au détriment du plus grand nombre, ainsi que cela se passe actuellement, où l'on voit les découvertes les plus utiles n'apporter qu'un surcroît de charges et de misères aux producteurs pendant qu'elles décuplent les capitaux des oisifs.

Est-il bien utile enfin, de continuer à s'entre-déchirer d'individu à individu, de nation à nation, de race à race, la terre n'est-elle pas assez vaste pour nourrir tout le monde, fournir à tous nos besoins ? — Certains bourgeois le nient. Qae vaut leur assertion ?

« Il n'y a pas assez de vivres pour que chaque individu puisse y puiser à sa suffisance », affirment les économistes bourgeois, et pour justifier cette pénurie de vivres — qu'ils prétendent exister — nos savants à courte vue ont établi, dans leurs livres, nous ne savons sur quelles bases, des calculs d'où il s'ensuivrait que les objets de consommation augmenteraient dans une proportion arithmétique de 2, 4, 6, 8, etc., tandis que la population augmenterait dans une proportion géométrique de 2, 4, 8, 16, etc. !

Aucun chiffre ne prouve cela. Les statistiques les mieux faites sont forcées de laisser tant de points dans l'obscurité qu'il est impossible, surtout en ce qui concerne la production, de rien appuyer de positif sur elles, et il arrive que là, comme ailleurs, chacun voit dans les chiffres ce qu'il veut bien y trouver. Or, malgré cela, non seulement rien ne prouve le bien fondé de l'assertion des économistes, mais aucun document ne fournit trace de ce calcul !

Mais, en faisant ronfler les mots : « proportion arithmétique ! » « proportion géométrique ! » en entremêlant cela de quelques formules algébriques que tout le monde n'est pas à même de connaître, ces affirmations vous prennent un petit air pédant et savantasse tellement convaincu, cela clôt si bien le bec au vulgaire profane qu'il s'imagine la démonstration résider dans la formule qu'il n'a pas comprise.

Et les économistes, radieux de démontrer que, si on laissait les choses continuer ainsi, les vivres ne tarderaient pas à manquer complètement, les hommes se verraient forcés de retourner à l'anthropophagie d'où ils sont sortis ! « Heureusement », disent-ils, « que l'organisation sociale intervient avec tout son cortège de fraudes, de guerres et de maladies occasionnées par les excès ou privations de toute sorte, pour rationner les hommes, les décimer et les empêcher de se manger entre eux… en les faisant crever de misère et de faim ! »

Rien de plus faux que leurs calculs et leurs affirmations, car, à part toutes les terres incultes que l'on pourrait rendre productives, il est démontré que, malgré le morcellement de la propriété qui empêche l'emploi rationnel des modes de culture intensifs, et où, par conséquent, la terre ne rend pas tout ce qu'elle pourrait rendre, la spéculation et l'agiotage font beaucoup plus pour la raréfaction des denrées, que le manque absolu lui-même.

Est-il besoin d'aller chercher au milieu des populations primitives pour trouver des terres incultes faute de soins, quand ces terrains abondent au milieu des populations civilisées ? Faut-il citer l'Écosse se transformant peu à peu en territoire de chasse ? l'Irlande livrée au mouton, quand, en Australie, il pullule et n'est exploité que pour la laine. Et les innombrables troupeaux de l'Amérique du Sud, sacrifiés pour le cuir seulement, la viande perdue, non pas à cause du manque de débouchés, puisque l'on se plaint qu'elle manque en Europe, mais tout simplement parce que l'abaissement de prix, que causerait son importation, sur les troupeaux indigènes, serait préjudiciable à quelques éleveurs et agioteurs assez puissants pour faire passer leurs intérêts avant ceux du public, en faisant voter, par leurs valets du pouvoir législatif, des droits « protecteurs. »

Est-ce la rareté du blé qui maintient des prix élevés ? Non, la Russie méridionale, l'Amérique aux vastes plaines fouillées, retournées en tous sens par les charrues à vapeur, où toute la culture, depuis le commencement jusqu'à la fin, s'opère à l'aide d'outils perfectionnés, quoique sans méthode, pourtant, auraient déjà ruiné l'agriculture française en nous fournissant des grains à très bas prix. Aussi, là, encore, des droits « protecteurs » sont intervenus et nous font payer le pain plus cher qu'il ne vaut.

Ne pouvant produire aussi bon marché que l'Amérique ou la Russie, les agriculteurs français auraient eu à perfectionner leur outillage et leur façon de procéder, ou bien auraient produit autre chose. Cela aurait été trop simple… Et puis, là, encore, il y avait de gros intérêts à « protéger » ! c'est le misérable qui paie.

Puis, l'étude de l'histoire naturelle ne nous démontre-t-elle pas que la puissance prolifique des espèces est en raison inverse de leur degré de développement, c'est-à-dire que, plus les espèces sont bas dans l'échelle sociale, plus elles se multiplient pour combler les vides occasionnés par la guerre que leur font les espèces supérieures. Plus nombreuses sont les causes de destruction, plus intense est la puissance prolifique de l'espèce qui les subit.

C'est ainsi que chez certains végétaux, chaque pied produit annuellement des grains par milliers et par centaines de mille. Certaines espèces de poissons, hareng, esturgeon, etc., sont tout autant prolifiques. La fécondité des lapins, des pigeons est proverbiale. Chez les mammifères, espèce plus élevée puisqu'elle a donné naissance à l'homme, la fécondité est déjà plus restreinte, mais l'homme, qui est parvenu à domestiquer les espèces les plus utiles à son alimentation et autres besoins, a trouvé le moyen d'en diriger la production au mieux de ses intérêts, ainsi que celle des végétaux qui servent à leur alimentation et à la sienne.

Même pour les espèces sauvages, qu'on n'a pu domestiquer, si tous les hommes savaient solidariser leurs efforts, au lieu de se faire la guerre, ils pourraient leur créer des conditions d'existence qui en favoriseraient le développement d'une façon rationnelle et tout à fait conforme aux intérêts de l'humanité entière.

Si la terre ne produit pas assez pour assurer l'existence de la population qui la couvre — assertion fort contestable, mais que nous acceptons, car elle n'infirme en rien l'argumentation qui suit — elle est toute prête à fournir au delà de ce que nous pourrons consommer. Que faudrait-il pour cela ? organiser une société où la richesse des uns n'engendrerait pas la pauvreté des autres, une société où les individus auraient intérêt à s'aider mutuellement au lieu de se combattre.

Nous avons vu que l'aide mutuelle était une des lois naturelles qui guident l'évolution de toutes les espèces, notre travail n'étant pas un ouvrage d'histoire naturelle ni d'anthropologie, on comprendra que nous ne citions pas tous les faits qui appuient cette thèse ; nous renvoyons le lecteur aux divers articles que notre ami Kropotkine a publiés dans la *Société Nouvelle*, reproduits dans le *Supplément de la Révolte*, sous le titre générique d'*Appui mutuel* et à la brochure de Lanessan, l'*Association dans la lutte*. La loi de solidarité est donc pour nous un fait acquis, nous nous bornerons à démontrer ce qu'elle pourrait accomplir, si elle était appliquée et pratiquée dans les relations sociales et individuelles, dans toute son extension.

Il y a un autre ouvrage à consulter pour se rendre compte des gaspillages qu'entraîne la mauvaise organisation sociale, c'est le livre de M. Novicow : *Les Gaspillages dans les sociétés modernes*. L'auteur s'y place au point de vue économiste et capitaliste ; ses chiffres tiennent plus ou moins de la fantaisie, et il ne considère les pertes qu'au point de vue capitaliste, ce qui est un mauvais point de vue pour juger toute leur étendue. Mais tel quel, le livre est bon à consulter, les aveux excellents à retenir.

L'antagonisme individuel, règle des sociétés actuelles ; le chacun pour soi, des organisations capitalistes, ont amené une méconnaissance complète des vraies conditions de la richesse. La vraie richesse, certains économistes l'ont dit — j'ignore si ce sont eux qui l'ont trouvé — c'est l'adaptation de plus en plus parfaite de la planète à nos besoins. Or, au lieu de chercher à adapter la planète à nos besoins, chacun a cherché à s'accaparer le travail produit par les autres, à user d'un bénéfice momentané, mais qui détériorait la richesse sociale dans ses conséquences.

Ainsi, l'appropriation individuelle a fait que quelques-uns ont trouvé avantage d'abattre les forêts qui couronnaient les hauteurs de certaines montagnes. Ils trouvaient ainsi le moyen de réaliser immédiatement un bénéfice certain, mais personne n'étant directement intéressé à leur conservation, les hauteurs se sont découronnées de leurs forêts sans qu'on essayât de les replanter ; les terres n'étant plus retenues par les racines, se sont éboulées, entraînées par les pluies et différentes autres causes, jusqu'au pied de la montagne qui s'émiette sans profit pour la plaine.

D'un autre côté, les pluies n'étant plus retenues par la terre végétale, ni pompées par les racines de la forêt, au lieu de couler goutte à goutte dans la plaine, et de régulariser le débit des rivières à un cours moyen, se sont transformées en torrents dont la violence active la dégradation, cause, par moments, des débordements et des ruines dans la plaine, pendant que la rivière reste à sec en temps de sécheresse.

Une dégradation de climat s'en est suivie. Les vents n'étant plus arrêtés par le rideau de la forêt, ne laissent plus égoutter les nuages qu'ils entraînent. Tel climat qui était tempéré, est devenu froid ou chaud, selon la latitude, par suite de la sécheresse ou de la perte de l'abri que lui offrait la forêt de la montagne.

Certaines parties de l'Espagne sont aujourd'hui transformées en désert, alors que du temps des Maures, elles étaient admirablement cultivées, l'expulsion de ces derniers ayant entraîné la perte de l'admirable réseau de canaux d'irrigation qu'ils avaient su établir et entretenir. De même en Egypte où le désert de sable empiète sur la portion cultivée, depuis que la civilisation du temps des Pyramides est disparue. Ainsi de certaines parties de l'ancienne Chaldée, de l'Assyrie et de la Mésopotamie, autrefois florissantes et fécondes, transformées aujourd'hui en déserts de sable.

Voilà ce qu'ont produit les luttes entre individus et sociétés. Voilà un beau champ ouvert à la solidarité mutuelle, pour la reconquête de ces terrains perdus pour la production, et s'il est vrai que la lutte est utile à l'homme, voilà de quoi exercer ses forces. Et ce n'est pas tout.

Nous avons encore des pays entiers couverts de marécages, des dunes où les sables mouvants marchent à l'assaut des villages et des champs du littoral, des côtes à défendre contre les attaques de la mer. Beaucoup de ces travaux sont entrepris, là où il y a chance de profits immédiats, mais combien davantage ne seront jamais exécutés par les sociétés capitalistes, parce qu'elles n'y trouveraient pas une rémunération suffisante immédiate.

On parle, par exemple, de l'assèchement du Zuyder-zée pour reconquérir les terres envahies, il y a des siècles, par la mer en fureur ; mais qui peut savoir quand on se mettra sérieusement à l'œuvre, et combien d'autres semblables, qui offriraient à un nombre incalculable de générations, l'occasion d'user leurs forces de combativité à des œuvres utiles et profitables à l'humanité entière, pendant qu'elles y trouveraient pour elles, la satisfaction de travailler au bonheur général. — Nous montrerons plus loin que, dans la société que nous voulons, la dépense de forces ne serait pas une peine, mais une gymnastique nécessaire à la vitalité individuelle. Le temps et les efforts ne seront comptés pour rien, les mobiles des actes humains ayant été transformés par le milieu.

Il y a, en Europe, des terrains immenses, improductifs par suite de la sécheresse du sol ; par contre, les fleuves entraînent à la mer, non seulement des milliards de mètres cubes d'eau, mais aussi les alluvions fertilisantes qu'ils arrachent au sol tout le long de leur parcours, entravant la navigation à leur embouchure ; il suffirait d'un réseau de canaux bien combiné pour capter ces éléments fertiles qui vont se perdre sans profit pour personne, et rendre fécondes des landes improductives. Faut-il citer les mesures sanitaires contre les épidémies qui, aujourd'hui, restent inefficaces parce qu'elles sont prises isolément, mais qui, prises en commun, arrêteraient le fléau à ses débuts ?

On voit qu'il suffit d'énoncer les travaux qui restent à faire aux générations futures, et rendraient la terre habitable sur toute sa surface et productive là où elle est stérile, pour comprendre que cette pénurie de vivres, dont les économistes nous rebattent les oreilles, loin d'être, pour la société capitaliste, une raison de s'éterniser, en est la condamnation la plus formelle, puisque c'est sa mauvaise organisation qui condamne des millions d'hommes à des travaux négatifs, pendant que tant de travaux productifs sollicitent notre activité. Et qu'il suffirait que les hommes s'entendissent et se concertassent pour trouver, dans ces travaux mêmes, la récompense de leurs efforts : « l'entente » au lieu de la « lutte », et l'humanité échapperait à cette misère que l'on nous dit être inévitable, qui n'est que le fruit de la rapacité des uns, de l'imbécillité à l'endurer des autres.

Pour conclure sur ce que nous venons de dire, nous ne saurions mieux terminer qu'en citant ce passage d'un auteur qui ne saurait être suspect de révolutionnarisme, ni de subversion ; mais qui, empoigné par la vérité se plaît à la proclamer en termes émus, trop guidé, peut-être par le seul sentimentalisme. Mais, après tout, le sentimentalisme est une bonne chose en lui-même lorsqu'il ne s'écarte pas de la vérité et de la logique :

«… Aujourd'hui le plus fort, le plus riche, le plus haut placé, le plus savant exerce un empire presque absolu sur le faible, sur l'ignorant, sur l'homme des classes inférieures, et il leur semble tout naturel d'épuiser à leur profit personnel les forces de ces derniers. La société entière doit nécessairement souffrir d'un tel état de choses ; elle doit comprendre qu'il vaudrait mieux voir tous les individus *concertant* leurs efforts, se *soutenant* l'un l'autre, tendre au même but, c'est-à-dire, *secouer le joug des forces naturelles*, au lieu d'user le plus clair de leur vigueur à s'entre-dévorer, à s'exploiter mutuellement. La rivalité, si utile en soi, doit subsister, mais en dépouillant l'antique et rude forme guerrière et exterminatrice de la lutte pour vivre, en revêtant la forme ennoblie, mais vraiment humaine d'une concurrence ayant pour but l'intérêt général. En d'autres termes, *au lieu de la lutte pour vivre, la lutte pour la vie en général* ; au lieu de l'universelle haine, l'amour universel ! À mesure que l'homme progresse dans cette voie, il s'éloigne davantage de son passé bestial, de sa subordination aux forces naturelles et à leurs inexorables lois, pour se rapprocher du développement idéal de l'humanité ! Dans cette voie aussi l'homme retrouvera ce paradis dont la vision flottait dans l'imagination des plus anciens peuples, ce paradis que, suivant la légende, le péché a ravi à l'homme ; avec cette différence toutefois, que le paradis futur n'est pas imaginaire, mais réel ; qu'il ne se trouve pas à l'origine mais à la fin de l'évolution humaine, u'il n'est pas le don d'un dieu, mais le résultat du travail, le gain de l'homme et de l'humanité. » (Büchner, *l'Homme selon la science*, pp. 210 et 211).

Et nous ajouterons :

Paradis où il ne sera permis aux travailleurs d'y entrer, que lorsqu'ils auront compris que leurs maîtres ne leur en ouvriront jamais les portes, paradis qu'il ne leur sera permis d'habiter que lorsqu'ils auront l'énergie de vouloir le conquérir et de culbuter ceux qui leur en barrent l'entrée.

IV. LA RÉVOLUTION ET L'INTERNATIONALISME

Au cours de ce travail nous développerons les divers arguments que nous avons énoncés, mais, pour ne pas nous laisser détourner de notre plan, nous devons en revenir à notre étude sur la Révolution et ici se dresse la grande objection des partisans de l'autorité — socialistes ou bourgeois — ce serait, pour une société non centralisée, ne disposant pas d'armées permanentes, n'ayant pas à sa tête, des hommes providentiels chargés de penser et d'agir pour le commun des mortels, l'impossibilité de se maintenir au milieu des nationalités environnantes qui seraient restées sous la domination capitaliste. Et les théoriciens bourgeois en concluent qu'il faut continuer à se laisser exploiter, en attendant que les capitalistes veuillent bien être un peu moins gourmands. — Les socialistes nous engagent à nous débarrasser de nos maîtres actuels, pour leur remettre le pouvoir, se chargeant, eux, à leurs risques et périls, de nous fabriquer un bonheur, au plus juste prix, qui sera respecté par nos voisins grincheux !

Si la révolution se localisait dans une seule nation, il n'y a aucun doute à avoir, les ploutocraties environnantes ne tarderaient pas à lui faire la guerre, peut-être même, sans accomplir la formalité de la lui déclarer au préalable, comme cela se fait actuellement entre ennemis de bon ton, où les adversaires sont d'autant plus courtois, qu'ils se contentent de faire battre les autres, pendant qu'eux se font des politesses, et, entre temps se vendent mutuellement les engins destructeurs qu'ils font fabriquer par ceux qu'ils enverront plus tard en éprouver les effets.

La Révolution de 89, qui était l'émancipation économique d'une classe, est là pour nous prouver que la noblesse, le clergé et la royauté qui régnaient sur le reste de l'Europe se sentirent solidaires de la noblesse, du clergé et de la royauté françaises, on sait quelle coalition formidable elles organisèrent contre la jeune République naissante, et que ce ne fut pas leur faute si cette dernière ne fut pas étouffée avant d'avoir vécu.

La ploutocratie qui est tout autant rapace, sinon plus, avec beaucoup d'autres qualités en moins, ne ferait pas moins si elle se sentait menacée. Nul doute que les bourgeoisies environnantes ne voudraient pas laisser s'établir à côté d'elles, un foyer d'idées nouvelles qui pourraient infecter leurs esclaves. Nous savons de quoi les bourgeois sont capables quand leurs intérêts matériels sont menacés. Un rideau de flammes et de mitraille ne tarderait pas à se dérouler autour de la nation assez malavisée pour ne plus vouloir engraisser aucun exploiteur.

Mais la Révolution de 89 nous montre aussi de quoi est capable un peuple qui défend ce qu'il croit être sa liberté. Les hommes qui se battent pour une idée sont invincibles lorsqu'ils n'ont à lutter que contre des automates, et la conviction de défendre son foyer, son indépendance vaut bien des bataillons.

Les partisans de l'autorité nous répliqueront que la République de 89 était une nation fortement centralisée, qu'elle sut défendre son unité, même contre les ennemis intérieurs, et que c'est pour pouvoir se défendre, comme elle, contre les entreprises extérieures et intérieures, qu'ils réclament une organisation semblable.

Pour que l'argument des autoritaires fût vrai, il faudrait bien étudier la philosophie de l'histoire de cette époque et se rendre compte si ceux qui se montrent à nous, sous les traits des plus farouches partisans de l'autorité centrale, ne subirent pas, plus d'une fois, à leur insu, la pression de la foule anonyme ? Si ce ne fut pas à partir du moment où l'initiative individuelle fût complètement étouffée, la foule réduite à l'impuissance que date la décadence de la Révolution pour se terminer par sa chute sous le talon d'un soudard ?

Mais cela importe peu à notre argumentation. Quelle que fût l'énergie de ceux qui avaient la direction des affaires, leur science aurait-elle été encore cent fois plus grande, elles auraient pesé de peu, s'ils n'avaient été secondés par l'énergie de ceux qui restèrent anonymes, qui surent les forcer, plus d'une fois, à prendre les mesures nécessaires au salut de tous et surent aussi les exécuter de leur propre initiative sans attendre l'assentiment des chefs.

On avait renversé les bastilles, on avait démoli — croyait-on — les lois du bon plaisir, les entraves qui retenaient les individus dans chacune de leurs manifestations étaient à bas, on avait confisqué les biens de la noblesse et du clergé, ces biens devaient être restitués à la nation, cette espérance avec la croyance que la liberté la plus complète allait enfin luire pour tous, c'en était plus qu'il ne fallait pour mettre le feu au ventre d'individus qui, la veille, n'avaient pas même l'entière propriété de leur corps, et les rendre invincibles !

Et pourtant, cela aurait été encore insuffisant, s'ils n'avaient eu affaire à des armées mercenaires qui étaient loin de se battre avec leur enthousiasme, et dont tout le respect de la discipline devait peser bien peu sous l'impétuosité d'un pareil entrain.

Cela, sans doute, aurait été insuffisant encore si, dans les nations, au nom desquelles on les combattait, ils n'avaient trouvé des sympathies qui luttaient pour eux et paralysaient les efforts de ceux qui les combattaient. Le nouvel ordre d'idées avait pour ennemis tous les privilégiés, mais il avait pour lui tous les déshérités qui réclamaient leur affranchissement et l'attendaient des hommes nouveaux qui surgissaient comme des sauveurs.

Voilà le secret de la force de la Révolution, voilà où nous devons tourner nos espérances et nos efforts !

La Révolution ne peut être le fait d'un seul peuple, elle ne pourra se cantonner en un seul lieu. Si elle veut vaincre, il faut qu'elle soit internationale. Les travailleurs d'un pays n'arriveront à se débarrasser de leurs exploiteurs qu'à condition que leurs frères des nations environnantes pratiquent la même opération hygiénique ; il faut qu'ils sachent enfin abjurer les haines idiotes dans lesquelles on les a bercés et se décident à rayer ces lignes fictives, dont on les a entourés pour les isoler les uns des autres et qui n'existent réellement que sur le papier.

La Révolution doit être internationale, c'est ce dont doivent bien se convaincre ceux qui rêvent la transformation de la propriété. Pacifique ou violente ; réorganisation autoritaire ou libertaire, la nouvelle société sera, de suite, en butte aux attaques des ploutocraties environnantes, si réellement, les intérêts bourgeois se trouvent lésés par le nouvel état de choses.

Aujourd'hui, il est de mode de se dire internationaliste. Tous les socialistes le sont, les économistes le sont, nombre de bourgeois le sont…. en paroles ! Comment donc, « Vive l'Internationale, monsieur ! »

> Les peuples sont pour nous
> Des frères (*ter*).

Une chanson de P. Dupont le chante depuis 48.

Les peuples sont pour nous des frères, mais tous ces internationaux enthousiastes, y compris nombre de socialistes, il ne faut pas beaucoup les gratter pour y retrouver le chauvin, et leur internationalisme n'aurait pas grand mal à s'accommoder d'une conquête. — Oh ! tout simplement pour faire le bonheur des conquis !… Ils sont nos frères !… tout en les regardant avec ce petit air de condescendance, que l'on a lorsqu'on regarde des individus que l'on considère comme inférieurs à soi.

Cet internationalisme-là n'est qu'une parade, les autres peuples nous valent comme nous valons les autres peuples, seulement nous sommes aussi incapables de faire leur bonheur qu'eux le nôtre. Aussi bien, du reste qu'aucun individu n'est capable de faire le bonheur de qui que ce soit malgré lui. Nous pouvons nous prêter la main pour nous débarrasser de ceux qui nous font du mal ; nous devons nous considérer comme des égaux qui peuvent et doivent se rendre service à l'occasion, voilà le véritable internationalisme, mais méfions-nous de cet internationalisme, à fleur de peau qui de l'œil droit regarde amoureusement nos frères de l'autre côté de la frontière et fait risette du gauche à « notre brave armée nationale ».

Français, Allemands, Italiens, Anglais ou Russes, nous sommes exploités de la même façon. C'est une minorité de parasites qui nous gruge et qui nous mène. Comme l'âne de La Fontaine, mettons-nous bien dans la tête que « notre ennemi, c'est notre maître » et alors il n'y aura plus de haines nationales. En France, comme en Allemagne, en Angleterre ou en Italie, ceux qui nous exploitent ne s'occupent guère de la nationalité de ceux qu'ils tondent. Leurs préférences, s'ils en ont, seront pour celui qui se laissera tondre le plus bénévolement. — L'humanité ne se divise donc qu'en deux classes : les exploiteurs et les exploités. Que les déshérités de tous pays en fassent leur profit.

Du reste, ici, encore, la marche des événements est encore la meilleure éducatrice des individus, en les forçant à s'accommoder aux circonstances qu'elle leur présente. Et notre époque saura bien forcer les individus à considérer l'humanité comme leur seule et unique patrie.

L'internationalisme, s'il n'est pas entré dans les esprits est entré dans les faits, ce qui vaut mieux. À l'heure actuelle, tout est international. Il n'y a pas une nation qui pourrait s'isoler et s'enfermer chez elle, et nos protectionnistes les plus enragés, ne peuvent nous « protéger » aussi « fortement » qu'ils le voudraient, forcés qu'ils sont, de tenir compte de certaines réciprocités.

Le télégraphe, les postes, les chemins de fer sont internationaux. Les relations commerciales sont tellement enchevêtrées que certaines maisons semblent n'avoir plus de nationalité. Des maisons de banque, certaines usines sont dans ce cas.

La fabrication des armes de guerre, industrie qui, dans la logique patriote, devrait être éminemment et exclusivement nationale, est une de celles qui, peut-être, est des plus cosmopolites. Les maisons françaises fournissent de canons et d'obus des nations qui, à un moment donné, peuvent être appelées à s'en servir contre la France ; des maisons italiennes, allemandes et anglaises agissent absolument de même. Certains députés sont à la tête de quelques-unes de ces maisons.[1] Cela semble tellement naturel que personne plus ne s'en étonne.

Toutes les branches de l'activité humaine sont occupées journellement, à organiser des congrès internationaux, ne pouvant plus opérer isolément chacune chez elles ; les relations individuelles, elles-mêmes, par ce vaste mouvement, éprouvent aussi le besoin de sortir de leurs frontières.

Le progrès lui-même est internationaliste, et peut s'opérer, en même temps, des deux côtés de la frontière. Une idée émise sur un point peut éclore à la même heure, à mille lieues de là et, en peu d'heures, avoir rayonné sur le reste du globe. Une idée n'est pas aussitôt énoncée aujourd'hui, que l'on voit plusieurs individus s'en disputer la paternité, apportant les preuves qu'ils ont des droits égaux à la revendiquer. Ce qui prouve, soit dit en passant, qu'une découverte est bien plutôt le fait d'une génération que d'un individu. La révolution sérieusement sociale qui s'accomplira quelque part aura, forcément, son retentissement au cœur de chaque nation, c'est ce qui la sauvera.

Si nous ne connaissions l'outrecuidance des autoritaires, nous pourrions nous étonner de leur prétention d'assurer le succès de la Révolution par le seul établissement d'un pouvoir fort !

Si le « pouvoir fort » s'amusait à toucher aux privilèges bourgeois, quels que fussent son pouvoir et sa force, il aurait à compter avec la coalition formidable qui l'encerclerait d'un mur de baïonnettes ; coalition cent fois plus féroce que la coalition monarchique de 89.

Il faut être absolument visionnaire pour croire qu'il suffit de s'organiser comme ses adversaires pour être à même de les vaincre. Ce fut l'erreur de la Commune de croire qu'elle pouvait jouer au soldat comme le gouvernement de Versailles, et lui livrer des batailles rangées, et cette erreur causa sa perte.

Si les travailleurs voulaient s'amuser encore à jouer ce jeu-là, ils

---

1 Voir Hamon : *Ministère et Mélinite*, pp. 45 à 63.

ne tarderaient pas à s'en repentir. À des idées nouvelles, il faut des moyens nouveaux, à des éléments différents, il faut une tactique appropriée à leur manière de penser. Laissons les panaches et la stratégie à ceux qui veulent jouer les Bonaparte et les Wellington, mais ne soyons pas si bêtes que de les suivre. Quelles que seraient l'énergie et l'activité déployées par les révolutionnaires placés dans ces conditions, l'organisation et la discipline de leurs forces, fussent-elles des plus admirables, ils succomberaient sous le nombre des adversaires que leur susciterait la haine des appétits menacés.

L'espoir des autoritaires se fonde sur la pensée, qu'ils ont, d'arriver à se faire reconnaître comme pouvoir légitime par les autres gouvernements. Politiciens au fond, et rien que politiciens, ils espèrent traiter sur le pied d'égalité avec les autres gouvernants et jouer aux diplomates.

Pour se faire tolérer, le gouvernement qui surgira d'un mouvement révolutionnaire devra renoncer à toute tentative de réforme sociale. Pour bien se faire venir de ses « chers cousins » en autorité, il devra employer, à refréner l'impatience de ceux qui l'auront porté au pinacle, les forces que ceux-ci lui auront mises entre les mains, et les empêcher de donner assistance aux tentatives de révolte qui pourraient se faire jour chez leurs nouveaux alliés. Ce n'est qu'en mentant ainsi à son origine, qu'un gouvernement populaire obtiendrait de l'autorité auprès des pouvoirs environnants. Et si tout gouvernement n'était, de par sa constitution même, infailliblement rétrograde, puisqu'il s'établit pour imposer et défendre un ordre de choses quelconque, ce serait encore une raison pour le repousser, puisque la force des choses le pousserait à nuire à ceux qui l'auraient élu, tout en croyant leur être utile.

Les relations internationales en se développant et en devenant de plus en plus fréquentes, de plus en plus étroites, contribuent à uniformiser les mêmes besoins, à réveiller partout les mêmes aspirations. Partout le travailleur souffre des mêmes maux, partout il aspire à la même solution. C'en est assez pour que la Révolution éclatant en un lieu provoque des explosions semblables en cent endroits différents.

Si les travailleurs savent préalablement, en dépit de leurs maîtres, solidariser leurs intérêts, grouper leurs efforts, ils sauront se prêter un mutuel appui, bien plus efficacement que ne le saurait faire un gouvernement quel qu'il soit.

Ces révoltes ou tentatives de révoltes, en occupant chaque bourgeoisie chez elle, leur ôtera l'idée d'aller voir ce qui se passe chez leurs voisines. Ayant assez à faire pour se défendre contre leurs propres victimes, elles ne seront pas tentées de porter secours aux gouvernements qui s'écrouleront à côté d'elles. La diversion est une tactique très habile que les meilleurs stratèges n'ont pas dédaignée, et elle peut s'opérer sans mettre aucune armée sur pied.

Les travailleurs d'une localité ne pourront triompher et s'émanciper chez eux, qu'à la condition que les travailleurs des localités environnantes se révoltent aussi. Cela est vrai pour les travailleurs d'une même nation, afin de forcer leurs maîtres de diviser leurs forces, cela est vrai pour les travailleurs de nationalités diverses afin d'empêcher leurs maîtres de s'aider mutuellement. Tout se tient. La solidarité internationale des travailleurs ne doit pas être une vaine formule, ni la réalisation renvoyée à un avenir lointain comme d'aucuns voudraient nous le faire croire. C'est une des conditions *sine qua non* du triomphe de la Révolution.

Telle est la rigoureuse logique des choses et des idées. Cette union fraternelle des travailleurs de tous pays, posée en rêve d'avenir, ne doit pas être seulement une aspiration, c'est un moyen de lutte contre nos maîtres et un gage de triomphe si nous savons la réaliser.

Cette idée de l'union internationale des travailleurs n'est pas sans préoccuper la bourgeoisie. Elle sait bien que du jour où les peuples cesseront de se regarder en ennemis, elle n'aura plus de raison pour maintenir des millions d'hommes pour sa défense, d'opérer ces armements formidables derrière lesquels elle se croit inexpugnable, c'est pourquoi aussi, elle a essayé d'ériger en culte, ce dogme de la patrie, c'est pourquoi ses thuriféraires poussent des cris d'oison lorsque des voix indépendantes se font entendre pour stigmatiser les atrocités que l'on couvre du nom de patriotisme, pour affirmer que la véritable Patrie pour l'homme, c'est l'humanité !

« Agents de l'étranger, misérables, gredins », sont les épithètes les plus douces dont ces revanchards féroces les aient gratifiés. Rien d'étonnant, du reste, à ce débordement d'injures, ces messieurs jugeant les autres d'après eux-mêmes, s'imaginent que l'on n'écrit que les choses pour lesquelles on est payé. Salariés de la plume ou de la parole, ils ne peuvent pas croire qu'il y en ait qui ne parlent ou n'écrivent que ce qu'ils pensent.

« Vous ne voulez pas amoindrir les patries des autres au profit de la vôtre, vous n'êtes qu'un gredin ! Vous ne voulez pas crier, avec nous, que votre patrie est la reine des nations, que les habitants des autres nations ne sont que des gueux, donc vous êtes un agent de l'étranger. » Tel est le raisonnement de ces messieurs, partant de là pour démontrer aux imbéciles que, du moment que l'on n'acceptait pas les yeux fermés, toutes les coquineries qui se commettent au nom de la Patrie, c'est que l'on en est l'ennemi.

Et voilà pourquoi l'épithète d'anti-patriote prise en dernier par les internationalistes pour combattre cette campagne inepte de militarisme, de chauvinisme qui veut pousser les hommes à s'entr'égorger, est devenue, sous leurs calomnies, l'équivalent d'ennemis de la France appliquée aux anti-patriotes français ; d'ennemis de l'Allemagne, de l'Italie ou de l'Angleterre appliquée aux anti-patriotes, allemands, italiens ou anglais, quand elle signifie purement et simplement : amour de l'humanité et haine à la guerre.

Les anti-patriotes ne peuvent pas être les ennemis de leur propre pays, puisqu'ils veulent élargir l'amour de l'individu à toute l'humanité. Faisant la guerre à l'autorité et au capital parce qu'ils sont l'autorité et le capital, ils en sont les adversaires aussi bien chez les autres que chez eux. Ce n'est pas un déplacement d'autorité au profit d'un groupement à l'exclusion d'un autre qu'ils réclament, mais bien sa disparition complète.

Adversaires de l'autorité, on nous accuse de vouloir la confusion ; adversaires des formes légales de la famille, des contraintes et des empêchements que la loi apporte à son évolution naturelle, on nous accuse de vouloir en détruire les sentiments affectifs ; adversaires du patriotisme étroit qui fait considérer les peuples comme des ennemis, partisans de la fraternité universelle, on nous accuse de prêcher l'abaissement de notre pays sous ses voisins et à la haine de nos compatriotes !

Il faudrait s'entendre. Nous savons que l'homme éprouvera toujours certaines préférences. Il aimera à se rappeler les lieux où il aura vécu, où il aura été heureux, où se seront développées ses affections. Un sentiment de bienveillance particulière le portera toujours vers les lieux où il sera sûr de posséder des amis. Et cette sympathie, cet amour peuvent se porter sur la contrée la plus ingrate, aussi bien que sur une contrée fertile et enchanteresse. Quand on dit que l'on aime tel pays, ce sont les souvenirs qu'il vous rappelle, les émotions qu'il vous a fait éprouver, les amis que vous y avez laissés, c'est à tout cet ensemble de choses que se rapporte cet attachement et non au sol pour lui-même.

Si les hommes croient devoir être plus attachés à l'endroit qui les a vus naître, pour le seul fait qu'il leur rappelle leur naissance, quel mal y a-t-il, et qui aurait jamais eu la pensée de combattre ce sentiment ? Connaissons-nous toujours bien distinctement tous les mobiles qui dictent nos sentiments ?

Mais parce que nous aimons davantage telle ou telle localité, est-ce bien une raison de considérer les habitants des autres pays comme des ennemis ? Si le patriotisme était le sentiment exclusif du sol, du pays où l'on est né, il n'y a pas de raison pour qu'il s'étende à toute une contrée, comme la France, l'Allemagne, la Russie, etc., qui ne sont que des assemblages de patries plus petites. L'amour de la province serait plus compréhensible, celui de la localité que l'on habite ou de celle où l'on est né, encore plus. Pourquoi pas les haines entre habitants de la même rue ? Et si l'amour de l'homme s'est agrandi Jusqu'à aimer ceux qui ne lui sont rattachés que par des liens fictifs, pourquoi se restreindraient-ils plutôt à une partie qu'à une autre ? Pourquoi ne pas l'élargir à l'humanité entière ?

V. LA RÉVOLUTION FILLE DE L'ÉVOLUTION

Nous avons vu, dans ce qui précède, que la Révolution suit l'Évolution. En effet, il n'y a pas de hiatus entre hier et aujourd'hui, demain est le fils de la veille ; la société que nous désirons ne pourra donc s'établir d'une seule pièce. Elle ne pourra être que ce que les événements antérieurs auront préparé. C'est pourquoi nous ne devons pas attendre la Révolution pour vivre notre idéal, et que nous cherchons, selon nos moyens, à adapter nos actes à notre manière de penser.

Il est acquis, pour nous, que les réformes octroyées par la bourgeoisie ne peuvent amener l'affranchissement des travailleurs. Nous avons développé cette façon de penser dans un autre travail,[1] inutile d'y revenir ici. Tant que l'on n'aura pas fait table rase des institutions qui entravent le libre développement humain, les réformes ne seront qu'un appât grossier pour égarer les travailleurs, ou un perfectionnement en faveur du Capital pour continuer son exploitation. L'abolition de l'autorité, la transformation de la propriété, l'abolition de la monnaie, peuvent seules assurer l'affranchissement des travailleurs. Il serait absurde de compter l'obtenir, non seulement tant que la bourgeoisie sera au pouvoir, mais même d'un pouvoir ouvrier.

Mais, si trompeuses et si illusoires que soient les réformes, il y a des individus qui, de bonne foi, croient opérer avec elles une amélioration dans le sort des travailleurs. Ils s'imaginent sincèrement obtenir des parlements, des transformations dans l'ordre social, qui auraient le pouvoir d'apporter, sinon la richesse au sein des familles de travailleurs, tout au moins le bien-être. Tenant pour nulles et non avenues les expériences du passé et du présent, ils travaillent à convaincre les électeurs de l'excellence de leurs panacées, les engageant à ne voter que pour des candidats leur promettant de travailler à la réalisation desdites réformes.

Bien entendu, nous parlons ici des gens convaincus, ne faisant pas de la politique un métier, n'affirmant que ce qu'ils croient vrai.

En travaillant à préconiser leurs réformes, ces évolutionistes convaincus font inconsciemment le jeu des politiciens, et dévoient les travailleurs en leur faisant espérer des progrès qui se tourneront contre eux ; ils aident à les tenir dans ce cercle vicieux du parlementarisme qui les fait se consoler de chaque déception en espérant mieux pour l'avenir.

Mais chaque médaille a son revers ; s'ils travaillent inconsciemment à dévoyer les travailleurs, les promoteurs de réformes n'en travaillent pas moins inconsciemment, et sous la forme négative, à ruiner le crédit du parlementarisme. Si la grande masse ne se rebute pas des déceptions et, après chaque trahison, continue à por-

---

1   *La Société Mourante et l'Anarchie.*

ter son bulletin dans l'urne, ceux qui réfléchissent s'aperçoivent de l'impuissance du parlementarisme et cherchent leur émancipation dans une autre voie.

Il arrive encore à ceux qui cherchent, de bonne foi, à l'exploitation et à la misère, des remèdes légaux, que, parfois, ils mettent la main sur des réformes qui sapent les fondements de la société bourgeoise, et se font traiter, par la bourgeoisie, comme de vulgaires révolutionnaires. Tout le mouvement d'idées qu'ils engendrent travaille à préparer le cerveau des travailleurs aux conséquences de la Révolution sociale. Les mouvements politiques engendrés par eux peuvent, de par le fait des choses, se générer en mouvements économiques plus prononcés.

Ceux qui ont compris que la force seule pouvait les émanciper, n'ont, certes, pas à se préoccuper de ce mouvement de réformes ; qu'ils soient sincères ou que ce soit pour des motifs d'ambition personnelle, ceux qui préconisent la voie parlementaire n'en travaillent pas moins à égarer le travailleur, ce mouvement doit être combattu.

Chaque fois que l'on discute avec un contradicteur, il doit être admis qu'il est de bonne foi ; ce n'est pas sa conviction que l'on discute, mais les déductions qu'il tire des idées qu'il exprime, les résultats qu'il en attend. On peut, avec de très mauvaises intentions, émettre de très bonnes idées, et, de très bonne foi, les idées les plus absurdes, nous devons donc discuter les idées de nos contradicteurs et non leur sincérité.

Parce que nous avons vu que l'agitation légale ne pouvait aboutir à aucune solution, et que nous avons cherché à démontrer aux travailleurs qu'ils ne devaient pas perdre leur temps à ces amusettes, on en a conclu que nous étions les adversaires de toute amélioration temporaire dans le sort des travailleurs, et que nous avions pour but de les faire échouer. C'est encore là une erreur.

En cherchant à démontrer aux travailleurs qu'ils n'ont rien à attendre de la classe qui les exploite, que toute réforme incomplète n'est qu'un leurre, nous ne lui disons pas de la refuser si on la lui accorde, nous combattons seulement le raisonnement qui tend à lui faire considérer cette réforme comme le but à atteindre, comme capable, par elle-même d'opérer son affranchissement. Nous cherchons à lui éviter une déception et à rompre le cercle vicieux qui consisterait à le faire courir, toujours après quelque réforme nouvelle.

S'il était possible de mener les deux campagnes de front : travailler à l'obtention des réformes, et démonstration de leur impuissance, nous le ferions de grand cœur, car l'application des réformes serait la meilleure démonstration de leur impuissance, mais le raisonnement simpliste de la foule ne s'accommoderait pas de cette manière de procéder, et il n'a peut-être pas tort, voilà pourquoi nous sommes bien forcés de prophétiser sur l'impuissance des réformes, de combattre ceux qui voudraient nous endoctriner dans cette campagne, et d'attendre que les événements nous apportent la démonstration de notre raisonnement. Ce qu'ils font tous les jours, du reste.

Si les distinctions étaient bien tranchées, si la société était divisée en deux classes : les exploiteurs et les exploités, peut-être cela en vaudrait-il mieux pour la diffusion de la vérité. Si les travailleurs n'avaient pas entre eux et leurs exploiteurs tous ces intermédiaires qui leur empêchent de voir clair et les Jettent dans l'hésitation avec leurs multiples argumentations, ça serait bien de la besogne d'épargnée à l'humanité, mais nous sommes bien forcés d'accepter — pour le combattre — ce qui existe.

Dans la société, dans la nature, il n'y a pas de type d'une seule pièce. Le poison le plus violent peut, pris à dose moindre, servir d'antidote, et si les partisans des réformes sèment l'erreur, ils contribuent, eux aussi, à discréditer l'organisation actuelle.

Pour éprouver le besoin de réformes nouvelles, il faut bien qu'ils aient constaté des irrégularités dans l'organisation sociale qu'ils veulent améliorer. Pour préconiser ces réformes, il faut bien qu'ils critiquent les irrégularités qu'elles sont chargées d'empêcher, et voilà comment la littérature, la science apportent leur quote-part de faits et d'arguments contre l'état social existant.

De ce conflit d'idées, se dégage, évolutivement un autre courant qui n'est peut-être pas encore tout acquis à l'idée de la Révolution, mais qui n'est déjà plus du parti d'expectative. La grande masse des individus est toujours portée à prendre la moyenne des idées, c'est une nouvelle raison pour les partisans du Progrès de ne pas avoir peur d'aller trop loin, et de demander toujours beaucoup, la majorité étant assez disposée d'elle-même à se contenter de moins.

Cette tendance de la foule à réduire les idées à son niveau serait même à faire désespérer du progrès définitif, si le passé ne nous démontrait que, autant elle est rétrograde en temps calme, autant elle est emportée en temps de révolution, et combien il est facile alors, à une petite minorité d'individus conscients et bien déterminés, de lui faire accepter les idées les plus larges, si, déjà, elle a été préparée par une propagande claire et précise.

De ce prêche incessant des idées, il en ressort encore ceci, c'est que les individus qui s'imprègnent bien de ces idées, en arrivent à vouloir les réaliser dans la mesure de la possibilité que leur en laissent les lois existantes. Certaines idées arrivent ainsi à passer dans la pratique, à transformer les mœurs et à préparer la voie à d'autres idées.

Ainsi, malgré son horreur de « l'amour libre », la société en est arrivée à accepter et à respecter certaines unions libres, n'ayant nullement été sanctionnées par l'autorité ni la religion. La volonté des contractants est arrivée à les imposer à leur entourage et à les rendre aussi valables que si l'autorité les avait enregistrées. C'est sous l'influence des idées de liberté dans les relations sexuelles qu'elle a dû modifier les lois restrictives du mariage et voter le divorce.

Tous les jours l'idée d'autorité perd de son pouvoir, à chaque instant les individus perdent le respect des institutions existantes et cherchent à échapper à leur action. Tous les jours on voit les individus s'organiser pour suppléer à l'action de l'État dont, il n'y a pas longtemps encore, on croyait l'aide si efficace que l'on n'osait rien entreprendre sans son concours.

Peu à peu les idées se transforment, à leur tour, elles transforment les mœurs, et l'intensité de la conviction amène les individus à adapter le milieu à leurs conceptions. Ces tentatives réussissent ou avortent mais ne passent pas sans laisser leur trace.

Telles sont les émigrations qui se sont faites pour essayer de réaliser, dans des pays vierges, différentes conceptions socialistes.

V. LA RÉVOLUTION FILLE DE L'ÉVOLUTION

L'échec attend la plupart, car les conditions de réussite qu'exige-raient ces essais, ne sont pas toujours respectées par les associés, faute de temps, de moyens ou de connaissance.

Et puis, quelque éloigné que l'on soit, l'influence perverse de l'an-cienne civilisation est là qui n'attend que la moindre faiblesse des individus pour exercer son action néfaste. On est forcé de conser-ver certaines relations avec l'ancien monde, on reste son tribu-taire pour une foule de choses dont on ne peut se passer et que le manque de moyens vous empêche de créer : de là impossibilité absolue de vivre son idéal, de sorte que l'élimination des mauvais germes inculqués par l'état actuel ne pouvant s'accomplir complè-tement dans ce dernier, ils se trouvent parfois réveillés et remis en activité par de nouveaux contacts.

Mais ces insuccès n'infirment nullement la logique des idées nou-velles, ils ne prouvent que leur incompatibilité avec le régime ac-tuel et la nécessité de sa disparition pour que les idées nouvelles puissent évoluer librement.

Chaque fois que des novateurs ont mis en péril, par leurs idées, les privilèges bourgeois, il s'est trouvé des imbéciles pour proposer de prendre les mécontents, de les embarquer pour une île quel-conque, avec une pacotille d'outils et de les mettre à même d'expé-rimenter ainsi leur projet de société.

Ceux qui ont trouvé cette solution sont bien aimables, mais leur proposition est une belle plaisanterie, qu'ils nous permettent de le leur dire s'ils ne s'en doutent pas.

Que l'on s'imagine plusieurs individus en présence d'un héritage composé de vastes terrains de culture des plus productifs, d'une maison d'habitation pourvue de toutes les commodités de l'exis-tence les plus nouvelles, d'un assortiment de tout ce que le génie humain a pu inventer, d'une bibliothèque contenant tous les chefs-d'œuvre de la littérature, toutes les découvertes de la science, et que, lorsqu'il s'agirait de jouir en commun de cet héritage, quelques-uns des héritiers viendraient tenir à leurs collègues le langage suivant :

« Nous avons hérité ensemble, cela est vrai, mais nous avons été élevés en cette maison et avons toujours joui du luxe qui y est ré-uni, sans jamais rien faire ; vous autres étiez occupés seulement à faire marcher les machines, à cultiver les terres, à construire la maison dont nous héritons, vous ne pouvez avoir la prétention de vivre sur le même pied que nous. Il faut du monde pour cultiver ces terres, pour réparer ces machines, entretenir cette maison ; si vous pouviez en jouir comme nous, vous ne voudriez plus travailler, chose que nous sommes bien décidés à ne pas faire non plus. Vous êtes les plus nombreux, si nous en venions aux mains, nous pourrions bien ne pas être les plus forts, mais, tenez, nous sommes bons fieux, voici ce que l'on pourrait faire : nous allons vous payer votre voyage ; à la Terre de Feu il y a des terres qui n'appartiennent à personne, nous vous fournirons des outils, nous vous ferons une petite pacotille qui vous permettra de commercer avec les Péche-rais, vous serez au moins libres de faire ce que vous entendrez sans gêner personne ; nous, de notre côté, nous pourrons continuer à faire valoir notre petit héritage et tout le monde sera content ! »

Voilà, dépouillé de sa rhétorique, le raisonnement tenu par les bourgeois lorsqu'ils engagent les travailleurs mécontents de leur sort à émigrer.

Ils ont entre les mains toute la richesse, tous les moyens de production, le répertoire de toutes les connaissances humaines, en un mot, tous les fruits de la civilisation, tous les moyens de développement que nous devons au travail des générations passées. Et lorsque nous leur réclamons nôtre part de cet héritage, ils veulent nous envoyer promener chez les Groënlandais ou chez les Botocudos qui ne nous doivent rien. Nous ne voulons pas aller si loin, chercher ce qui n'y existe pas, quand nous l'avons sous la main. Nous avons droit, de par notre travail, à ce qui existe, et ces droits nous saurons bien les faire valoir.

À côté des individus allant au loin réaliser leur idéal de société, et dont, malgré tout, les essais sont intéressants à étudier, dont les avortements même sont des leçons pour des tentatives mieux combinées, il y a ceux qui essaient de le réaliser, dans la mesure du possible, au milieu de la société actuelle.

Les uns dans les actes de leur vie privée, dans leur relation avec leur entourage, d'autres en se groupant ensemble pour donner à la tentative une extension plus grande, une portée plus significative.

C'est ainsi que, avant la réaction de 93, s'était formé un groupe

58

d'individus dans le but d'organiser un atelier où chacun, aux heures dont il aurait pu disposer, serait venu travailler afin de produire des objets qui auraient été mis non seulement à la disposition des adhérents, mais aussi des voisins, des amis, ne leur demandant en retour que d'étudier avec sincérité les idées qui faisaient mouvoir le groupement.

Loin de faire comme les sociétés coopératives de production ou de consommation où chacun est payé au prorata de ce qu'il verse ou de ce qu'il produit, on n'aurait fait appel qu'à l'activité des individus.

Les objets étant fabriqués, on aurait demandé qui en avait le plus besoin ou bien, sans attendre la fabrication des objets, on aurait passé la revue de ce que le groupe pouvait fabriquer, et on se serait enquis des besoins des individus, et on aurait produit les objets demandés.

Le groupe se serait abstenu de toute opération commerciale ou qui aurait pu y ressembler. Tout en étendant leurs relations au plus grand cercle possible, aux régions les plus éloignées échappant à tout contrôle, afin de conserver au groupement son caractère d'aide mutuelle qui se serait faite par des échanges de services et non de produits, à ceux qui seraient venus à eux, ils n'auraient demandé que de la bonne foi. Chacun aurait puisé ce qui lui aurait semblé bon dans le stock des productions, n'étant retenu d'abuser que par sa seule discrétion, n'y versant que ce que sa propre spontanéité l'y déciderait. Une cotisation en espèce, facultative, aurait alimenté la caisse nécessaire aux achats des matières premières dont le groupe aurait eu besoin.

Ce groupe[1] avait déjà loué un atelier où il avait commencé la fabrication et la réparation des meubles de ceux qui s'adressaient à lui. Il avait loué un champ où les adhérents se proposaient de cultiver assez de légumes pour les besoins de leur ménage, mais on comptait même en avoir de supplémentaires que l'on aurait distribués à ceux que l'on aurait supposé susceptibles de comprendre l'idée.

Plus tard, si les développements du groupe s'y étaient prêtés, on devait établir une bibliothèque où l'on aurait réuni les meilleurs livres de science, de littérature et d'histoire pour l'instruction de

1 *La Commune anarchiste de Montreuil,* telle était la dénomination qu'il avait prise, du nom de la localité où se trouvait son siège.

ceux qui auraient voulu venir les consulter. Les progrès auraient-ils continué, on y aurait annexé une école pour les enfants.

Chacun pouvant puiser au tas, sans être forcé d'y apporter, l'association n'aurait pas duré longtemps, nous dirons les bourgeois, car tout le monde aurait voulu puiser et ne jamais mettre. Le groupe n'a pas assez vécu pour que l'on puisse savoir ce qu'il aurait pu produire. En tous cas, la bourgeoisie n'a pas attendu cela ; elle s'est dépêchée de faire impliquer quelques membres du groupe dans sa fameuse association de malfaiteurs et de tuer ainsi la tentative par la persécution.

Partout il y a des parasites, et il aurait pu très bien se faire qu'il s'en glissât parmi eux, cela n'aurait rien prouvé contre, mais si son expérience avait pu se poursuivre, elle aurait habitué les individus à pratiquer la solidarité, à se passer, entre eux, de l'usage de la monnaie, en se prêtant mutuellement des services sans les évaluer. L'un y aurait apporté sa force de travail, l'autre son ingéniosité ou son savoir, un autre des matières premières, quel meilleur essai pourrait-on faire dans la société actuelle ?

Quelle meilleure tactique pour prouver aux individus que l'on peut organiser une société sans valeur d'échange, sans autorité, sans évaluation des forces dépensées, qu'en les mettant à même de le voir pratiquer sous les yeux.

La méthode de mettre les individus qu'ils auraient jugés aptes de comprendre leur idéal, à même de profiter des travaux du groupe en aurait amené, certainement, à y prendre part. Quelques-uns auraient pu en abuser, tout en se moquant des promoteurs naïfs, mais ceux qui ne sont pas complètement pourris par la société bourgeoise, n'auraient pas voulu puiser au tas sans rien y apporter, tout en n'acceptant pas l'idée, faute de la comprendre, ils auraient cherché à utiliser leur bonae volonté dans la production. La pratique leur aurait, ainsi, fait comprendre la théorie.

Les associations coopératives de production et de consommation peuvent bien apporter une amélioration relative au sort de ceux qui en font partie, mais comme solution de la question, elles en sont plutôt éloignées, car elles font de leurs adhérents, des capitalistes et des exploiteurs aussi, sinon plus, réactionnaires que le bourgeois.

En mettant une action de participation aux bénéfices entre les mains des travailleurs, elles leur font espérer une accumulation de capitaux qui en fera autant de rentiers ; en leur donnant la possibilité d'exploiter les autres, elles leur font espérer un affranchissement personnel qu'ils poursuivent à tout prix, au détriment de Leurs frères de misère. Les sociétés de secours mutuels, d'assurance sur la vie, loin d'être une pratique de solidarité, ne font que mettre en jeu l'égoïsme le plus étroit, car celui qui s'amuse à être malade trop souvent, est écarté de l'association qui ne peut être prospère que si elle a peu de malades. Quant aux sociétés qui se proposent de donner, au bout d'un certain temps, des rentes à leurs adhérents, cela est bien mieux, chacun souhaite voir périr ses coassociés avant qu'ils arrivent à l'âge de toucher les rentes, celles-ci ne pouvant se payer que si la disparition d'un certain nombre d'ayants-droit a eu lieu.

Dans une association évoluant sur les bases que nous venons de dire, c'était la mise en pratique de la solidarité, de l'aide mutuelle, telle que nous l'entendons ; les individus auraient pu y trouver un adoucissement à leur sort, sans y prendre cet amour du lucre que donnent les organisations capitalistes ; ils y auraient appris à se traiter en frères, à attendre leur satisfaction du bonheur de tous, au lieu de ne voir en chaque associé qu'un ennemi, dont la part qu'il prend dans les productions rogne d'autant la part des autres.

Si cette tentative eût réussi et se fût développée sur une certaine étendue, on ne peut prévoir les perturbations que cette façon d'opérer eût apportées dans le monde bourgeois, sans être pour cela en antagonisme avec aucune des lois existantes.

Si des groupes avaient réussi à se former en différents lieux et à entrer en relations les uns avec les autres, ils auraient pu embrasser, en grande partie les différents modes d'activité des individus, ce qui leur aurait permis d'élargir leur champ d'action. Dans la quantité des adhérents, il s'en serait trouvé qui auraient pu apporter des matières premières que l'on n'aurait plus eu besoin d'acheter, d'autres des denrées et objets de consommation. Un premier noyau d'individus aurait pu y trouver de l'occupation et des moyens d'existence sans plus avoir besoin de louer leur force d'activité à des exploiteurs. Le groupement aurait pu ainsi commencer à se soustraire, pour une foule de choses, aux fourches caudines du capital.

Il n'aurait pu, cela est évident, s'en affranchir complètement ; tant que la société actuelle existera, il sera impossible aux individus d'échapper complètement à son action. Il y a le sol, les mines, les moyens de transports qui sont accaparés par le capital, dont on ne peut se passer, et que l'on ne peut reconstituer à côté, mais que de choses on aurait pu faire dans le petit rayon d'action que l'on aurait pu établir, quels bouleversements cela aurait pu apporter, si par la suite des temps, les travailleurs avaient pu échapper en partie à l'exploitation du commerce et de l'industrialisme capitaliste.

Une organisation semblable qui arriverait à se développer dans la société actuelle, en préparerait la ruine. Tôt ou tard, la bourgeoisie prendrait des mesures contre elle pour en arrêter l'extension. Dans le cas présent, elle n'a pas attendu si tard, mais à une tentative étouffée, dix peuvent renaître et l'évolution se poursuit toujours, malgré les mesures de réaction.

Les mesures de réaction peuvent bien entraver le développement d'une idée, mais non l'arrêter. Bien souvent, elles ne font que l'accélérer, nous ne désespérons donc pas de voir se renouveler des tentatives semblables, sous des formes différentes, peut-être, selon l'influence des circonstances où elles prendront naissance, mais tendant au même but. Une force interne pousse les individus à adapter leurs actes à leur façon de penser. De gré ou de force, quand la conviction a atteint un degré d'intensité suffisant, il faut que cette adaptation se fasse, soit en éludant les défenses, soit en les violant.

Il arrive un moment où ces essais se multiplient à tel point, qu'il n'est plus possible au pouvoir existant de les empêcher ; quand les idées nouvelles en seront arrivées à ce point commencera la décadence du règne bourgeois. Ce sera le commencement de la société future, il faudra bien qu'abus et privilèges disparaissent devant l'esprit d'autonomie et de solidarité qui se sera fait jour, et réclamera son libre développement.

La révolution sera inévitable, car les privilégiés n'abdiquent jamais de bonne volonté ; ayant le pouvoir en mains, ils s'en servent pour prolonger leur domination, l'esprit nouveau s'est développé, mais l'ancien ordre de choses existe toujours et a la force sociale en main pour éliminer son ennemi, la lutte est inévitable. L'évolution s'est faite, mais enveloppée d'un réseau de lois et de restrictions qui tendent à l'étouffer et qu'elle doit briser à tout prix, si elle ne veut pas périr : c'est ici que l'Évolution se transforme en Révolution.

Cette dernière est nécessaire pour balayer le terrain des privilèges et des abus qui entravent le développement de l'humanité, mais la société future peut commencer avant la révolution, nous pouvons l'essayer en partie, du jour où nous serons un noyau, bien convaincus de notre idéal.

VI. L'OUTILLAGE MÉCANIQUE

La Révolution est fatale, avons-nous dit, et pour celui qui étudie les phénomènes sociaux, ce n'est pas une affirmation en l'air, ce n'est que la constatation d'une vérité qui nous crèverait les yeux, si la complexité de ces mêmes phénomènes ne nous en cachait la marche réelle, en enchevêtrant leurs effets de telle sorte que, bien souvent, nous prenons les effets pour des causes, et les causes pour des effets.

C'est ainsi que beaucoup de travailleurs frappés de ce fait brutal : leur remplacement par le mécanisme, ont pris celui-ci en haine, en sont arrivés à en désirer la suppression, ne s'apercevant pas qu'ils n'en restaient pas moins, eux, à l'état de machines à produire ; que la suppression des machines ne leur apportait qu'une amélioration relative et toute momentanée, qui ne tarderait pas à disparaître par la rapacité des exploiteurs.

Dans la société actuelle, cela est de toute évidence, la machine porte un grand préjudice aux travailleurs, quoi qu'en disent les économistes qui font ressortir que l'outillage mécanique économise les forces de l'ouvrier, qu'en réduisant les frais de production, elles amènent le bon marché des produits dont profitent les travailleurs en tant que consommateurs. Cela n'est que le beau côté de la chose, qui serait vrai, si la société était mieux organisée mais qui, actuellement, de par l'exploitation du capital est loin d'être exact.

La machine en produisant plus vite, a augmenté en même temps la consommation, faisant diminuer les prix des produits, cela est vrai, mais cette diminution si elle a apporté quelques bénéfices aux travailleurs, ce ne peut être que dans une proportion très limitée, étant donné que son salaire ne lui permet de satisfaire qu'une très mimine partie des besoins qu'il éprouve. La faculté de consommation est donc limitée de suite, tandis que la puissance productrice de la machine n'est limitée par rien.

Ou du moins, si, elle est limitée : par les besoins de la consommation, mais cette limitation est contre le travailleur ; car la machine produisant indéfiniment, mais la consommation ne s'opérant pas, cela occasionne les chômages, la misère pour celui qui n'a que le produit de son travail pour vivre.

En plus de cela, par ses mouvements combinés et réglés d'avance, s'opérant automatiquement, la machine a fait baisser l'instruction professionnelle. On apprend plus vite à suivre une machine qu'à fabriquer un objet de toutes pièces. Dans un grand nombre de professions, au bout de huit jours de pratique, un individu est capable de diriger sa machine, quand auparavant, il lui aurait fallu plusieurs années d'apprentissage avant d'être capable de produire un spécimen des objets qui vont sortir par centaines sous les engrenages de l'ouvrier de fer.

Cette facilité de s'adapter à un métier pourrait être profitable, sans doute, à l'ouvrier, en lui permettant de trouver du travail dans un autre métier, lorsqu'il n'y en a pas dans le sien. Mais là encore, l'organisation capitaliste a su faire tourner l'avantage à son profit.

Quelle que fût la rapacité des capitalistes, avant que l'outillage mécanique eût envahi l'industrie, il y avait des considérations dont ils étaient bien forcés de tenir compte dans une certaine mesure, le moins qu'ils pouvaient certainement, mais il y avait des limites qu'il ne pouvaient dépasser, et quand ils avaient un personnel habile, exercé, intelligent, ils étaient forcés de faire certains sacrifices pour le conserver.

Aujourd'hui, plus besoin de tout cela, pourvu qu'ils aient un ou deux hommes, connaissant la façon de procéder de la maison et capables de dégauchir un nouveau personnel, cela leur est suffisant. Le reste n'est qu'un vulgaire troupeau que l'on embauche quand on en a besoin, que l'on jette sur le pavé lorsqu'on n'a plus

64

de quoi les occuper.

De plus, cette facilité à remplacer son personnel, a rendu les capitalistes bien plus exigeants et plus arrogants. Autrefois un ouvrier, qui avait conscience de sa valeur, pouvait se permettre d'envoyer promener monsieur son patron lorsque celui-ci se permettait de venir l'em…bêter hors de propos. Aujourd'hui, il ne suffit plus d'être un abatteur de besogne, de bien connaître son affaire, il faut être humble et soumis envers son excellence le capitaliste. Le personnel ne manque pas sur le marché, la force, l'activité, l'intelligence sont denrées communes, on exige de plus, l'humilité et la platitude.

Mais ne s'arrêtent pas là les effets néfastes de l'outillage mécanique. Être occupé toute une journée à suivre les évolutions d'une machine pour en voir sortir un morceau de ferraille tout estampé, cela n'a rien de bien récréatif ni qui puisse élargir le cerveau et lorsque ce travail se répète tous les jours, sans trêve ni repos, pendant des années et des années, on comprend que celui qui n'a fait que cela toute sa vie, soit incapable d'autre chose si cette occupation vient à lui manquer, et que cette incapacité le mette à la merci de celui qui l'exploite.

À toutes ces causes de ruine pour le travailleur que l'on ajoute son remplacement, auprès du nouvel outillage, par des femmes et des enfants et l'on ne s'étonnera plus que, ne voyant que les effets qui « semblent » dériver de leur introduction dans le monde industriel, il s'en prenne à cet outillage des maux qu'il subit.

Il suffit de regarder autour de soi, pour voir que nous décrivons exactement ce qui se passe. Dans chaque corporation, l'ouvrier disparaît pour faire place au spécialiste. Pour ce dernier, assujetti au mouvement régulier et automatique de la machine dont la vitesse s'accélère chaque jour, son attention subit une telle tension d'efforts exigée par son labeur quotidien que son travail en devient plus fatigant que lorsqu'il le faisait sans le secours de la machine.

Le remplacement de l'ouvrier homme, par l'élément femme et enfant, la facilité de l'apprentissage, ne sont pas les seules raisons du chômage, elles n'en sont que les moindres causes.

La machine, avec dix, vingt, trente ouvriers, fait le travail qui en aurait nécessité autrefois trente, cinquante, cent. Certaines modifications permettent, parfois, de faire avec un ou deux hommes le travail de plusieurs centaines. Où il fallait autrefois à l'industriel six mois pour répondre à une commande, il sera prêt, maintenant, à la livrer en quinze jours, avec moitié moins de monde.

Autrefois, l'industriel était forcé de fabriquer d'avance pour être en mesure de répondre aux commandes qu'il prévoyait, c'était une raison pour lui de ménager son personnel afin de l'avoir, toujours là, sous la main, cela amortissait les causes de chômages ; son outillage mécanique étant des plus rudimentaires, il lui fallait pouvoir compter sur un personnel exercé, les commandes, même, faiblissaient-elles un peu, il était forcé de s'ingénier pour garder son personnel.

Il n'en est plus de même. Avec les machines qui remplacent des centaines d'ouvriers, avec l'innombrable armée des sans-travail qui attend, tous les matins, à la porte de l'usine, le capitaliste n'a plus besoin de s'inquiéter de ceux qu'il met sur le pavé aux temps de disette. Une commande se produit-elle ? Vite on embauche dix, vingt, cent travailleurs, selon les besoins. La commande exécutée, aucune autre n'est-elle venue ? c'est bien, on met tout le monde à la porte. Et le dur pèlerinage à travers les rues. La longue station, à la porte des usines, aux heures de l'ouverture, recommencera, avec ses espoirs, ses déceptions et ses angoisses.

Autrefois on partait le matin, on sonnait à la porte des usines, et on faisait ses offres de service, on pouvait ainsi dans la même journée visiter un grand nombre d'ateliers. Actuellement, il faut être, dès le matin à l'ouverture de l'atelier pour passer la revue du contre-maître qui, ayant le choix embauche ceux dont la tête lui revient le mieux. Avec ce système-là, si vous n'êtes pas embauché votre Journée est perdue, car l'ouverture des ateliers se faisant à peu près aux mêmes heures, il est trop tard pour courir ensuite à d'autres.

Et c'est ainsi que, de jour en jour, d'amélioration en amélioration, l'exploitation capitaliste se perfectionne, devient plus savante, permet au capitaliste d'économiser du temps en combinant mieux ses mouvements, mais cette amélioration, c'est sur le dos des travailleurs qu'elle s'opère, ce sont eux qui, en définitive en font les frais ;

car tous les jours, ils se sentent un peu plus enchaînés, un peu plus misérables.

Mais les économistes, gens très sensés et très sciencés — ce sont eux qui le disent — ne sont pas embarrassés de répondre à cela : « Il y a de la misère, cela est vrai. La faute en est à ce que la planète n'est pas encore adaptée à nos besoins. Certes » ajoutent-ils hypocritement, « notre société a bien des torts, elle gaspille bien des forces, mais enfin, l'évolution suit son cours naturel, et nous n'avons qu'à nous incliner devant les faits ».

« Les socialistes voudraient partager la fortune des capitalistes » — ce sont toujours les économistes qui parlent — que cela produirait-il à chacun ? Une misère ? Ne vaut-il pas mieux que les uns continuent à avoir tout et que les autres continuent à crever de faim ? Ces derniers ont au moins la satisfaction de avoir que la part dont ils sont frustrés contribue à augmenter le bien-être d'une classe d'individus bien intéressante, allez ! — nous en sommes — et qui est l'élite de l'humanité. »

Ils ont même fait le calcul de ce que ce partage pourrait rendre. M. Novicow[1] estime toute la fortune de la France à 200 milliards. Partagée entre tous ses habitants, il trouve que cela ferait environ 21,000 fr. pour une famille, de quatre personnes. Et 21,000 fr. pour une famille ça serait encore la misère. M. Novicow en conclut que ça ne vaut pas la peine de partager. Que la misère est une chose indépendante du capital, que tout est, sinon pour le mieux, tout au moins aussi bien que ça peut être.

N'en déplaise à M. Novicow qui est, paraît-il, un très riche banquier, tout le monde n'éprouve pas le même dédain aristocratique que lui pour de si petites sommes. 21,000 fr. placés à 3 % rapporteraient encore 630 fr. par an. 630 fr. ne pourraient faire vivre une famille sans travailler, cela est évident, mais que le salaire des familles ouvrières se trouvât ainsi augmenté de six cents francs, ça serait beaucoup plus que certains n'osent demander.

Les fortunes ainsi nivelées, il n'y aurait plus de luxe, c'est vrai, mais il n'y aurait plus d'individus crevant de faim, cela mérite considération.

---

1 *Les luttes entre sociétés humaines*, 1 vol. chez Alcan.

Mais à l'heure actuelle, personne ne vise à partager les fortunes, on veut, au contraire, les mettre en commun, pour les faire produire à la satisfaction de tous afin qu'elles ne servent plus exclusivement à la jouissance de quelques-uns.

Ce qui fait la misère, nous en donnerons d'autres raisons plus loin, ce n'est pas parce que quelques-uns ont accumulé des capitaux, mais parce qu'ils se servent de ces capitaux pour entraver la production. Quand un industriel n'a plus de commandes, il ralentit sa production, les ouvriers ne travaillant pas, diminuent leur consommation, autre cause de paralysation de production. Si le commerçant ne fait plus de commandes lorsque ses magasins sont pleins, c'est parce qu'on ne lui achète pas, mais ce n'est pas parce que les produits manquent. Que les commandes se fassent et tout de suite l'activité reprend son cours. Les travailleurs sont forcés d'attendre que les magasins se vident pour pouvoir travailler.

Messieurs les économistes voudraient-ils nous expliquer pourquoi la production se ralentit toujours ainsi, pourquoi on n'a Jamais vu se fermer une usine parce qu'elle ne trouvait pas de produits à manufacturer ? — Comment il se fait que c'est un encombrement de richesses qui suscite la misère ?

Un économiste est passé à côté de l'explication, mais sans tirer toutes les conclusions qu'elle comporte. Dans un de ses ouvrages[1] il explique que la grande erreur des hommes c'est d'incorporer la richesse dans l'or, la monnaie, qui n'en est qu'une représentation, tandis que la vraie richesse consiste dans les objets de consommation.

La monnaie, en effet, n'est qu'un moyen d'échange, elle n'existe qu'en nombre limité. Des lois en régissent la fabrication. Cette représentation de la richesse circule, il est vrai, entre différentes mains, mais certains se la sont accaparée et, avec elle ils régissent l'humanité.

La terre, les mines, la mer ne demandent qu'à nous inonder de leurs produits ; les machines sont toutes prêtes à les transformer au gré de nos besoins, ceux qui n'ont que leurs bras pour vivre ne demandent qu'à les occuper.

Mais cela, hélas ! n'est pas suffisant. Avant de produire d'autres ob-

---

1 *Les gaspillages dans les sociétés modernes.*

jets dont l'encombrement déprécierait la valeur de ceux qu'ils ont en magasin, ceux qui se sont emparés des moyens de production, veulent écouler ceux qu'ils possèdent, et ils arrêtent la production, et voilà ce qui fait qu'une trop grande richesse entre certaines mains, engendre une grande misère pour les producteurs. Ceux qui veulent une société où tous les besoins puissent être satisfaits, ne demandent donc pas le partage des richesses existantes, mais une organisation sociale où l'égoïsme des uns ne puisse être préjudiciable aux autres.

Mais nous aurons encore l'occasion de traiter ce sujet plus loin, revenons-en à l'outillage mécanique.

Les économistes s'extasient sur le travail immense qu'a nécessité la fabrication de l'outillage existant, et du bien-être que cela a apporté aux travailleurs. Il est de fait que, durant toute la période où l'industrialisme a commencé à se développer, la construction de l'outillage, créant des occupations nouvelles à ceux qu'ils supplantaient dans l'atelier au fur et à mesure de leur construction, l'équilibre s'est maintenu pendant quelque temps, penchant même en faveur des travailleurs, mais cela n'a été que temporaire et de courte durée, une génération à peine. Aujourd'hui l'équilibre est rompu, en faveur du capitalisme.

L'outillage s'est graduellement perfectionné, il existe un matériel capable de fournir à tous les besoins, qui ne demande qu'à être entretenu, opération demandant un personnel bien moins considérable que lorsqu'il fallait le construire de toutes pièces.

Malgré l'amélioration momentanée dont ont joui les travailleurs, leurs moyens de consommation ont toujours été des plus restreints ; nombre de leurs besoins ont dû rester « insatisfaits » ; l'encombrement de produits s'accumulant dans les magasins est arrivé, de hardis spéculateurs en ont profité pour produire la hausse ou la baisse selon leurs intérêts, ruiner leurs concurrents, agioter tout à leur aise, mais cela ne vidait pas les magasins. Le commerce crève de pléthore et les travailleurs de faim, à côté des produits qu'ils ont fabriqués.

Pendant longtemps, on a cru que les conquêtes coloniales serviraient de débouché à ce trop-plein de produits qui nous « embarrasse » ! mais, elles deviennent de plus en plus difficiles : les

« grandes » puissances, s'étant presque complètement approprié ce qui était appropriable. De plus, on ne s'est pas contenté d'exploiter commercialement les populations que l'on allait « protéger » ; on a voulu aussi les exploiter industriellement. On les a pliées à un régime qui ne pouvait leur convenir. Le résultat ne s'est pas fait attendre, les races les plus vivaces ont tellement été saturées des bienfaits de la civilisation, qu'elles en crevaient au bout de deux ou trois générations. Les rares individus qui ont survécu aux massacres systématiques, dépérissent lentement par la phthisie, l'alcoolisme et la syphilis.

Là où le nombre de la population était de nature à fatiguer les efforts des civilisateurs, et capable, par sa prolificité, de combler les trous que faisait la civilisation, les populations ont pu se maintenir, mais on commence à les courber sous le niveau industriel. Elles commencent, comme les Indes, par exemple, à inonder les marchés de leurs produits et à faire concurrence aux producteurs de la « Mère-Patrie », cette goule qui mange ses enfants.

Aussi, à la suite de ce beau régime, les krachs financiers se précipitent, contribuant à rendre le malaise général encore plus lourd. Les tripoteurs en profitent pour organiser des rafles gigantesques de capitaux, par des promesses de dividendes insensées, chacun voulant s'enrichir le plus vite possible, en tournant le dos au travail qui, non seulement n'enrichit pas celui qui le pratique, mais qui n'existe même plus pour tous.

Chacun vend ce qu'il peut, même ce qu'il n'a pas — n'a-t-on pas parlé d'hommes politiques ayant vendu leur conscience ? — En fin de compte, les capitaux affluent de plus en plus entre les mains d'une minorité qui devient de plus en plus restreinte, précipitant chaque jour, dans le prolétariat quelques nouveaux petits rentiers, petits propriétaires, industriels et commerçants qui se sont laissés prendre dans les engrenages de la spéculation.

Pour s'attirer ces derniers, certains socialistes s'apitoient sur leur sort, nous n'aurons pas cette hypocrisie, car leur sort ne nous émeut guère et nous trouvons que celui qui n'a jamais connu que la misère est bien plus intéressant que celui qui ne cherchait son bien-être qu'en exploitant les autres.

C'est dans la classe de ces capitalistes au petit pied que l'on trouve les plus féroces réactionnaires, les exploiteurs les plus impitoyables ; leur avidité et leur amour de lucre, étant en raison directe de tout ce luxe qu'ils voient au-dessus d'eux, et qu'ils espèrent atteindre en devenant de plus en plus rapaces.

Lorsque les gros financiers, à l'aide de leurs mensongères promesses, leur raflent leur modeste pécule, les plongeant au fond de la géhenne d'où ils voulaient sortir en grimpant sur les épaules des autres, ils n'ont que ce qu'ils méritent, ils récoltent les fruits de leur aveuglement. Leur intérêt bien entendu, leur conseillait de se mettre avec les travailleurs, de solidariser leurs intérêts avec les leurs, de tenter leur émancipation ensemble, leur égoïsme, leur âpreté au gain ; leur vanité les a poussés vers les gros exploiteurs, tant pis pour eux, si ceux-ci les écrasent. « Qui cujde engeigner autrui, s'engeigne soi-même », dit le vieux proverbe. Pour cette fois la sagesse des nations a raison, ce qui ne lui arrive pas si souvent.

Les travailleurs ne savent pas s'entendre entre eux, c'est ce qui fait leur faiblesse. Mais, les bourgeois, heureusement, s'ils sont unis pour exploiter le travailleur, ne le sont guère pour mener la défense de leur système.

La concurrence effrénée, la concurrence à mort qui régit leur société, règne parmi eux avec la même intensité que parmi leurs victimes. Leur société est une chasse où tous se précipitent, ardents, sur le gibier, se heurtant, se bousculant, se foulant aux pieds, pour arriver bon premier, chacun se défendant à son tour pour disputer la proie dont tous veulent leur part. L'hallali a sonné dès le début de la chasse, et la curée a commencé aussitôt, se continuant, depuis, sans interruption, la victime renaissant sous les coups des chasseurs qui la dépècent pour s'en approprier des lambeaux. Mais la victime n'est pas morte, elle peut se remettre sur pied, elle s'y remettra grâce à la division des bourgeois qui, solidaires dans l'idée d'exploitation, ne le sont plus dans la façon de l'opérer.

Si les bourgeois pouvaient faire abstraction de leurs intérêts personnels, pour favoriser leurs intérêts de classe, la situation serait insurmontable pour les travailleurs. De l'entente des bourgeois, il ressortirait un ensemble de mesures qui aurait pour effet de river les travailleurs sous leur joug d'une façon indéfinie. Heureusement que cette entente est impossible, que l'amour du lucre individuel les régit au point de ne plus comprendre l'intérêt de classe, que les ambitions politiques les mènent à se faire la guerre les uns les autres.

Et, à se faire la guerre, ils sont forcés de se porter des coups, ces coups c'est leur système d'exploitation qui, en définitive, en subit les effets destructeurs, peu à peu, ils enlèvent un coin du masque, dévoilent une turpitude qui, en s'étalant au soleil, fait réfléchir les travailleurs, leur enlève le respect d'un ordre de choses qu'on les avait habitués à regarder comme immuable.

Les fautes de la bourgeoisie contribuent pour une aussi grande part que la propagande socialiste, dans la démolition de l'ordre bourgeois. Le système produit lui-même le ver rongeur qui le mine. Il est de toute logique que ce qui est constitué anormalement, produise les causes qui le désagrégeront. Ne nous en plaignons pas, c'est une partie de notre besogne qu'ils font.

Les temps ne sont pas loin, où ceux qui craignent encore la Révolution, en viendront à l'envisager avec moins d'effroi. La société elle-même les amènera à désirer cette commotion qui doit les débarrasser des turpitudes où elle nous enlise tous les jours.

L'idée de révolte gagne continuellement du terrain, elle s'incruste graduellement dans les cerveaux, elle se répand dans l'air, formant une seconde atmosphère que les individus respirent, dont s'imprègne tout leur être. Laissons-la gagner encore un peu de terrain, le jour n'est pas loin où il suffira d'un bien petit choc pour qu'elle éclate, entraînant dans son tourbillon, à l'assaut du pouvoir, à la destruction des privilèges, ceux qui, actuellement, n'envisagent la lutte qu'avec crainte et défiance.

Allons, travailleurs, il est certain que dans la société actuelle, les machines vous font tort. Ce sont elles qui vous enlèvent le travail, qui occasionnent vos chômages, font baisser vos salaires ; ce sont elles qui, à un moment donné, en mettant un trop grand nombre des vôtres sur le pavé, vous forcent à lutter les uns contre les autres, pour vous disputer la pitance que vous rationnent vos maîtres, jusqu'à ce que l'excès de misère vous force aux résolutions extrêmes.

Mais, est-ce bien à elles que vous devez vous en prendre de tout ce mal ? Est-ce bien à elles que vous devez reprocher de prendre votre place au travail ? — Ne seriez-vous pas satisfaits de n'avoir plus qu'à vous croiser les bras et à les regarder produire en votre lieu et place ? Ne serait-ce pas là, le plus bel idéal à donner à l'humanité : dompter les forces naturelles pour leur faire actionner cet outillage mécanique, leur faire produire la richesse pour tous, tout en demandant moins d'efforts aux individus ?

Eh bien ! camarades ! cela se peut, cela sera si vous le voulez ; si vous savez vous débarrasser des parasites qui, non seulement absorbent le produit de votre travail, mais, de plus, vous empêchent de produire selon vos besoins.

La machine est un mal dans la société actuelle, parce que vous avez des maîtres qui ont su faire tourner à leur profit exclusif toutes les améliorations que le génie et l'industrie de l'homme ont apportées dans les moyens de production.

Si ces machines appartenaient à tous, au lieu d'appartenir à une minorité, vous les feriez produire sans trêve ni repos, et plus elles produiraient, plus vous seriez heureux, car vous pourriez satisfaire tous vos besoins. Votre production n'aurait de bornes que par votre faculté de consommer. Quand vos magasins seraient pleins, vous ne vous amuseriez pas à produire des choses dont vous n'auriez plus besoin, cela est évident, mais alors vous jouiriez de votre repos en paix, vous n'auriez pas la peur de la misère comme aujourd'hui, lorsque vous chômez. Dans la société actuelle quand vous ne travaillez pas, vous n'êtes pas payés, avec une organisation tout autre, le salariat étant disparu, vous auriez la disposition de ce que vous produisez et leur encombrement serait pour vous, la richesse et non la misère.

Dans ces conditions les machines seraient un bienfait pour vous. Donc, ce ne sont pas elles qui sont la cause de votre misère, mais ceux à qui elles servent de moyen d'exploitation.

Camarades de misère, quand, énervés par un long chômage, quand désespérés par des privations de toutes sortes, vous en arriverez à maudire votre situation et à réfléchir aux moyens de vous en assurer une meilleure, attaquez-vous aux vraies causes de votre misère, à l'organisation capitaliste qui fait de vous les *machines des machines*, mais ne maudissez pas cet outillage qui vous affranchira des forces naturelles, si vous savez vous affranchir de ceux qui vous exploitent. C'est lui qui vous donnera le bien-être... si vous savez vous en rendre les maîtres.

VII. FATALITÉ DE LA RÉVOLUTION

Ce qui effraie surtout un grand nombre de travailleurs dans la réalisation des idées nouvelles sur l'organisation sociale, et les fait se raccrocher au parlementarisme et à la campagne pour l'obtention de réformes, c'est ce mot de Révolution, qui leur fait entrevoir tout un horizon de luttes, de combats, de sang répandu. Quelle que soit la tristesse de la situation présente, la peur de l'inconnu fait hésiter les plus misérables, quelque triste et morne que soit la vie, on tremble à l'idée d'être forcé de descendre un jour dans la rue et de la sacrifier pour un idéal que l'on ne verra peut-être pas se réaliser.

Et puis, ce pouvoir qu'il s'agit d'abattre est terriblement fort ; il a été rarement permis aux travailleurs de le contempler de près, et, vu de loin, il a le prestige des choses vaguement entrevues, il leur semble un colosse qui se rit de leurs efforts, contre lequel il est inutile de lutter, il n'a qu'un geste à faire pour mettre en branle tout un formidable appareil de répression qui doit broyer les imprudents assez outrecuidants pour l'attaquer.

Les révolutions passées qui, toutes, ont tourné contre leur but, et ont laissé le travailleur toujours aussi misérable que devant, n'ont pas peu contribué à le rendre sceptique à l'égard d'une révolution nouvelle. — « À quoi bon aller se battre et aller se faire casser la figure » se dit-il, « pour qu'une bande de nouveaux intrigants m'exploite au lieu et place de ceux qui sont actuellement au pouvoir... Je serais bien bête ! »

Et, tout en geignant sur sa misère, tout en murmurant contre les hâbleurs qui l'ont trompé par des promesses dont la réalisation est toujours ajournée, il se bouche les oreilles contre les faits qui lui crient la nécessité d'une action virile ; il ferme les yeux pour ne pas avoir à envisager l'éventualité de la lutte qui se prépare, qu'au fond, il sait inévitable, qu'il réclame hautement en ses jours de deuil et de colère.

Il se terre dans son effroi de l'inconnu, se refusant à reconnaître que la misère qui frappe autour de lui l'atteindra demain et l'enverra, lui et les siens, grossir le tas des affamés qui vivent de la charité publique.

Un changement lui paraît inévitable, malgré tout ; il ne peut croire qu'il vivra toujours dans la misère, ce n'est pas possible que l'injustice soit éternelle. Il viendra un temps, il ose l'espérer, où chacun mangera à sa faim, où l'on marchera hardiment, la tête levée, n'ayant rien à craindre de personne. Mais il espère en des à-coups providentiels qui lui éviteront de descendre dans la rue ; dans ses rêves, il voit la situation se dénouant d'elle-même, des sauveurs inconnus lui jetant de la félicité à pleins bras ; et alors, il se raccroche de toutes ses forces à ceux qui lui font espérer ce dénouement heureux, ce changement obtenu sans lutte et sans efforts ; il acclame ceux qui daubent sur les détenteurs du pouvoir, lui semblant que c'est sur le pouvoir lui-même que l'on frappe, il porte au pinacle ceux qui lui promettent les plus belles réformes, lui font entrevoir toute une législation en sa faveur, s'apitoient sur sa misère, promettant de la lui alléger !

Croit-il plus en eux qu'en ceux qui montrent la Révolution comme seule solution ? — Fort probablement, non. Mais ils lui font espérer un changement sans qu'il ait à prendre part directement à la lutte, cela lui suffit pour l'heure présente. Il s'endort dans sa quiétude, attendant de les voir à l'œuvre pour recommencer ses doléances lorsqu'ils les verra éluder leurs promesses, s'éloigner l'heure de la réalisation… jusqu'au jour où, acculé à la faim, le dégoût et l'indignation étant à leur comble, il se relèvera enfin d'un si long avachissement, et fera payer, en un jour, de longs siècles de misère et de rancœur.

Si les bourgeois avaient l'intelligence de la situation, ils pourraient éloigner cette échéance pour longtemps encore, ils pourraient faire durer de longs siècles encore, cette attente d'un millenium venant, pacifiquement, apporter à tous le bonheur sur la terre. Nous avons vu que leur rapacité et la concurrence qui sévissait parmi eux, les faisaient contribuer à l'évolution fatale, en travaillant eux-mêmes à la destruction de leurs institutions.

Ils ont soin pourtant de ne proposer que des réformes insignifiantes, qui ne puissent en rien toucher à leurs privilèges, aucunement restreindre leur possibilité d'acquérir. Mais ces réformes qu'ils ont préconisées lorsqu'ils dirigeaient l'assaut contre les fonctions lucratives, leur font peur une fois qu'ils y sont installés. Ces choses qui leur ont servi de machine de guerre pour saisir l'autorité, les effraient lorsqu'ils sont enfin devenus des dirigeants.

Une fois en place, ils deviennent les propres dupes des illusions qu'ils ont contribué à développer chez ceux dont ils se sont fait des instruments. Ils combattent les réformes autrefois préconisées par eux, avec la même chaleur qu'ils apportaient autrefois à les réclamer, avec la même opiniâtreté que leurs devanciers.

La vision change avec la situation : telle chose qui semblait logique et normale, alors que l'on était parmi la foule des quémandeurs, devient énorme et subversive alors que l'on a pour mission de veiller à la bonne marche de l'ordre de choses établi. On s'effraie de l'insatiabilité du troupeau des gouvernés, on craint de susciter de nouvelles exigences en cédant sur les points controversés, et voilà ce qui fait que l'on voit toujours les hommes politiques « arrivés » faire canarder, de temps à autre, les foules qui ont la naïveté de venir exiger la réalisation des promesses d'antan.

Et pourtant, s'ils étaient intelligents, s'ils avaient la vision nette des intérêts de leur caste, ce que ça leur serait facile d'amuser ces pauvres gogos d'électeurs ! Que de réformes on pourrait graduellement leur lâcher, sans préjudice de nouvelles, tout aussi négatives que l'on pourrait susciter, sans rogner aucun bénéfice, diminuer aucun privilège, sans compromettre en rien l'édifice.

Heureusement que la peur ne raisonne pas, et la bourgeoisie a peur et s'affole devant les réclamations des travailleurs. Heureusement que la nécessité de consolider et de défendre l'état présent lui empêche de voir ce qui serait nécessaire pour le consolider contre les attaques futures. On démantèle un coin pour en fortifier un autre, on se sert des matériaux que l'on a sous la main, sans s'inquiéter s'ils ne seraient pas plus utiles ailleurs, et l'édifice se trouve ainsi replâtré pour quelque temps, mais les lézardes grandissent toujours et le moment ne tardera pas à venir où tout replâtrage sera impossible, où la démolition complète sera nécessaire, afin de faciliter la reconstruction d'un nouvel édifice.

Ne nous plaignons donc pas du positivisme de la foule. Nous pouvons être tristes parfois de la voir impassible devant les plus criantes injustices, froide devant les débordements de boue, semblant s'y enliser elle-même, ce positivisme la garde de s'engouer trop des hâbleurs ; lors même qu'elle semble s'emballer pour eux, ce n'est que leur utilité qu'elle envisage, c'est elle-même qu'elle acclame en eux.

Si les paroles de vérité la trouvent incrédule lorsqu'elles ne flattent pas ses passions, elle ne croit qu'à moitié ceux qui parlent comme elle pour la flatter, et son emballement pour ses fétiches la quitte encore plus vite que ça ne la prend. Au fond, le travailleur ne cherche qu'une chose : son affranchissement ; tout en paraissant accepter, les yeux fermés, les idées qui lui sont soumises, il les scrute, les pèse et les discute. Il se trompe souvent, s'égare maintes fois à la remorque des saltimbanques politiques ; ne nous en plaignons pas trop, son instruction se fait tous les jours et chaque école le rend de plus en plus sceptique à l'égard des politiciens, de leurs promesses et de leurs jongleries. Encore un peu de patience, et bientôt il ne prendra inspiration que de lui-même.

C'est dans le but de bien le convaincre de cette vérité : « qu'il ne doit compter que sur lui-même », que nous nous efforçons de lui faire comprendre les inepties dont on le couvre, que nous lui jetons continuellement aux oreilles notre *Delenda Carthago* : « Il n'y a que la révolution qui puisse t'émanciper ! »

Nous l'avons dit, nous le savons et nous le répétons, la révolution ne se crée ni ne s'improvise, nous n'avons nullement l'espérance de voir, à notre voix, se lever les bataillons populaires et courir à l'assaut du pouvoir. Seulement nous voudrions que les travailleurs se convainquissent bien de cette vérité : la situation engendrera forcément la révolte, qu'en prévision de cette lutte, ils s'instruisent des causes de leur misère, qu'ils apprennent à connaître les institutions qui leur sont nuisibles, qu'ils se persuadent bien que les replâtrages n'ont jamais rien valu et que, le jour de la lutte venu, loin d'en être surpris, ils soient prêts à y prendre part, qu'ils sachent une bonne fois se sentir les coudes entre eux, pour faire leurs affaires eux-mêmes et ne plus se laisser arracher les fruits de la victoire par les intrigants qui viendront les flatter, leur promettre plus de beurre que de pain et, sous prétexte de leur faciliter la besogne, se substituer au pouvoir renversé, recommencer les erreurs passées sous des noms différents, mais appelées à produire les mêmes effets.

Du reste, il est temps que vienne ce cataclysme salutaire ; dans l'intérêt même de l'Évolution, il est urgent qu'intervienne la Révolution. L'État étend tous les jours ses ramifications dans les relations sociales et se développe au détriment de l'initiative individuelle. Tous les jours il augmente son armée, sa police, ses emplois ; pendant que les ateliers se vident de travailleurs, les avenues de l'État se garnissent d'individus qui, parce qu'ils ont échangé leur marteau ou leur lime contre une plume, un plumeau ou un balai, se figurent faire partie de la classe gouvernante et se croient tenus d'en prendre la défense.

La classe productrice diminue pendant qu'augmente la classe parasitaire ; de son côté, l'industriel agit dans le même sens ; s'il enlève de ses ateliers dix ouvriers producteurs, il créera un ou deux emplois parasitaires ni ouvriers, ni bourgeois, mais d'autant plus attachés à l'ordre de choses actuel, qu'ils se sentent absolument inutiles et craignent d'avoir à reprendre leur place à l'atelier.

Pour peu que cet état de choses continue, la classe ouvrière, immanquablement, diminuera de nombre pendant que se fortifiera la classe adverse, s'augmentant de tous les transfuges qu'elle établira dans les emplois parasitaires inférieurs, réservant les emplois productifs pour ses propres non-valeurs, il pourrait arriver un moment où les travailleurs ne seraient plus assez nombreux pour briser le joug qui les entrave.

Certes, avant d'en arriver là, il faudra que de nombreux siècles s'écoulent ; avant de se laisser éliminer ainsi les travailleurs auront livré de nombreux combats à l'ordre capitaliste, et leur affaiblissement numérique n'empêcherait pas leur développement cérébral qui viendrait fortement compenser une dégradation de forces. Nous n'en sommes pas encore là, fort heureusement, mais enfin, puisqu'on nous accuse de vouloir retarder le développement des progrès de l'humanité, il nous est bien permis, en étudiant la marche de nos sociétés, de chercher à nous rendre compte en quel sens s'accomplit ce progrès.

Or, ce progrès nous mène à l'atrophie de la classe productrice, à l'hypertrophie des individus composant la classe parasite. À force de se reposer sur le travail des autres, la bourgeoisie perdra la faculté du travail et ne sera apte qu'à la jouissance.

Chez les abeilles, chez les fourmis nous voyons ce qu'a amené la division du travail, en quel sens elle a poussé l'évolution de l'espèce ; chez les abeilles : des femelles, — dont une seule est tolérée dans la ruche, — des bourdons : les mâles, ensuite les neutres représentant le prolétariat dont la fonction est de produire pour la population de la ruche, la nettoyer, la défendre, construire les alvéoles et élever la progéniture.

Chez les fourmis, ou du moins chez certaines espèces, une quatrième division s'est produite : celle des soldats chargés de la défense de la fourmilière. Certaines autres sont allées encore plus loin, la fourmi amazone entre autres, — la *Polyergus Rufescens* des entomologistes, — qui fait la guerre aux autres espèces pour s'en faire des esclaves, n'est plus apte qu'à guerroyer et est devenue instinctivement si aristocratique qu'elle est incapable de tout travail dans la fourmilière, au point de ne plus pouvoir manger seule et meurt lorsqu'elle n'a plus d'esclaves pour lui donner la becquée.

Si la société bourgeoise était appelée à suivre paisiblement son évolution, tel serait probablement le résultat qu'elle atteindrait : des travailleurs n'ayant plus de sexe, et une bourgeoisie se transformant lentement en un sac digestif associé à un autre appareil qu'il est facile de deviner et que les dames romaines portaient, autrefois, en guise d'amulette.

Si nous ne voulons pas être des sacs à jouissance plus que des neutres, il est temps d'enrayer, et que la Révolution intervienne pour nous aiguiller sur une voie plus rationnelle, nous amener une société qui puisse donner libre champ à toutes les facultés et où l'on ne soit plus contraint à développer les unes — au risque de les hypertrophier — au détriment des autres.

Que l'on ne crie pas à l'invraisemblance. Que l'on jette un coup d'œil sur certaines villes manufacturières du Nord, de la Seine-Inférieure. La population est en voie de dégénérescence, la plus grande partie est anémique ; là, la femme et l'enfant sont complètement arrachés à la famille, à ce régime l'enfant s'étiole et s'atrophie, il est rachitique et usé à vingt ans.

Pour la femme, non content de la pressurer et de l'exploiter dans son travail, on la transforme, par dessus le marché, en chair à plaisir. Si elle est gentille, il faut qu'elle soit aimable pour monsieur le contre-maître et monsieur le patron, et aussi messieurs les employés ; les plus haut gradés, choisissant les premiers, cela va de soi. On peut avoir pour elle, tant que dure le caprice, quelques égards et lui rendre l'exploitation moins dure, mais une fois le caprice fini, comme les camarades, il faudra qu'elle turbine sans broncher, et l'exploitation est dure dans ces enfers, les générations sont fauchées avant de venir bien vieilles. Les mâles qui arrivent à l'âge d'homme, s'ils sont peu nombreux, n'en sont pas plus robustes.

Égarés par l'espoir, toujours déçu pourtant, d'obtenir des concessions de la classe possédante, inquiets, quoiqu'ils n'aient rien à craindre des résultats d'une révolution dont ils n'aperçoivent pas les avantages et qui ne peut les rendre plus misérables, les travailleurs reculent effrayés à l'idée d'engager la lutte.

À l'instar des bourgeois, quand on leur fait envisager une société où ils seraient libres d'évoluer, où ils auraient la facilité de satisfaire tous leurs besoins, ils hochent tristement la tête et trouvent que ces idées sont trop belles pour être réalisables.

Ils ne veulent pas voir que la force des événements les entraîne à la lutte quand même, que la misère, l'abrutissement et l'excès de travail les tuent aussi sûrement qu'une balle de fusil, que plus ils se résigneront, plus l'exploitation pèsera lourd sur eux, et que, s'ils n'ont pas l'énergie de vouloir s'affranchir, ce ne sont pas leurs exploiteurs qui viendront bénévolement briser leurs fers.

« Vos idées ne sont pas réalisables », disent-ils. En effet, elles ne le seront jamais, tant que ceux qu'elles intéressent seront assez stupides pour endurer un ordre de choses qui les tue, trop lâches pour user de leurs forces pour réaliser cet idéal qu'ils trouvent « trop beau. »

Hélas ! cet idéal d'amour et d'harmonie que nous entrevoyons est, fort probablement, destiné à ne rester, pour nombre d'entre nous, qu'à l'état de beau rêve. Combien de nous sont destinés à ne pas entrer dans la Terre promise ! combien sont destinés à succomber dans la lutte, les yeux fixés sur ce paradis de leur rêve et dont l'entrée leur aura, pour toujours, été interdite !

Qu'importe ! les pionniers n'ont-ils pas pour mission de préparer la route à ceux qui viendront après eux, à être les premières victimes que l'ancien ordre de choses sacrifie pour sa défense, la marche des idées ne se fait pas autrement. Mais, dût-il rester à jamais irréalisable, notre idéal est utile à la marche de la Société. C'est une étoile qui vient guider la marche du Progrès, lui montrant le but à atteindre, lui faisant entrevoir les pièges où l'on veut le dévoyer, et montrant à l'individu ce qu'il aurait à faire pour s'affranchir, s'il sait avoir l'énergie de vouloir être libre et heureux.

La Révolution, étant donné l'ordre de choses établi, est engendrée par l'Évolution ; c'est une phase fatale à traverser, nous pouvons, après tout ceci, ajouter qu'elle est, de plus, nécessaire pour sauver l'humanité de la régression où l'entraîne l'évolution bourgeoise.

VIII. DE LA PÉRIODE TRANSITOIRE

Ici se présente un argument que nous font certains socialistes mais n'étant, en réalité, que le même fait par certains bourgeois qui, ne pouvant nier les vices de l'organisation actuelle et les besoins d'une transformation sociale, se retranchent derrière le soi-disant besoin d'une soi-disant amélioration progressive et nous disent : « Certainement, vous avez raison, ce que vous demandez est très bien. Il faut, en effet, que les travailleurs arrivent à obtenir le produit intégral de leur travail. Mais !… vous savez ! Il y a des situations acquises que l'on ne peut briser du jour au lendemain sans injustice ! Il faut tenir compte aussi de l'ignorance de la masse, qui ne pourra en un clin d'œil passer de la soumission la plus complète, à la liberté absolue… Vous comprenez !… il faut des ménagements !… Une société ne se transforme pas ainsi.

« Si l'on accomplissait brusquement les réformes que vous prétendez opérer, on courrait le risque d'avoir contre soi la majorité de la population. Ce n'est pas comme cela qu'il faut agir.

» Quand les produits seront en assez grande quantité pour que chacun puisse puiser au tas sans avoir à craindre que les vivres manquent, quand l'homme sera devenu assez intelligent pour savoir qu'il doit respecter la liberté des autres, alors, là, peut-être ?

on pourra proclamer la liberté complète de l'individu, supprimer tout gouvernement, supprimer toute valeur d'échange. Mais cela ne peut arriver que progressivement. Répandons d'abord l'instruction dans les masses, quand le peuple sera instruit, lorsqu'il se sera peu à peu familiarisé avec le nouvel ordre de choses, alors il n'y aura plus d'inconvénient à lui lâcher la bride.

» Mais, avant tout, n'oublions pas que, tout dans la nature, ne se transforme que graduellement, l'état social comme le reste, et qu'une période — très longue période — de transition est nécessaire ! »

Et ayant doctoralement prononcé, Joseph Prudhomme, croit avoir réduit les idées révolutionnaires par la science. Mais, ce qui est mieux, c'est que certains soi-disant socialistes, non moins soi-disant révolutionnaires, reprennent l'argument pour leur compte, pour le tourner contre l'idéal anarchiste. Piètres logiciens !

C'est le langage avec lequel on accueille toute idée nouvelle, et lui ne l'est pas, neuf. C'est avec des raisonnements pareils que, sans nier la légitimité de nos réclamations et de notre idéal, on voudrait en renvoyer la réalisation aux calendes grecques.

Hé ! tas de Jean-Foutre, nous le savons fort bien que nos idées ne sont pas comprises de la masse. Si elles l'étaient, nous n'aurions pas à nous évertuer à les lui faire entrer dans la tête. Si le peuple en comprenait la portée, il n'aurait pas besoin de nous pour la lui faire entrevoir.

Et si chacun de nous selon ses facultés, selon ses moyens cherche à développer cet idéal de félicité, c'est pour que les individus se l'assimilent, s'en imprègnent assez pour avoir la tentation de le réaliser. Et c'est quand cette imprégnation d'idées nouvelles est assez puissante dans les foules qu'éclatent les révolutions.

Mais revenons aux arguments de nos bonshommes :

Pour certains socialistes, la révolution est inévitable, mais pour leurs idées seulement. Comme les bourgeois qui croient avoir fermé l'ère des révolutions en 93, ces nouveaux Robespierre pensent avoir fermé, eux, le cerveau des individus sur leurs seules conceptions.

« Vos idées ne sont pas réalisables », nous disent-ils, « avec le tempérament français », — en France ou bien anglais en Angleterre — « Certainement, votre idéal de société est magnifique en théorie, mais absurde en pratique. Mais, pauvres amis ! vous ne connaissez pas l'homme pour parler comme cela ! Ah ! si vous le connaissiez comme nous, (c'est un drôle d'animal allez, il est bien trop bête pour savoir ce qu'il veut. Heureusement que nous le savons pour lui !) — Quand une période transitoire aura perfectionné l'humanité, émoussé les instincts mauvais de l'homme, peut-être, alors — pas sûr encore ? — vos idées pourront-elles être appliquées sans inconvénient pour l'humanité ; mais il faut que les individus passent par cette période d'éducation qui les amènera progressivement à la liberté (et cette éducation, nous seuls, sommes capables de la mener à bien). »

« Aux débuts de la révolution, surtout, c'est là, qu'il faudra un pouvoir fort. Ne faudra-t-il pas régler la consommation selon la production de chacun afin d'éviter le déficit ? Ne faudra-t-il pas établir une limite à la liberté de chaque individu, afin que les plus forts n'empiètent pas sur les plus faibles ? (Vous ne vous faites pas du tout l'idée de ce que c'est que diriger un peuple !) »

Et voilà prouvée l'utilité d'une période transitoire et d'un gouvernement. Ce n'est pas plus malin que cela.

Pour ce qui est des réformes préconisées par les bourgeois, même par ceux qui sont sincères, nous savons qu'elles sont impuissantes et que, par conséquent, attendre leur réalisation, ça équivaudrait au fameux : attendez-moi sous l'orme ! Il n'y a donc qu'à passer outre leur argumentation.

Mais pour ce qui est des arguments de ces soi-disant révolutionnaires qui se font déjà conservateurs avant d'être au pouvoir et prétendent limiter l'évolution pour assurer « leur révolution », cela nous force à remarquer qu'il faut qu'ils s'en fassent une drôle d'idée, de cette révolution économique qu'ils prêchent... en théorie. Leur raisonnement nous prouve que leurs conceptions ne dépassent pas la moyenne d'une révolution politique. Ce sont des politiciens mais non des socialistes. Et cela nous explique en même temps leur façon d'agir dans la propagation de leur idéal.

Ils se groupent en commissions, en ligues locales, régionales, fédérales, nationales, pour prendre part à toutes les luttes politiques où il peut y avoir un siège à gagner, faisant du socialisme si la conception du public le comporte, ou se contentant de discuter les intérêts de clochers si la conception de leurs auditeurs ne va pas au delà. Ils espèrent ainsi prendre pied dans le monde politique, substituer, pendant la lutte — si on en vient là — leur organisation à l'ancienne et être à même de dicter ainsi la loi à tous. Voilà ce qu'ils appellent une révolution sociale !

La prise de possession du sol, de l'outillage et de toute la richesse sociale, nous le savons, ne se fera jamais à coups de décrets, nous en avons donné les raisons, inutile d'y revenir, et nous trouvons que se contenter de changer de maîtres est une trop maigre satisfaction, et ne nécessite pas une révolution pour cela.

Ceux qui feront la révolution n'auront donc rien à attendre de quelque pouvoir que ce soit, c'est d'eux-mêmes que sortira leur émancipation ; ils devront donc savoir comment agir et quand ils se la seront donnée, ils n'auront aucun besoin de la faire sanctionner par un pouvoir : c'est pourquoi, nous n'attendons pas, nous, de période transitoire, nous cherchons à la réaliser par notre propagande, afin qu'elle soit déjà derrière nous quand se fera la Révolution.

La révolution qui se prépare doit être envisagée à un point de vue plus large. Nous avons déjà expliqué que, selon nous, elle pourrait être longue, très longue : c'est l'intensité de la propagande qui sera faite autour des idées, c'est selon le temps qu'elle mettra avant d'éclater en lutte brutale, c'est la facilité de perception qu'elle trouvera dans les foules qui en réglera la durée.

Mais supposer que la bourgeoisie pourrait se laisser déposséder, parce qu'il suffirait de s'emparer du pouvoir par surprise, c'est commettre une grave erreur. L'autorité sociale de la bourgeoisie, n'est pas dans la représentation seule du pouvoir, elle est dans le commerce, dans la banque, dans tous les rouages administratifs, dans les bureaux, dans toute l'armée de la bureaucratie que cette organisation entraîne, et cela ne se change pas d'un coup. Tout pouvoir, quelque révolutionnaire qu'il fût, après avoir fait une maigre épuration, serait forcé d'en conserver la plus grande quantité. Il ne tarderait pas à être broyé par eux.

On a vu la férocité que la bourgeoisie a déployée pour réprimer tous les mouvements ayant une tendance sociale, cela nous présage la vigueur qu'elle mettra lorsqu'elle se sentira sérieusement attaquée, et le caractère que prendra la lutte. Attaquée dans ses privilèges, menacée de perdre tout ce qui l'élève au-dessus de la foule, condamnée à disparaître comme classe, elle se défendra de toutes ses forces, mettra en jeu tous les ressorts qui lui donneront les forces dont elle pourra disposer, et se rira des décrets s'ils ne sont pas suivis d'actes plus sérieux.

Or, quoi que nous fassions, quelle que soit l'accélération de leur marche, nos idées ne pourront pénétrer partout à un égal degré, tous les cerveaux n'en seront pas imprégnés avec la même intensité. En certains lieux, les individus pourront être entraînés à en tenter la réalisation, mais en d'autres, ils n'en accepteront qu'une partie, en d'autres, encore, il pourra se faire qu'ils ne veuillent rien accepter des idées nouvelles.

Ce sera bien l'affaire des privilégiés qui se réfugieront dans ces localités réfractaires, y concentreront leurs ressources, quittes même, à y faire quelques concessions, pour, de là, faire la guerre aux groupements autonomes qui se seront formés sous l'influence des idées nouvelles, et en essaieront la réalisation. Tous les embarras qu'ils pourront soulever, toutes les entraves qu'ils pourront susciter, nous pourrons nous en rapporter à eux. Pour le mal ils sont ingénieux.

Entre l'idée nouvelle et la vieille société, la lutte sera implacable, sans trêve ni relâche, nous en avons vu une partie des péripéties, ce qui précède est une autre explication de la durée que nous prévoyons.

Étant donnée cette situation, il est évident qu'à travers cette période de lutte, il sera indispensable que s'organise la production et les relations pour les échanges, d'une façon assez sérieuse pour que les révoltés n'aient pas à regretter l'ancien ordre de choses. Cela s'impose, et en cela les collectivistes ont raison, car si les vivres venaient à manquer, et que le nouvel ordre de choses donnât aux individus moins de satisfaction que la société bourgeoise, ce ne serait, d'abord, pas la peine de changer, et, ensuite, la désaffection qui s'en suivrait, serait, pour longtemps, le triomphe du régime bourgeois. Mais, où les collectivistes ont tort, c'est lorsqu'ils prétendent avoir seuls la formule, et être les seuls capables d'organiser la société future. Et, où leur outrecuidance dépasse les bornes, c'est lorsqu'ils affirment qu'il leur suffira de se hisser au pouvoir, pour décréter cette organisation, comme le *Fiat lux !* du Père Éternel, créa la lumière. La science a fait justice des absurdités de la Bible, un peu de raisonnement enverra celle des collectivistes, rejoindre leurs aînées dans le magasin d'accessoires des contes de fées.

Ou les individus seront conscients de leurs besoins, connaîtront le but vers lequel ils marchent, et sauront approprier leurs efforts aux circonstances, et alors l'initiative individuelle, s'épanouissant dans toute son intégrité, saura leur enseigner les mesures nécessaires à la salvation de la révolution entreprise, ou bien, ils n'auront agi qu'en automates, à l'instigation de Pierre ou de Paul, et ne connaîtront rien de ce que comportera leur nouvelle situation. Ces éléments-là auront fait une révolution politique, mais non une révolution sociale. Bons à être toujours menés, ils auront ce qui leur faut avec les collectivistes, mais cela n'a rien à voir avec une révolution d'affranchissement économique.

Dès les débuts de la lutte, il pourra donc arriver ceci : les individus, poussés par le besoin, consommeront les produits existants, sans s'occuper de leur provenance, de même qu'ils porteront leur force d'activité là où le besoin s'en fera sentir, s'habituant ainsi à la pratique de la solidarité, s'habituant à recevoir de leurs voisins, comme à leur donner, sans se préoccuper s'il y a équivalence.

Quand les choses se régulariseront, les besoins s'affineront et deviendront plus nombreux. Les individus auront besoin de s'occuper eux-mêmes de la production de certaines choses leur faisant défaut. Ils se rechercheront, se consulteront, et se grouperont selon leurs affinités pour produire ce qu'ils désireront. Cela pourra prêter matière à un échange de services divers, à une grande combinaison de groupements, d'autant plus variés que les besoins seront plus grands, mais en agissant ainsi, les individus se seront accoutumés à la pratique du communisme et de la solidarité, bien longtemps avant que toutes les commissions de statistique réunies soient parvenues, seulement, à s'entendre sur la valeur d'échange et son étalon. Et cela spontanément, de leur propre impulsion, sous la seule pression des circonstances.

Nous affirmons que l'être n'est que le produit du milieu, et que l'on doit changer ce milieu si l'on veut changer l'être. C'est l'organisation antagonique de la société bourgeoise qui rend les individus âpres à la curée, et les fait se déchirer pour vivre. Mais, nous savons fort bien aussi que l'individu réagit à son tour sur le milieu et peut le transformer. Ce sont les causes plus puissantes qui déterminent l'influence de tel phénomène sur tel autre et décident de l'évolution.

Actuellement, c'est l'organisation sociale bourgeoise qui détermine l'évolution. Il s'agit de trouver des mobiles agissant plus fortement sur les individus, et voilà pourquoi les anarchistes travaillent à répandre leurs idées, espérant avec leur aide, imprimer une nouvelle direction aux individus, les amener à réagir contre le milieu pour le transformer, et opérer ainsi la transformation de l'être et du milieu, tout à la fois, et de l'un par l'autre.

Si les anarchistes que la propagande et l'étude auront faits sont bien conscients de leur tâche, bien convaincus de leur idéal, en révolution leur rôle peut être décisif, leur seul exemple peut entraîner la masse entière avec eux.

La mise en pratique immédiate de leur idéal sera la meilleure démonstration de son excellence. En faisant profiter leurs voisins les plus proches des bienfaits de l'aide mutuelle et de la solidarité, ce sera le meilleur moyen de les convaincre.

La foule comprend les choses simples et, en temps de révolution, sa facilité de compréhension est fortement développée, elle est davantage accessible aux idées nouvelles. Si le chemin a été préparé par une assez longue période de propagande, la besogne n'en sera que plus facile.

Du reste, les révolutions, même politiques, ne sont, nous l'avons vu, provoquées que par une évolution dans les mœurs, dans les aspirations de la masse, nous espérons donc que la révolution qui vient se fera sous la poussée des idées que nous défendons, et c'est pourquoi nous préconisons notre idéal. Il est donc à présumer que les anarchistes, par leur activité, auront déjà fait entrer dans les mœurs, nombre de faits concernant leur manière d'envisager les choses.

Qu'ils auront su, par exemple, démontrer par de nombreux exemples, et d'une façon sensible, la possibilité d'une entente et d'une organisation entre individus, sans autorité ni coercition, qu'ils auront su déjà, dans leurs rapports entre eux, et leurs relations, faire entrevoir l'embryon de leur façon de procéder. Cela, non pas de la façon nette et précise qu'ils peuvent l'entrevoir, c'est impossible dans la société actuelle, mais de la façon que les lieux et les circonstances le permettront, de façon, tout au moins à en faire comprendre la portée.

Il y a une foule de rapports sociaux qui échappent à la coercition des lois, si féroces soient-elles, si inquisitoriales qu'on puisse les inventer, et qui, maintenant soulèveraient la foule, si on voulait la réglementer dans ces rapports-là. C'est dans l'adaptation de leur propagande à ces diverses relations que les anarchistes devront s'efforcer et habituer ainsi les individus à comprendre progressivement leur façon de concevoir les relations sociales, les amenant, ensuite à pratiquer leur autonomie dans des relations plus étendues jusqu'à l'antagonisme avec l'ordre actuel.

Nous savons tous qu'il n'y a mauvaise volonté que là où il y a autorité. Tout individu non contaminé par l'avachissement que donne l'éducation bourgeoise a pour caractère de ne pas vouloir être dominé, ni commandé, d'aimer à faire les choses librement.

Si ceux qui sont sincères en réclamant une autorité pour maintenir l'équilibre dans la société future, voulaient fouiller dans le coin le plus reculé de leur cerveau, scruter leurs pensées les plus cachées, ils reconnaîtraient qu'ils veulent bien un pouvoir, mais avec la restriction qu'ils seront libres de l'envoyer promener lorsqu'il voudrait les contraindre à une chose dont ils n'auront pas, eux-mêmes, reconnu l'utilité ! Le pouvoir de leurs rêves, serait un pouvoir ne pouvant, en rien, gêner leur libre évolution.

Mais, chaque individu pense de même ! et comme chaque individu a sa conception particulière d'envisager les choses, il s'ensuit donc qu'un pouvoir sera forcément oppresseur pour quelqu'un ?

S'ils voulaient bien analyser leurs sentiments, les partisans convaincus de l'autorité verraient donc que, dans ces conditions, ils ne veulent une autorité que contre ceux qui ne seraient pas de leur avis, se considérant, eux, assez intelligents pour ne pas en avoir besoin, mais qu'ils dénient cette faculté à d'autres. N'est-ce pas là une singulière façon d'envisager la liberté ?

Il est vrai que certains adorateurs de l'autorité ont prétendu que, plus l'homme se développe, plus il devient esclave de l'association ; et, au nom de la science, ils essaient de prouver que l'autonomie ne peut plus exister dans une société développée. C'est une insanité que nous aurons à réfuter plus loin.

D'autres, hantés par cette idée de la dépendance de l'individu dans la société, mais n'osant, pourtant, conclure à cette monstruosité, sont moins affirmatifs et absolus, mais réclament une autorité mitigée, objectant qu'étant très difficile de contenter tout le monde et son père, il faudra pourtant bien prendre une moyenne, et établir des règles pour que personne ne puisse empiéter sur son voisin.

Contenter tout le monde est absolument impossible, en effet ; mais nous ferons observer que cela est vrai, surtout lorsqu'on veut plier tout le monde à la même façon de vivre, courber tous les individus sous la même domination. Ce qui est toujours selon nous, — le plus court chemin pour mécontenter tout le monde, sauf ceux qui s'emparent du pouvoir.

Aussi, ayant peur de la liberté complète, ne sachant sur quoi baser leur autorité,[1] ces autocrates en retombent à prôner la majorité ; cette bonne vieille majorité, justificatrice de toutes les turpitudes, de tous les excès, de tous les massacres, de toutes les spoliations, pourvu qu'elles fussent justifiées par le succès.

Mais comme il n'y a pas un seul individu qui, à un moment quelconque de son existence, ne se soit révolté plus ou moins contre quelque majorité, nous demanderons à ceux qui l'acceptent pour loi, à quel signe ils reconnaissent la validité d'une majorité ? à quel

1   Ici nous parlons des socialistes ; car certains théoriciens bourgeois, entre autres un M. Le Bon, auteur de différents ou- vrages de sociologie affirment carrément le principe de l'autorité par les supériorités intellectuelles, — dont ils font partie naturellement.

criterium ils s'arrêteront pour reconnaître qu'ils doivent lui accorder confiance ?

Tous les pouvoirs qui se sont succédé, ont commencé à combattre, étant minorité, contre le pouvoir-majorité, et n'ont même pas reculé devant la violence pour retourner la majorité à leur gré. Que l'on nous dise donc où commencent les majorités respectables, où finissent celles qui ne le sont pas ?

À ce compte-là, les socialistes qui, avant d'être en place, nous prêchent déjà le respect de la sacro-sainte majorité, n'auraient qu'à se prosterner bien humblement devant la majorité bourgeoise, au lieu de se gendarmer contre elle. La majorité bourgeoise qui prétend se faire respecter des minorités qui l'assaillent, aurait dû, elle aussi, nous prêcher d'exemple, en s'agenouillant devant la royauté et la noblesse. Ces deux puissances étaient au pouvoir, elle les a si peu respectées, elle les en a fait descendre si violemment que beaucoup des culbutés y ont perdu la tête.

Il se peut que les bourgeois se croient plus respectables que ceux qu'ils ont remplacés, que les socialistes se croient encore plus respectables que ceux qu'ils aspirent à culbuter, ils peuvent avoir raison, chacun dans leur manière de penser, mais cela ne prouve nullement que le prolétariat ait à les respecter plus qu'ils n'ont respecté ou ne respectent leurs prédécesseurs.

C'est étonnant, ce que, une fois casé, on exige de respect de ceux qui vous suivent, après en avoir montré si peu de ceux qui vous ont précédé.

Alors on nous répond que ce que nous disons, est vrai pour les régimes oppresseurs qui se sont succédé, jusqu'à présent, mais que, dans une société améliorée, où le travailleur aura le produit intégral de son travail, où toutes les libertés — possibles ! — seront en vigueur, l'instruction mise à la portée de tous ; dans une société enfin, qui…, que…, quoi…, etc. etc., il sera facile aux travailleurs de choisir avec tact et en toute connaissance de cause, les mandataires les plus dévoués au bonheur commun, chargés de les… gouverner ? Oh ! fi donc ! de les diriger, de les guider ! vers l'absolue perfection qui devra les mettre à même, plus tard, — beaucoup plus tard, — de se passer de guides !

Soit, mais si nous étudions l'humanité et les commencements de son histoire, nous verrons que, chaque fois qu'une idée a pu conquérir ce que l'on appelle la majorité, et prendre, par force ou persuasion, sa place au soleil, ce n'était qu'en détrônant l'idée précédente, et que, derrière elle, une vérité, plus nouvelle, la poussait et cherchait déjà à se faire jour. Arrivée au pouvoir cette idée s'y incrustait, devenait oppressive à son tour, et cherchait à barrer la route aux idées nouvelles, Jusqu'à ce que l'évolution des connaissances humaines suivant son cours, une révolution nouvelle vînt la chasser à son tour et faire la place à une vérité meilleure.

Il serait temps, croyons-nous, de briser ce cercle vicieux. La terre est assez grande pour nous abriter tous et donner, à chacun, l'espace nécessaire à son évolution. Il y a place pour tous au soleil ; si nous voulons que l'évolution se fasse, pacifiquement, dans la voie du progrès, il faut briser ce qui l'entrave dans sa marche, ce qui occasionne les à-coups. Il n'y a pas de majorité respectable lorsqu'elle est oppressive. Chaque vérité n'a-t-elle pas, d'abord et toujours, été énoncée par une minorité ? Débarrassons donc la voie aux vérités futures pour qu'elles puissent se faire jour, sans avoir besoin de recourir à la force pour évoluer librement.

Comme on le voit, la période de transition réclamée par les partisans de l'évolution doit être remplie par la période de propagande, et continuée par la révolution elle-même qui, en effet, ne pourra, en un tour de main, changer l'état social, comme on retourne une omelette.

On n'apprend à marcher qu'en faisant aller les jambes ; à être libre qu'en usant de la liberté. Ce n'est pas en entravant de liens les membres de l'enfant qu'on lui apprend à se servir de ses jambes, c'est en le laissant gigotter à son aise ; les culbutes lui apprendront la prudence. Drôle de théorie qui voudrait nous maintenir en tutelle, sous prétexte que n'ayant jamais été libres, nous ne saurions user de la liberté.

Quant aux préconiseurs de réformes qui nous parlent de progression lente, de réformes partielles, de temporisation et d'habileté, ils peuvent être de bonne foi, — il y en a, nous le savons, — qu'ils fassent leur besogne en paix ; quant à nous, nous ne pouvons-nous associer à ces finasseries.

Nous avons une idée que nous croyons bonne, nous cherchons à la propager à l'élucider, à la faire comprendre de ceux qui souffrent de l'exploitation actuelle et veulent s'en affranchir ; à ceux que les préjugés ou l'énormité de la tâche effraie, nous laissons le soin de temporiser, de demander à nos exploiteurs de mettre une sourdine à leur avarice, de mettre des ménagements dans leurs vols. Mais ayant un idéal complet dont nous cherchons la réalisation, nous ne voulons pas l'amoindrir sous prétexte qu'il pourrait effrayer ceux dont nous voulons abolir l'autorité.

Si, au lendemain de la révolution, il nous faut subir une période transitoire, ne sera-ce pas assez de n'avoir pu l'éviter, sans avoir encore à nous en faire les propagateurs.

La vérité avant tout.

Lorsque la révolution se fera, peut-être nos idées ne seront-elles pas assez comprises pour rallier autour d'elles la masse de ceux qui auront pris part à la lutte, peut-être la majorité n'acceptera-t-elle qu'une partie de notre idéal, laissant aux générations futures le soin de réaliser le reste ; peut-être, même, les anarchistes devront-ils être les premières victimes du pouvoir qui s'établira ? N'est-ce pas le sort des novateurs de souffrir pour l'affirmation de leurs idées ?

Qu'importe à l'homme convaincu. Ce n'est pas en prophétisant sur ce qui est possible ou non possible que l'on s'affranchit, mais en luttant contre la tyrannie. — L'homme plein de son idéal lutte et souffre pour répandre ses idées. Sa récompense n'est pas dans la satisfaction de mesquines ambitions, ou de succès d'amour-propre. C'est en voyant germer autour de lui les idées qu'il propage qu'il trouve sa plus belle récompense.

Nous n'avons donc, pour le moment, pas à nous préoccuper de ce qui est réalisable ou irréalisable, mais de ce qui est vrai, de ce qui est juste, de ce qui est beau. Ce sera ensuite aux individus à faire leur choix.

Mais ce qui nous rassure, c'est que, en temps de révolution, les idées marchent vite. L'exaltation qui, dans les périodes d'agitation s'empare des individus, suractive le jeu des cellules cérébrales, élargit leur entendement, en leur facilitant la compréhension de raisonnements qui, en temps ordinaire, n'auraient éveillé, chez eux, aucune sensation.

En temps de lutte, les hommes peuvent être poussés aux pires folies, mais aussi à l'abnégation la plus pure. C'est en faisant ronfler les grands mots de vertu, fraternité, devoirs sociaux, etc., que, dans les révolutions passées, les ambitieux sont toujours parvenus à étouffer chez les individus, la vraie perception de la liberté que représentait pour eux, le mot de république, et les ont amenés à subir leur despotisme.

Nous voulons, nous, que la masse puisse donner cours à tous ses bons sentiments, à ses besoins de solidarité, et qu'elle soit assez consciente de son autonomie, pour ne plus se laisser mettre d'entraves sous prétexte de sauvegarder la liberté.

IX. DE L'INFLUENCE MORALE DE LA RÉVOLUTION

La révolution sera donc la phase transitoire qui doit nous conduire à la réalisation complète de notre idéal. Elle le sera d'autant mieux que son influence contribuera à développer cérébralement les individus et à les préparer à savoir user de leur liberté !

Mais, ici une petite digression est utile.

« Pourquoi se préoccuper de ce qui se passera demain ? » nous disent certains révolutionnaires, préférant s'instituer les « conducteurs » de la masse, que de tenter de l'instruire. « Nous avons assez à faire de soutenir la lutte présente, sans perdre notre temps à chercher ce que nous pourrons faire après. Ne nous attardons pas à rêvasser sur des utopies quand le présent est là, qui nous sollicite et nous étouffe. Luttons d'abord contre la société actuelle, quand elle sera renversée, nous verrons ce que nous aurons à faire ».

Et certains anarchistes tiennent le même raisonnement et trouvent que c'est perdre son temps de discuter « avenir ».

Ce qui nous fait considérer à nous, ces discussions sur l'avenir comme très utiles, c'est que les révolutions passées ont toutes piteusement échoué parce que les révoltés se battaient, se reposant sur leurs meneurs pour organiser les relations sociales et reconstituer le nouvel ordre de choses. C'est parce qu'ils se sont toujours contentés d'aspirations vagues, mal définies, que les travailleurs se sont toujours vu frustrer des fruits de leurs luttes.

La majorité des travailleurs s'est toujours uniquement préoccupée des besoins de la lutte présente, se contentant de prendre part à la bataille, de fournir la chair à fusillade, laissant à d'autres le soin de penser. L'idéal, le désir, le but pour lequel combattait la masse, était certes bien clair dans son entendement, c'était tout comme nous l'entendons nous-mêmes : la liberté, le bien-être pour tous.

Mais, sous quelle forme cela devait-il lui venir ? — elle ne s'en était pas préoccupée. On lui avait parlé de la République qui devait l'affranchir, d'un socialisme mal défini, mais lui laissant entrevoir tout un monde de félicités, cela avait suffi, elle avait combattu pour cette République qui devait apporter le bonheur sur la terre, laissant aux « initiés », à ceux « qui savaient » et en qui elle avait confiance, le soin d'organiser après la lutte, son bien-être et sa liberté, mettant à leur service des mois et des années de misère pour leur donner le temps de lui arranger quelque chose de tout à fait convenable !

Lorsque impatiente, ne voyant rien venir, à bout de souffrances, de misère et de privations, elle exigeait la réalisation des promesses, c'était du fer et du plomb qui étouffait ses murmures.

Pour qu'il n'en soit plus ainsi, pour qu'on ne leur remette pas, le lendemain de la lutte, le joug qu'ils auront brisé la veille, lorsque les travailleurs seront amenés encore une fois à user de la force pour reconquérir leurs droits, il faut qu'ils sachent ce qu'ils veulent, quelles sont les institutions qui leur sont néfastes, afin qu'ils ne se laissent plus tromper, qu'ils n'aient plus à se reposer sur personne du soin de les conduire, et sachent d'eux-mêmes faire table rase de ce qui doit définitivement disparaître.

Certes, il est facile de dire : « Ne nous occupons pas de ce qui se passera demain ; à chaque jour suffit sa tâche ; occupons-nous de détruire ce qui nous gêne, nous verrons ensuite ». Nous comprenons fort bien l'impatience que l'on peut éprouver de sortir du bourbier où l'humanité s'enlise, mais si nous voulons que les vérités que nous cherchons à faire comprendre soient nettement saisies par ceux que nous cherchons à convaincre, qu'ils en aient la perception nette, sachant clairement ce qu'ils veulent, et capables de ne pas se laisser dévoyer de leur chemin par les phraseurs, il nous faut bien élucider la question de l'avenir ainsi que celle du présent.

Les révolutions ne se faisant qu'à coups d'idées, nous voulons déblayer complètement le terrain sur lequel nous devons combattre, nous voulons débarrasser notre route de tous les obstacles et les préjugés qui entravent notre marche. Et ce n'est que lorsque les individus auront une conviction solidement raisonnée, qu'ils sauront se passer de meneurs.

Il ne faut plus que l'on dirige la masse avec des mots. Il ne faut pas que sous les épithètes : Liberté, socialisme, on lui fasse avaler tous les systèmes de régression possible. Que chaque individu soit éclairé sur tous les points et dans tous les détails, cela est impossible, les événements nous surprendront avant que ce travail soit achevé et ce n'est du reste pas nécessaire.

Que chacun ait une compréhension bien nette de son individualité, qu'il sache qu'il ne la fera respecter qu'en respectant celle des autres, pour le surplus les circonstances et la situation le guideront. Que les individus sachent encore ce qui doit rester invariable dans leur action, tout ce qu'ils devront empêcher de renaître pour que la victoire leur soit assurée. Quand on sait bien ce que l'on veut, on fait de la bonne besogne.

« Nous avons le présent contre lequel il faut lutter de toute notre énergie », cela est fort vrai, mais la lutte doit être envisagée à un point de vue plus large, ausculté sous toutes ses faces, et il y a assez de besogne pour toutes les volontés et toutes les énergies.

Pour opérer une transformation, telle que nous l'entendons, il n'est pas trop de toutes les aptitudes, de tous les dévouements ; qu'importe la forme sous laquelle ils se produisent, du moment qu'ils ont pour but l'élucidation d'une vérité, la destruction d'un préjugé. De chacun selon ses forces ! C'est cette division du travail qui, permettant à toutes les initiatives de se produire, nous facilitera la destruction des institutions qui nous oppriment, nous mettant à même de les attaquer de tous les côtés à la fois.

D'autres, — les socialistes — nous disent : « Mais, si vous n'avez pas un pouvoir, comment ferez-vous pour empêcher les patrons, propriétaires, gouvernants et autres capitalistes de se liguer pour tenter une contre-révolution et rétablir leur autorité ? »

Si les socialistes qui font cette objection, voulaient bien réfléchir à la somme d'énergie qu'il aura fallu dépenser pour faire triompher la révolution sociale, s'ils voulaient bien se convaincre que ce qui fait la force de la bourgeoisie, ce sont les institutions actuelles, l'ignorance et la division du prolétariat, toutes choses qui n'existeront plus puisque la révolution aura réussi, ils ne feraient pas si piètre objection. — Lorsque les bourgeois, en possédant l'intégrité de leurs forces n'auront pas su empêcher la victoire du peuple, comment veut-on qu'ils en retrouvent de plus fortes pour bouleverser le nouvel ordre de choses et rétablir leur exploitation ?

Pour que les travailleurs consentissent à se laisser endoctriner par les capitalistes, il faudrait donc que la Révolutionne ne leur eût pas apporté les améliorations qu'ils en attendent ? Pour qu'ils acceptassent de se courber à nouveau, sous le joug de l'exploitation, il faudrait que la désillusion fût bien grande ?

Les capitalistes, livrés à leurs seules forces, seraient impuissants à défendre leur système d'exploitation. Il leur faut l'armée, la police, la bureaucratie, levées parmi les travailleurs, pour leur faire un rempart de paperasses et de baïonnettes : ne sera-ce pas l'œuvre de la révolution de disperser tout cela ? Est-ce que, même à l'heure présente, la majorité de ces défenseurs de l'ordre bourgeois ne l'est pas malgré elle ?

Dans une société où les individus seraient libres d'évoluer comme ils l'entendraient, n'ayant aucune contrainte à subir, ayant la satisfaction de leurs besoins assurés, nous ne les voyons pas bien, s'enrôler au service des bourgeois, puisque les promesses que ceux-ci pourraient leur faire seraient bien au-dessous de ce que les autres pourraient se procurer eux-mêmes.

Ou les institutions bourgeoises disparaîtront dans la lutte, et alors les travailleurs auront goûté aux bienfaits du nouveau régime et sauront le défendre, ou bien les bourgeois seront encore une force, mais alors c'est que la révolution ne sera pas terminée, ce sera la lutte encore, il y aura de la besogne à faire, mais cette besogne sera l'affaire des révoltés eux-mêmes, et non celle d'un gouvernement.

Avec un pouvoir constitué, le danger serait bien autrement grand. La possibilité que pourraient avoir les rétrogrades de s'en emparer par ruse ou par force, et de disposer des forces vives de la collectivité pour les retourner contre elle, serait bien autrement redoutable.

Les travailleurs n'iront jamais, d'eux-mêmes, remettre le cou sous le joug, mais la révolution, par contre, ne sera toujours que l'œuvre d'une minorité consciente, qui entraînera la masse derrière elle, par son exemple et sa conviction. Cette masse s'instruira, s'éclairera, mais, provisoirement encore, elle ne sera que trop portée à obéir à ceux qu'elle croira ses chefs. Le seul moyen de parer au danger est de ne pas la laisser s'en créer. Livrée à elle-même, elle saura s'ins- pirer des circonstances et trouver l'organisation qu'il lui faut.

D'autres contradicteurs nous objectent les mauvais sentiments de l'homme : comment fera-t-on pour empêcher les attentats contre les personnes ? ceux qui voudraient s'accaparer les meilleures places, ou s'installer là où ils gêneraient la collectivité, et autres objections semblables que leur inspirent les effets de la société actuelle ?

Certes, nous ne voulons pas prétendre que les individus, de par le seul fait de la révolution, seront devenus, du jour au lendemain, de petits anges qui n'auront plus qu'un désir : se faire des amabilités et se sacrifier les uns pour les autres. Il serait temps de sortir de cette légende et ne pas nous faire dire ce que nous n'avons jamais pensé.

Nous disons que, sauf de très rares exceptions, même les natures les plus perverses, personne ne fait le mal pour le plaisir de faire du mal. Nous affirmons et démontrons que la société actuelle, par son organisation antagonique des intérêts, engendre elle-même les divisions qui la ruinent et que c'est elle qui pousse les individus à se nuire.

Malgré toutes les raisons et les causes de mal faire que leur fournit la société, malgré le profit qu'ils pourraient y trouver à les accomplir, beaucoup d'individus y sont réfractaires, ceux qui se livrent à leurs mauvais penchants, ne sont que la minorité, et la plupart du temps ils y sont encore poussés par le milieu, les circonstances, l'éducation, toutes causes découlant de la mauvaise organisation sociale.

Or, si la mauvaise organisation sociale est la cause génératrice des crimes, ceux-ci doivent disparaître avec elle. La société actuelle ne s'attaquant qu'aux effets, puisqu'elle-même est la cause, les voit se multiplier sous son action, absolument comme les bûcherons qui, coupant l'arbre au collet de la racine, ne tardent pas à voir, de la souche, repousser des jets vigoureux et présenter deux, trois, cinq et six plants nouveaux là où il n'y en avait qu'un ; nous, nous voulons déterrer la racine et la brûler, afin qu'elle ne produise plus.

Et si, dans la société future, il se reproduisait de ces actes, ce ne pourraient être que des cas isolés et ataviques que les individus d'alors auront à empêcher, mais qui ne nécessitent pas un outillage social spécial pour les réprimer.

La propriété, la misère, voilà les grandes causes génératrices de crimes. Encore une fois, on n'est pas criminel pour le simple plaisir de tuer. Que l'on repasse les causes les plus célèbres, là où les crimes font le plus horreur, on y trouvera toujours le même mobile : l'intérêt. Même les crimes de vengeance que l'on pourrait classer dans la catégorie des crimes passionnels, la plupart prennent leur origine dans des divisions d'intérêt. S'il était possible de les analyser tous, peut-être en échapperait-il très peu à cette règle.

Le vol qui fournit le plus de cas de répression et qui est parfois plus puni que le meurtre, n'est-il pas le produit direct de l'appropriation individuelle, de l'intérêt et de la misère ? La misère et la propriété individuelle étant supprimées, le vol n'aura plus raison d'être. Quand tout ce dont vous pourrez avoir besoin sera à votre disposition, vous amuserez-vous à voler ?

Nous avons les exemples de ces peuplades où la propriété individuelle est réduite à sa plus simple expression : la cabane où loge la famille, les effets et ustensiles qui lui servent directement, tout le reste est à la libre disposition de tous, eh bien, sauf de la part de ceux qui ont déjà réussi à s'attribuer certaines fonctions d'autorité — on ne nous cite pas de cas où l'on aurait vu les plus forts chercher à déloger les habitants d'une cabane pour s'y installer, ou leur enlever leurs instruments de chasse et de pêche.

Dans certaines tribus, un individu s'est éloigné de chez lui, il a faim, il entre dans la première case venue, s'asseoit à la table au milieu de la famille, et puise au plat sans en demander la permission à personne. Une fois repu, il s'en va sans même remercier ses hôtes de rencontre, sans que ceux-ci pensent le moins du monde avoir été volés. Eux-mêmes en auraient fait autant dans sa situation : question d'habitude et de réciprocité, voilà tout.

Est-ce que ces mœurs ne valent pas mieux que les nôtres, où celui qui aura faim sera forcé de s'humilier ou de se révolter ? Elles manquent peut-être des formalités de notre civilité puérile, faites-les plus gracieuses, mais laissez-leur leur primitive simplicité.

Oui, nous dira-t-on, mais il y a les crimes passionnels. « Ha ! ceux-là, ne sont pas le produit de l'organisation sociale actuelle ? Ceux-là, dérivent bien de la mauvaise nature des individus ? Pour ceux-là, vous aurez beau changer le milieu, vous ne les ferez pas disparaître. Vous serez bien forcés de prendre des mesures contre leurs auteurs ».

Eh bien là, encore, n'en déplaise à nos contradicteurs, nous soutenons qu'ils ne sont que le produit d'une mauvaise organisation sociale. Nous avons déjà vu que, pour la vengeance, par exemple si on pouvait les disséquer et les analyser, comme on autopsie un cadavre, comme l'on fait une analyse chimique, on retrouverait, pour la plupart, l'intérêt comme première cause de division. Si on les prenait tous, chaque drame passionnel, l'un après l'autre, on y trouverait l'effet d'une mauvaise organisation sociale, l'action d'une loi funeste ; en tous cas, le produit d'une éducation fausse, d'un préjugé inculqué par l'éducation sociale.

Si les individus avaient appris à respecter, non une loi qu'ils ne connaissent que vaguement, mais l'autonomie de leurs semblables qui est tout aussi respectable que leur vie, ils sauraient qu'en empiétant sur cette autonomie, ils risquent de s'attirer des représailles. Si on n'avait pas l'espérance de se mettre à couvert de la vindicte des individus lésés, en sachant se couvrir d'un texte de loi, peut-être verrait-on se produire moins de sévices, d'injures, d'actes d'oppression sur l'individualité humaine ?

Dans les crimes foncièrement passionnels, là où, parfois, certaines gens s'apitoient sur l'agresseur, et qu'acquittent les magistrats de la société actuelle, on pourrait encore trouver l'influence néfaste de la société.

Si les hommes n'étaient, de par le code et les préjugés, habitués à considérer la femme comme un être inférieur, comme une propriété qui devient leur chose, parce qu'elle aura consenti une fois à se livrer à leurs caresses, peut-être verrait-on moins d'amoureux larder l'objet de leur flamme devenu réfractaire à leur « amour », peut-être y aurait-il moins de maris trompés, enclins à se venger en lacérant la peau de l'infidèle qui a fait des déchirures au contrat. S'ils se sentaient moins couverts par la loi, peut-être seraient-ils moins féroces ?

L'adultère lui-même n'est-il pas un produit de la loi imbécile qui se mêle de réglementer les rapports sexuels ? de la société qui fait intervenir des considérations économiques, là où il ne devrait y avoir que des sentiments, qui entrave l'association de deux amants et veut ensuite empêcher leur séparation ? N'est-ce pas la faute de toutes ces entraves morales et matérielles, de la fausse éducation reçue si, de tout cela, il en ressort l'hypocrisie et le mensonge ? La société réprouve deux époux qui, ne sympathisant plus, se séparent, mais couvre de son indulgence ceux qui, gardant les apparences, se trompent assez discrètement pour ne pas trop faire parler d'eux. De quoi se plaint-on ?

Basée sur le mensonge, l'hypocrisie et la duplicité, la société ne peut engendrer que la violence et l'ignominie. Même dans les rapports qui paraissent le mieux avoir leur source dans les seules convenances individuelles. Comprimée dans ses aspirations les plus intimes, forcée de mentir et de dissimuler, soit pour ménager des susceptibilités, soit pour ne pas se rendre la vie impossible dans un milieu social absurde, l'individualité humaine se ratatine, s'atrophie et se pervertit, à moins que, parfois, elle ne se venge en éclatant.

Les crimes supprimés ou écartés, les attaques à la propriété rendues impossibles, que reste-t-il à craindre ? — Les petites tracasseries de voisin à voisin, la menue monnaie de nos tribunaux civils et correctionnels, cela vaut-il vraiment la création de ce formidable appareil judiciaire et répressif qui sert de sauvegarde à la société actuelle ; là encore la transformation sociale n'aura-t-elle pas apporté son action bienfaisante en adoucissant les relations entre individus, en éliminant les causes de division ?

Restent les criminels dont les actes ne paraissent avoir aucun mobile explicable autrement que par une frénésie brutale, une perversion de sentiments. Mais ceux-là ne sont que l'exception, ils sont excessivement rares, et le pouvoir des lois n'a absolument aucune prise sur leurs auteurs, leur répression aucune influence sur ceux qui peuvent être entraînés à en commettre de semblables. Ceux-là relèvent de la pathologie, la justice distributive n'a rien à voir avec eux.

Pour le médecin et l'anatomiste qui étudient réellement pour savoir et non pour obtenir des distinctions honorifiques, lorsqu'un cas semblable se présente à eux, le cerveau de l'auteur d'un acte semblable ne leur présenterait-il à l'analyse aucune altération sensible aux moyens d'investigations actuels, pour le savant qui cherche la vérité, et non une situation en flagornant la société, en se faisant le pourvoyeur du bourreau ; il n'en reste pas moins acquis que cet individu n'a pu obéir qu'à des impulsions indépendantes de sa volonté.

La société peut avoir le droit de se défendre, mais elle, ni qui que ce soit, n'a le droit de punir ou de récompenser. Et, avant de rendre l'individu responsable de son acte, cette société vengeresse devrait se demander si elle n'est pas la première fautrice du forfait dont elle se plaint, en forçant une partie de ses enfants à croupir dans la misère, l'ignorance et la dépravation ; eu leur refusant les moyens de développement dont elle dispose pour des préférés, en créant des conditions d'existence qui ramènent l'homme au niveau de ses ancêtres de l'âge de la pierre, en admettant que nos ancêtres de cette époque fussent aussi féroces que l'on veut bien le dire.

Il pourra se produire des cas de violence dans la société future, quels qu'en soient les mobiles, il faudra bien s'en défendre, cela est certain. Mais ceux qui en seront victimes seront en état de légitime défense contre ceux qui voudraient attenter à leur vie où à leur autonomie ; à moins d'être tout à fait insociable, un individu a toujours des amis qui ne le laisseront pas injustement molester. Même quand vous ne connaissez pas la victime, tout acte arbitraire que vous voyez se commettre sous vos yeux ne vous révolte-t-il pas, et n'êtes-vous pas entraînés à prendre la défense de l'opprimé ? Mais alors que l'on ait le courage de se défendre quand l'agression se produit, que l'agresseur soit châtié séance tenante, cela c'est de la saine morale, on a, tout au moins, le courage de ses actes.

Mais s'abriter derrière un appareil formidable de répression, derrière des entités qui mettent toutes les forces sociales contre un seul individu et prétendre lui appliquer peine et châtiment en jugeant des actes que l'on n'a pas vu commettre, dont on ne connaît pas l'origine, c'est de la couardise. De quel droit la société vient-elle se substituer aux individualités pour punir, lorsqu'elle n'a pas su prévenir l'agression ? de quel droit vient-elle parler défense, quand elle n'a pas su l'assurer matériellement ? Autant nous comprenons la mise à mort d'un ennemi lorsqu'il vous met dans la nécessité de vous défendre, autant nous répugne un meurtre commis au milieu d'une mise en scène théâtrale, ordonné froidement, à l'abri de toute représaille, commis méthodiquement sur un homme réduit à l'impuissance, sous prétexte de lui apprendre à respecter la vie de ses semblables. Que l'on force le juge, alors, à exécuter sa sentence !

Est-ce que le châtiment du criminel a jamais empêché d'autres crimes de se produire ? Est-ce que toute l'organisation policière et son innombrable personnel ont jamais prévenu aucun acte de violence ? Ne les voit-on pas se multiplier sous la pression des circonstances et de la misère ? Faites donc que votre société assure l'existence de chacun, qu'elle engendre l'amour au lieu de la haine, et vous n'aurez plus d'actes de violence à réprimer.

Quant aux actes agressifs qui pourront se produire isolément, ce ne seront que des exceptions, et il est plaisant de vouloir entraver par des lois la liberté générale pour réprimer des exceptions.

La nature de l'homme n'est pas d'être malade, d'avoir un cerveau détraqué, de chercher à son dam la lutte contre ses semblables ; dans une société sainement constituée on verra les faits de violence se raréfier, les maladies, les affections cérébrales elles-mêmes s'atténuer et disparaître, la plupart n'étant que la conséquence, directe ou indirecte, des mauvaises conditions d'existence que crée la société. Tout cet héritage morbide devra s'atténuer à la disparition des causes qui l'ont produit et l'entretiennent, la race humaine se régénérer et se retremper dans la pratique de la liberté, de la solidarité et le bien-être.

Certes, ce serait folie de croire que ces anomalies disparaîtront instantanément avec les causes qui leur ont donné naissance. Nous les subissons depuis trop de siècles, l'hérédité les a trop ancrées dans notre constitution pour qu'elle ne continue pas de les transmettre encore à de nombreuses générations ultérieures, mais elles iront s'atténuant, s'affaiblissant graduellement, puisqu'elles n'auront plus de foyers générateurs où se retremper. Et, quelque paradoxal que cela puisse paraître, la révolution viendra, en cet ordre d'idées, exercer son influence salutaire.

On a remarqué que, dans les périodes troublées où la masse est en ébullition, les maladies, les épidémies avaient beaucoup moins de prise sur les populations en effervescence. Cela s'explique : la lutte, le mouvement, l'enthousiasme, la tension d'esprit, la volonté s'amplifiant, tout cela porte les forces vitales de l'individu à une haute intensité, annihile les causes morbides qu'il peut avoir, le rend réfractaire à celles qui viennent du dehors.

La longue période révolutionnaire que l'humanité aura à traverser, exaltant chez les individus toutes les passions qui font leur vitalité, les portera à un tel état de superaiguïté que cette période contribuera, déjà, pour une bonne part, à la régénération de l'homme, en l'aidant à éliminer les causes de dégénérescence qui l'entraînent actuellement à la décadence.

La société future, en ramenant l'homme à des conditions normales d'existence, l'affranchira, sinon de toutes les maladies, car il faut compter avec l'imperfection des êtres, le libérera du moins de toutes celles qu'il ne doit qu'à son ignorance et à la rapacité de ses exploiteurs et le remettra dans la voie du progrès.

X. DE L'INDIVIDU DANS LA SOCIÉTÉ

De ce que les anarchistes sont les adversaires de toute autorité, de ce qu'ils veulent la transformation complète de la société actuelle, on en a conclu qu'ils étaient les ennemis de toute société. On les accuse de vouloir le retour à l'état de barbarie.

Les anarchistes savent que l'homme ne peut vivre isolé, ils savent qu'il doit associer ses forces afin d'en tirer le meilleur parti possible ; c'est pour cela qu'ils veulent une société basée sur la solidarité et non sur l'antagonisme. C'est pourquoi aussi, changeant la façon de voir des sociologues passés, de l'économie politique actuelle, ils étudient la constitution d'une société devant se modeler sur les besoins des individus, et non l'adaptation des individus à une société arbitrairement constituée.

Selon la doctrine de l'économie politique bourgeoise, l'individu n'est considéré que comme une infime parcelle de la société qui, elle, serait un être complexe, vivant, et englobant l'humanité tout entière dans son organisme. La société serait un être dont l'individu ne serait que la cellule ; et la cellule selon la théorie des prêtres de l'économie, étant une dépendance de l'être complet, il s'ensuit que l'individu humain doit être l'esclave de la société humaine.

Et c'est en partant de cette théorie que les thuriféraires bourgeois prétendent justifier le maintien du salariat, l'asservissement des prolétaires. Pour eux la société est un organisme naturel qui évolue et qui, pour se développer, a le droit de transformer, triturer, selon ses besoins, les individus qui font son existence. Le criterium qu'ils ont pour prouver que la société évolue et progresse, c'est lorsqu'elle déploie ce luxe énorme au milieu duquel se vautrent les privilégiés, c'est lorsque les capitaux s'accumulent entre les mains d'une minorité, se livrant à une sarabande insensée de milliards pour éblouir les foules.

Mais, que ce luxe d'une minorité, ait sa contrepartie dans la misère hideuse du plus grand nombre, que cette accumulation de capitaux, entre quelques mains seulement, ne se fasse qu'au détriment de ceux qui les font produire par leur travail, de cela ils n'en ont cure. Que des millions d'individus crèvent de faim, pourvu que le chômage ne soit occasionné que par l'encombrement des magasins, pourvu que l'on puisse citer des fortunes comme celles des Rothschild, des Vanderbilt, des Jay Gould ou des Mackay, la société est riche ! tellement riche, qu'encombrée de produits, elle est contrainte de faire la guerre aux « sauvages » pour les forcer à mettre des culottes, alors que l'idéal de ces pauvres diables serait d'aller le cul nu, et les manches pareilles ! Si excessivement riche, que certains individus jonglent avec des millions et ne savent comment dépenser leurs revenus !

Et c'est en vertu de ce raisonnement que l'on prêche aux individus le respect des institutions sociales actuelles, l'abnégation de la masse au profit d'intérêts particuliers, qu'on les amène, croyant protéger leur part de bien-être et leur sécurité, à défendre les privilèges de leurs exploiteurs contre les réclamations de ceux de leurs compagnons de chaîne qui, plus clairvoyants, veulent changer l'ordre de choses actuel.

L'état social, en effet, est, pour l'homme, un instrument pour s'affranchir des obstacles naturels, un moyen d'agrandir le champ de son activité, de développer son autonomie, de fortement augmenter ses forces pour surmonter les obstacles, tout en réduisant à sa plus minime quantité, la somme de temps nécessaire à la production des objets de première utilité, et transformer le travail en un plaisir au lieu d'être une fatigue comme il l'est actuellement.

Au plus haut que l'on remonte dans l'histoire humaine, on trouve les individus associés. Là où il n'y a pas d'histoire, parmi les peuplades les moins développées, il existe déjà des groupements de quelques individus, de quelques familles. Les études préhistoriques qui font remonter notre origine à plusieurs milliers de siècles, nous montrent également des traces de ces associations.

À quelle période de son développement, l'homme a-t-il recherché la société de son semblable ? À quelle époque a-t-il senti le besoin d'unir ses forces à d'autres pour triompher de ses ennemis, ou des obstacles que lui opposait la nature ? Est-ce lors de l'âge de la pierre ? Est-ce plus haut, encore, lorsque son humanité commençait à se dégager de l'animalité ancestrale ? Est-ce encore plus loin, alors que rien ne faisait pressentir, dans sa gangue purement animale, le futur dominateur du monde terrestre dont l'orgueil l'amènerait un jour à renier son origine ? À quelque époque que l'esprit d'association se soit fait jour chez l'embryon humain, cela importe peu à notre thèse. Pour nous, l'individu est antérieur à la société, ce n'est pas lui qui doit se plier à des convenances arbitrairement établies, mais ces convenances se plier à son développement.

Nul doute que les premières associations, humaines ou d'anthropopithèques aient été des associations temporaires sur le pied de la plus parfaite égalité. Poussés peut-être par un besoin mal défini de sociabilité, mais à coup sûr aussi parce qu'ils trouvaient dans cette association, une plus grande sécurité ou une plus grande récompense de leurs efforts, les individus apportaient leur part d'efforts, se partageant le produit obtenu, selon leurs besoins, ou au mieux de leurs besoins selon le résultat obtenu. Et cet essai de passer de l'état naturel, isolé, à l'état d'association, indique que le futur homme avait compris ou senti que ce n'était qu'en unissant ses forces aux forces de ses semblables, qu'il parviendrait à résister à ses ennemis mieux armés que lui pour la « lutte pour l'existence ».

Mais, de ce que, peu à peu, il se soit laissé mettre sous le joug, que, graduellement, il ait subi l'autorité et l'exploitation de ceux qui s'imposaient à lui, ou qu'il reconnaissait comme chefs, cela n'implique nullement progrès, mais, au contraire, sinon régression complète, tout au moins entraves et retards apportés an progrès ; puisque, à dater du jour où il y eut des chefs, une partie des forces dut être employée à maintenir leur autorité, pendant qu'une autre partie la combattait ou était annihilée de par le fait de leur existence. Autant d'efforts perdus qu'il aurait mieux valu tourner contre les influences néfastes du milieu.

Parce que de plus forts et de plus habiles surent faire tourner, à leur profit exclusif, ces premiers rudiments d'association au détriment du bien-être de la plus grande partie des associés, cela ne veut pas dire que cette exploitation en soit plus légitime.

Si ces essais ont, dès le début, pris une fausse route, s'ensuit-il qu'il doit continuer à en être ainsi ? Si nos ancêtres ont été assez naïfs pour accepter le joug que des exploiteurs de l'époque ont su leur imposer, ou trop faibles pour y résister, faut-il que leurs descendants qui, aujourd'hui comprennent leurs droits, ont conscience de leur force, continuent à se laisser écraser ?

La théorie serait trop commode. Même dans les sociétés animales que l'on a voulu nous donner en exemple pour justifier l'emploi de l'autorité, a-t-on jamais vu les individus accepter de travailler pour un chef, lui obéir quels que fussent ses caprices, consentir à se priver et ne pas manger à leur faim alors que lui consommerait et gaspillerait le produit du travail de toute la bande ?

Assurément non. Chez les abeilles et les fourmis dont les sociétés sont les plus comparables aux associations humaines, nous l'avons déjà vu, dans un précédent chapitre, on peut constater des spécialisations de travail, la personnalité des individus a évolué vers un type particulier ; leur intelligence ne les ayant pas amenés à se créer des outils de matières inertes indépendants de leur organisme, ce sont leurs membres qui leur en tiennent lieu, et ces outils se sont développés dans le sens de leur spécialisation, entraînant une conformation particulière de tout l'organisme. Ces variations graduelles s'accumulant de génération en génération, elles sont arrivées à former, au milieu de chaque espèce, des espèces différentes d'individus qui semblent former autant de classes.

Mais cette différenciation d'aptitudes, cette spécialisation de travail ne comporte aucune sujétion, aucune autorité. Chaque individu travaille selon sa nature au bien commun, parce que le bien commun engendre le sien propre ; chacun se partage la besogne selon ses aptitudes, mais aussi les vivres selon ses besoins. Lorsqu'une fourmi est affamée, de ses antennes elle frappe les antennes d'une sœur mieux partagée, et celle-ci lui régurgite une part de la nourriture que contient son estomac, et si un insecte quelconque voulait gaspiller les vivres de la communauté, ses collègues ne tarderaient pas à le ramener à la raison.

Nous ne demandons pas aux bourgeois de pousser la complaisance au même degré que les fourmis ; quand nous parlons de leur faire rendre gorge ce n'est pas en ce sens-là. Mais eux qui vont chercher, jusque chez ces insectes des arguments pour étayer leur ordre social, ils ne devraient pas oublier que ces petites bestioles ne souffrent pas le parasitisme de leurs congénères et savent s'en défendre.

Chez les abeilles, il existe une classe que l'on pourrait comparer à notre jeunesse dorée, une bande de joyeux viveurs dont la seule occupation est de faire l'amour et de perpétuer l'espèce. Comme nos jeunes bourgeois, ces aristocrates vivent du fruit du travail des autres, sans avoir jamais rien produit, mais ils ont cette excuse que, étant donnée la spécialisation des fonctions, ils sont indispensables au repeuplement de la ruche, puisque la classe travailleuse ne compte que des femelles au sexe avorté, que la génération normale ne pourrait s'accomplir sans eux, (besogne que les travailleurs humains n'entendent pas, je crois, résilier au profit de personne). Malgré cette excuse, une fois leur rôle rempli, — fécondation des femelles — les ouvrières s'empressent de les mettre à mort, n'aimant pas à nourrir des bouches devenues inutiles !

Et la reine ? cette fameuse reine ! dont on avait voulu faire l'emblème du pouvoir monarchique, elle aussi, a dû descendre de son trône, et se contenter d'un rôle plus modeste, mais plus utile.

Quand des savants, plus soucieux d'observer la réalité des faits que de chercher en eux la justification des prétentions des maîtres dont il y avait à espérer des pensions et des gratifications, étudièrent sérieusement les mœurs des ruches, ils reconnurent que la pseudo-reine était une mère de famille d'une fécondité « très rare chez les humains » puisque réellement, et non au figuré, elle était la mère de son peuple. Si elle était mieux soignée, mieux nourrie que les autres, semblant ne prendre part à aucun des travaux de la communauté, c'est qu'elle avait une occupation bien plus importante : pondre toujours et sans cesse, afin d'assurer la survivance de la colonie.

Prenons une association moins compliquée, plus rudimentaire, certaines hordes de mammifères, de ruminants par exemple. Un troupeau de femelles et de jeunes sous la conduite d'un vieux mâle, voilà toute la société. Mais là, encore, personne ne travaille à alimenter le soi-disant chef. À part les caresses des femelles dont il se réserve le monopole et que les jeunes ne sont pas en état de lui disputer, voilà le seul privilège de ce soi-disant chef.

En revanche, sur lui repose le soin de veiller à la sûreté de la horde lorsqu'elle broute ou que les jeunes prennent leurs ébats. Être le premier à donner le signal lorsque apparaît l'ennemi, le dernier à fuir, couvrir la retraite de sa troupe, se montrer au plus fort du danger, voilà son devoir.

Lorsque les jeunes auront grandi, ils lui disputeront la possession des femelles. S'il est encore assez fort, il les expulsera du troupeau, heureux si, de son harem il lui en reste une partie de fidèle. Mais encore, ici nous ne voyons pas autorité ni exploitation.

Il n'y a que chez les fourmis où nous trouvions trace de l'exploitation par l'esclavage, mais cet esclavage n'est que relatif puisqu'il est exclusivement supporté par les ouvrières d'une espèce étrangère, prise à l'état de nymphe et qui, ayant vu le jour chez leurs maîtres, peuvent croire faire partie de la même espèce, n'ayant, au fond, à s'acquitter que des seules fonctions dont elles auraient à s'acquitter dans leur propre fourmilière. Et encore dans ce semi-esclavage, le maître n'est-il pas des plus absolus, quoique cet asservissement ne repose en entier que sur la force et le pillage ?

Partout nous trouvons solidarité, obéissance peut- être, mais obéissance réfléchie, discutée parfois, tempérée toujours par la délibération de l'individu et non soumission absolue. Toutes les révoltes qui ont marqué les étapes du prolétariat, toutes les révolutions qui se sont faites contre les pouvoirs constitués, nous prouvent que si l'on a pu étouffer les tentatives d'affranchissement, on n'a jamais pu détruire ce sentiment d'indépendance qui gît au fond du cerveau de chaque individu, sentiment qui peut s'assoupir parfois mais se réveille sous les coups de fouet de la nécessité.

Après chaque révolution, on retombait dans l'ornière de l'oppression et de l'autorité, cela tenait aux préjugés d'éducation. Depuis qu'elle se connaît, l'humanité a toujours été tenue en bride, rien d'étonnant à ce qu'elle ne puisse croire à une liberté non réglementée. Mais aujourd'hui ces préjugés croulent sous les coups de la critique ; ces sentiments d'indépendance trouvent leur formule, l'humanité apprend à ne plus vouloir de maîtres, elle réclame sa libre autonomie.

L'association est donc une nécessité pour l'homme, c'est une des conditions *sine qua non* de son développement intellectuel. Mais, si l'individu est forcé de vivre en société, il ne faut pas, comme nous l'avons vu, se hâter de conclure qu'il doit se sacrifier à l'association. Cette société n'a de raison d'être que par l'avantage que l'individu peut en tirer ; si elle lui était nuisible il aurait le droit de s'y soustraire, et nous arrivons alors à cette vérité que la société, cette entité abstraite créée par les sociologues et les politiciens n'a, virtuellement, aucun droit, aucun pouvoir sur l'individu ; qu'en aucun cas le bien-être ni l'autonomie de celui-ci ne peuvent être sacrifiés — contre sa volonté — aux besoins de celle-là, et que toutes les sous-entités : autorité, propriété, patrie, famille, ne sont que des rouages créés par ceux qui en bénéficient, pour absorber l'individualité humaine et l'exploiter à leur seul profit.

Il est de toute évidence que la société ne peut avoir aucun besoin propre à elle seule, qui lui soit particulier ; qu'elle ne forme pas un organisme indépendant, et que toutes les analogies dont on a voulu exciper sont trop tirées par les cheveux pour avoir quelque valeur. On peut, dans beaucoup de cas, comparer la société à un organisme, l'analogie peut être plus ou moins frappante, mais ce serait une erreur de conclure à une identification absolue.

L'association des individus est faite en vue de tirer un meilleur parti de leurs forces ; cette association peut être permanente ou temporaire, ils peuvent varier leurs modes de rapports, mais tout cela ne crée pas un être vivant. Et lorsque, au nom de ce soi-disant organisme, on vient faire valoir des droits nouveaux, contradictoires à ceux des individus qui en forment la matière, cela signifie seulement que ceux qui se sont arrogé le droit de diriger le char social, éprouvent le besoin de faire passer leurs propres intérêts avant ceux de leurs coassociés.

Si la société était établie sur des bases naturelles, l'intérêt social et l'intérêt individuel ne devraient jamais se heurter. Dans un agrégat de cellules, l'animal qui en résulte n'éprouve aucun besoin nuisible à ses particules, sauf dans les cas pathologiques qui, alors, entraînent la perte d'une partie des cellules et, par la suite, celle de l'animal entier.

Ce dernier cas est celui de la société actuelle qui est si mal équilibrée, que l'intérêt individuel est, non seulement en désaccord avec l'intérêt général, mais où chaque intérêt particulier est également en conflit avec chacun des intérêts voisins. Cas pathologique qui entraîne la perte d'une foule d'individus, mais jette aussi le désordre dans la société, l'entraînant à sa ruine, à la décomposition.

Cette tendance à considérer, jusqu'à présent, l'individu comme simple accessoire de la société, n'a pas peu contribué à égarer tous les fabricants de systèmes sociaux, en leur faisant sacrifier son autonomie à la bonne marche des systèmes arbitrairement inventés par eux.

Les anarchistes, eux, prétendant se baser sur la vraie nature de l'homme, sur les véritables données de l'association, ne voient, dans l'humanité, qu'un vaste champ d'évolution, offrant à tous les tempéraments, à toutes les idées, à toutes les conceptions, la place pour évoluer librement, selon leurs affinités. Pour les anarchistes, la société n'a de raison d'exister et de se développer que si elle apporte une amélioration à l'homme, pris individuellement aussi bien qu'en général ; si elle contribue à sa progression, lui permettant une plus grande extension de ses facultés, sans exiger *aucunes* limitations nuisibles à sa personnalité, autres que celles existant déjà, de par les conditions naturelles d'existence au milieu desquelles il se meut.

Certains socialistes, s'appuyant sur une opinion déjà émise par Haeckel, ont prétendu étayer ainsi leurs idées centralisatrices :

« … Qu'on envisage n'importe quel ordre de faits, par exemple dans des genres bien différents, soit la théorie cosmogonique tirant, au moyen d'une condensation progressive de la matière éparse et sillonnée par des courants à mouvements tourbillonnaires, les mondes sidéraux, dont les masses subissent dans une liaison mutuelle l'action des unes sur les autres, — soit le perfectionnement du système nerveux, et par conséquent de l'intelligence croissant avec la concentration des cellules qui se subdivisent en circonscriptions diverses d'un organe central, — soit le développement linguistique allant de la succession de mots invariables et indépendants à l'union des mots avec les éléments constitutifs de leurs relations actives ou passives, et de la modification des mots eux-mêmes suivant les rapports qu'ils affectent entre eux, — à tous les points de vue, l'évolution s'opère toujours par le passage d'une forme de plus en plus consolidée, d'un état diffus à un état concentré, et à mesure que devient plus grande la concentration des parties, *leur dépendance réciproque augmente*, c'est-à-dire que, de plus en plus, elles ne peuvent étendre leur activité propre sans le secours des autres. » (G. Deville, *l'Anarchisme*.)

Que de bêtises peut faire dire à un homme l'esprit d'autoritarisme ! En se groupant les cellules deviennent dépendantes les unes des autres, et M. Deville en conclut qu'aucune d'elles ne peut remuer sans la permission des autres. Erreur profonde, messieurs les autoritaires, erreur très profonde. En associant leurs efforts, les individus, — comme les cellules — deviennent bien dépendants les uns des autres, en ce sens que le bien — ou le mal — ressenti par le tout, sera ressenti par la particule et que l'effet ressenti par la particule commotionnera plus ou moins le tout.

Mais, si dans l'agrégation de cellules qui donnèrent naissance à des organismes plus compliqués, il s'était produit pour un certain groupe de cellules, — comme cela se produit dans nos sociétés pour les travailleurs, — plus de mal que de bien, l'association ne se serait pas faite. Et vous voudriez que l'homme continuât, malgré son intelligence à souffrir un état de choses que n'auraient pas supporté des infiniment petits, à sensorium des plus rudimentaires !

De ces comparaisons, il ressort que la solidarité la plus profonde doit relier les individus associés, mais nullement qu'ils doivent enchaîner leur autonomie ; car si vos raisonnements étaient reconnus vrais, il en ressortirait que l'état d'association est nuisible à l'homme, en amoindrissant son individualité, l'esprit de liberté n'est-il pas la tendance générale de l'être humain ? Pour conserver son intégrité ce dernier devrait donc rester isolé ? conclusion aussi absurde que le raisonnement qui la provoque.

En se créant un outillage mécanique, qu'avec très peu d'apprentissage, il apprend à manier, l'homme échappe à la nécessité de transformer son organisme — comme font les cellules et les insectes, — sa main, merveilleux outil, déjà, pouvant manier et exercer tous ceux que son cerveau inventif le met à même de combiner, lui permet de s'adapter à toutes les circonstances de la lutte pour l'existence, sans arriver à une spécialisation aussi profonde des individus. Les différences d'aptitudes, de conception, sont à l'infini, mais n'entraînent pas chez l'homme une modification de l'organisme, rendant impossible à un individu l'adaptation à des aptitudes dont, primitivement, il n'avait pas la tendance ; sa situation dans la société n'a donc rien à voir avec la spécialisation de travail des cellules dans l'organisme, des neutres chez les insectes.

Du reste, à ces affirmations prétendues, indûment, scientifiques, c'est la science bourgeoise elle-même qui va répondre par l'organe d'un individu qui, tout en niant l'autorité en science, ne se faisait pas faute de la pratiquer en politique et, parmi les fonctionnaires, n'en fut pas un des moins chamarrés.

« …. La centralisation dont parle M. Haeckel existe-t-elle réellement chez eux ? (les êtres pluricellulaires.) Leurs cellules sont-elles divisées en cellules dominatrices et cellules obéissantes, en maîtres et en sujets ? Tous les faits que nous connaissons répondent *négativement avec la plus grande netteté.*

» Je n'insisterai pas sur l'autonomie réelle dont jouit manifestement chacune des cellules de tout organisme pluricellulaire ; ni M. Haeckel ni personne n'a en effet, nié cette autonomie, mais il est important de bien mettre en relief la nature des limites dans lesquelles elle s'exerce. Nous verrons ainsi qu'elle est beaucoup plus considérable qu'on ne l'admet généralement et que s'il est vrai que toutes les cellules dépendent les unes des autres, il est vrai aussi *qu'aucune ne commande aux autres*, et que les organismes pluricellulaires, *même les plus élevés*, ne sont, en aucune façon, comparables à une monarchie *ni à tout autre gouvernement autoritaire et centralisé.* » (J.-J. Lanessan, *le Transformisme*, p. 183.)

Et plus loin :

«... Autonomie et solidarité, ces deux mots résument les conditions d'existence des cellules de tout organisme pluricellulaire ; autonomie et solidarité, telle serait la base d'une société qui aurait été construite sur le modèle des êtres vivants ». (Le même, p. 196.)

À tous les points de vue, nous dit-on, l'évolution s'opère toujours par le passage d'une forme incohérente à une forme mieux coordonnée. Mais, nous anarchistes, n'avons jamais dit autre chose ; nous avons toujours reconnu que, en laissant à l'autonomie individuelle la faculté de se manifester, il pourrait se produire dès le début de ses premières manifestations, des incorrections manquant absolument de logique apparente, mais, étant donnés les maux dont nous souffrons de l'autoritarisme actuel, il est préférable de passer par cet état diffus, de subir quelques inconvénients dont ceux qui en seront les auteurs souffriront tous les premiers et plus que les autres, que d'avoir recours encore une fois à l'autorité qui n'en est plus à faire ses preuves en fait de gâchis.

Laissons les individus libres de se rechercher, laissons les idées se faire jour, et nous verrons en très peu de temps, tous les tâtonnements, toutes les hésitations, toutes les erreurs se corriger par leurs propres inconvénients, et faire place à l'entente et au fonctionnement harmonique de toutes nos facultés.

Non, la Société n'est pas un organisme existant par lui-même, non, son existence n'est pas indépendante de celle des individus qui la composent ; elle n'est rien par elle-même. Détruisez les individus, il n'y aura plus de société. Que l'association se dissolve, que les individus s'isolent, ils vivront mal, ils retourneront à l'état sauvage, leurs facultés régresseront au lieu de progresser, mais, au bout du compte, ils continueront d'exister.

Nous venons de voir que dans les êtres organisés, même de l'ordre le plus élevé, les cellules tout en étant fortement solidaires, restaient autonomes : la comparaison des autoritaires est donc mauvaise. Nous allons voir qu'elle est plus que mauvaise, elle est absurde.

Pour former l'énorme cohésion de cellules qui constituent un mammifère, par exemple, pour arriver à cette division de travail où chaque cellule prend sa place dans la colonie, fournit sa part de besogne toujours la même, il a fallu que chaque cellule au début de l'agrégation fût inconsciente de son individualité et n'eût pas de préférence marquée vers telle besogne plutôt que telle autre. Pour que, parmi les cellules, les unes se cantonnassent à fournir les muscles, d'autres la peau, le poil, l'ossature, pour que certaines s'employassent à sécréter — les unes le sang, la lymphe, la bile, — d'autres la pensée, sans jamais sortir de cette spécialisation, jusqu'à devenir incapables de toute autre adaptation, au point de s'atrophier et mourir quand les conditions où elles se meuvent habituellement sont détruites, cela dénote une plasticité primitive que n'a plus l'homme qui, déjà par lui-même est un être complexe ei complet. Et auquel, du reste, l'état de conscience où il est arrivé lui empêcherait de se plier.

On peut suivre la progression de l'adaptation des cellules en étudiant les premières formes animales. Si on prend une amibe, une monère qui sont, parmi les protistes, les êtres les plus rudimentaires, on voit cette espèce de gelée vivante se déplacer, manger, proliférer sans avoir aucun organe spécial. L'individu accomplit toutes ces besognes avec n'importe quelle partie de son être : s'il veut marcher, il projette, de la périphérie de son corps, des prolongements qui lui servent de pieds ; s'il veut manger, il happe la nourriture par n'importe quelle partie de sa matière, il l'enveloppe et la dissout, dans sa masse. Veut-il se multiplier ? un étranglement se fait au milieu de son corps, cet étranglement s'amincit de plus en plus, formant deux individus distincts ; quand la segmentation est à maturité, les deux individus se scindent et forment deux êtres séparés, en tous points semblables à celui qui leur a donné naissance.

C'est la phase de l'amibe, chez la monère, — monère orangée de Haeckel — la prolifération est plus compliquée et passe par plusieurs phases. Remontons l'échelle, quelques degrés seulement, et nous rencontrons l'Ascidie. Ici l'individu n'est plus composé d'une seule cellule, c'en est une colonie où, déjà, les fonctions commencent à se spécialiser. Il y a un épiderme, un commencement de muqueuse, une ouverture pour happer la nourriture, et… une opposée pour la sortie. Mais la spécialisation est si peu ancrée, elle est d'une acquisition si récente que l'on peut prendre l'animal, le retourner comme un gant, et il continuera de vivre, — l'épiderme prenant la place des parois digestives, — comme si rien d'anormal ne s'était produit dans son existence !

Que l'on prenne certaines hydres d'eau douce, que l'on en retourne une et qu'on l'introduise dans l'intérieur d'une un peu plus grande, les deux muqueuses se souderont, les deux animaux n'en feront plus qu'un, qui continuera de vivre sans se trouver gêné de cette augmentation de son individu, sans paraître se douter, qu'avec plus de droit que les anciens autocrates, il pourrait parler au pluriel.

Veut-on faire l'expérience contraire : prendre un individu de cette espèce et le découper en plusieurs morceaux ? — autant de morceaux que l'on aura faits, autant d'individus que l'on aura créés, qui vivront et ne tarderont pas à se compléter, en sécrétant les parties de leur individu qui leur manquent.

Ce n'est donc qu'à la suite de l'évolution et de la progression de l'organisme, qu'elles constituaient, que les cellules primordiales en sont venues, peu à peu, à se spécialiser dans leur tâche, et à perdre leur facilité de transformation. Mais, en devenant solidaire de la colonie, nous l'avons vu, la cellule n'est pas devenue sujette. Sa solidarité est devenue si étroite avec ses coassociées que si elle refusait d'accomplir son travail, la colonie périrait, ou tout au moins en souffrirait,[1] mais elle serait la première atteinte par le malaise, elle subit la contrainte des seules lois naturelles de son mode d'existence, et non une punition arbitrairement infligée par une certaine

---

1 À moins, pourtant que la colonie ne l'élimine et ne procède à son remplacement.

classe de ses coassociées.

Or, dans nos sociétés, nous voyons bien des lois punir les contraventions à l'ordre établi, mais cette sanction est si peu naturelle et si instable que ceux chargés de l'appliquer ne s'entendent pas entre eux. Quand vous nous aurez établi une société où chaque infraction à ses lois entraînera elle-même son châtiment, sans l'intervention arbitraire de ceux qui se sont faits les dispensateurs de la récompense et du châtiment, vous aurez le droit de la proclamer naturelle et de la comparer à un organisme. Actuellement elle n'est que désordre et confusion.

Nous l'avons déjà vu, l'idéal de l'économie politique serait de spécialiser les individus et de les parquer dans une case de leur échiquier social, sans qu'ils puissent en sortir. Tous les jours, on voit l'ouvrier devenir de moins en moins capable d'un travail entier, se confiner en une spécialité dont il ne sortira plus. Tel fera, toute sa vie, des têtes d'épingles, sans savoir comment s'aiguise la pointe. Tel autre estampera, durant son existence à l'aide d'une machine, la même pièce de métal, ignorant quelle place elle doit occuper dans le mécanisme entier. Voilà où nous mène la bourgeoisie, dans l'espérance de nous rendre encore plus dépendants de la besogne qu'elle nous aura assignée.

Les économistes bourgeois crient que les miséreux font trop d'enfants. Ils voudraient arriver à leur enlever cette dernière joie. Avec leur système de pousser la femme et l'enfant à l'atelier, ils voudraient arriver à éliminer, peu à peu, l'homme-ouvrier. On en conserverait quelques spécimens pour les emplois où il ne pourrait être remplacé par la femme ou l'enfant ; on le spécialiserait dans ces emplois, absolument comme les neutres des abeilles et les fourmis, les guerriers des termites.

Les bourgeois, eux, en dehors de leur famille « légitime, » qui devrait hériter de leur fortune et continuer leur « civilisation, » auraient un harem de femelles ouvrières qui leur procréeraient un tas de bâtards qui seraient le bétail d'atelier, de bureaux et d'armée, tout comme les mères seraient le bétail à plaisir et à production.

Cet idéal n'a rien qui nous séduise. Nous comprenons que les bourgeois nous prêchent le sacrifice de l'individualité à l'évolution de leur système social, mais l'individualité ne veut plus se sacrifier, elle ne veut pas atrophier ses facultés dans l'exercice d'une seule ; elle veut donner libre essor à toutes, en acquérir, au besoin, de nouvelles. Loin de se laisser amoindrir, elle veut se développer, s'amplifier, acquérir la plus grande somme de connaissances dont l'être humain puisse s'imprégner. Oui, la société doit évoluer, non en organisme indépendant qui se développe en dirigeant l'évolution des cellules qui le composent, mais en simple conséquence de l'évolution de l'être humain.

Donc, la société n'a de raison d'être qu'à condition que ceux qui en font partie y trouveront un plus grand développement de bien-être et d'autonomie. Elle n'a qu'un objectif : produire une plus grande somme de jouissances avec une dépense moindre d'efforts. De plus, comme les besoins sont variés, les tempéraments différenciés de mille manières, il s'ensuit que cet état d'association peut revêtir des formes multiples : innombrables pourront être les groupes qui se formeront certainement du jour où la libre spontanéité des individus pourra se donner carrière. D'où il résulte que c'est une erreur de vouloir faire converger les efforts de tous vers une amélioration sociale prise en dehors du bonheur individuel, c'est vouloir aller à contre-sens.

Que l'on élargisse le champ d'évolution de l'individualité, et l'on obtiendra une bonne évolution sociale. Si l'on veut que le fonctionnement de cette association de forces, que nous reconnaissons indispensable, ne soit pas entravé, il faut que l'individu, dans cette union d'efforts, ne soit lésé dans aucune de ses aspirations, entravé dans aucun de ses mouvements. L'état social n'ayant, pour lui, de raison d'être qu'autant qu'il y trouvera avantage, l'harmonie sociale ne pourra exister que lorsque chacun pourra librement évoluer.

Si un seul individu s'y trouvait lésé, pour lui l'association serait un mal, n'aurait pas de raison d'être et il aurait, par conséquent, le droit de s'en retirer, de se mettre en révolte contre les lois qu'elle voudrait lui imposer.

XI. L'ÉGALITÉ SOCIALE — LES INÉGALITÉS NATURELLES

La société actuelle étant basée sur l'antagonisme des intérêts, sa règle morale étant le Code qui n'est sévère que pour ceux qui le violent ouvertement ou sont assez naïfs pour se faire prendre, il s'ensuit que les mieux adaptés de la société actuelle sont ceux qui savent passer au travers de ses mailles : des intrigants, des roublards, des escrocs, des cafards, des hypocrites, des sans pitié et des égoïstes, voilà les produits que la sélection sociale nous ménage.

La fortune n'est pas pour celui qui sera le plus robuste, qui saura le mieux s'adapter aux *conditions naturelles* d'existence, mais à celui qui ayant su trouver la brèche d'un article de loi, saura le mieux voler ses concurrents, à l'abri de ce texte, sera le plus sans pitié dans ses rapports avec ses semblables. Pour être mieux adapté, il ne s'agit pas tant de savoir produire soi-même, mais de savoir faire produire les autres, et s'accaparer le produit de leur travail.

La bonté, l'esprit de solidarité, sont des qualités que chacun exalte, dont on aime assez à laisser croire qu'on les possède, mais que l'on néglige assez dans la pratique. — Nous parlons ici de ceux qui suivent la morale bourgeoise — et que l'on qualifie de bêtises lorsque l'individu qui les met en pratique s'en trouve la victime.

La morale publique les estime, mais la victoire n'est qu'à celui qui saura restreindre sa bonté, rogner sa solidarité.

« Il est si bon qu'il en est bête ! » — « Chacun pour soi, le bon dieu pour tous ! » — « Charité bien ordonnée commence par soi-même. » Voilà les préceptes qu'enseigne la sagesse des nations et que renferment les cours de morale qui passent pour le mieux résumer l'esprit pratique des connaissances bourgeoises. Règles servant, aux esprits « positifs et pratiques, » à masquer un caractère sec, étroit et platement égoïste.

Égoïste, non pas dans le sens de la conservation individuelle, avec l'intelligence de sa situation au milieu de la vie et de ses rapports avec les autres êtres, mais cet égoisme rapace, féroce qui pousse l'individu à ne penser qu'à lui dans le monde, à ne voir que des concurrents dans ses égaux. Voilà ce que nous donne la sélection de la société actuelle. C'est cet égoïsme qui a amené l'homme à se faire le centre de l'univers, et qui pousse certains individus, sinon à se croire, eux, les centres de l'humanité tout au moins, à la pédanterie de se croire meilleurs et plus intelligents que les autres.

Que de bêtises n'a-t-elle pas fait dire aux savants officiels cette égalité réclamée par les socialistes ! Que de stupidités les savants bourgeois n'ont-ils pas entassées pour démontrer l'impossibilité d'une société égalitaire ! Et, illogisme extrême, c'est en démontrant que tous les individus n'atteignent pas un égal degré d'évolution, qu'ils demandent une règle commune pour tous ! arrange cela qui voudra, nos savants n'en ont cure. Que leurs arguments se tiennent et soient irréductibles, peu leur chaut. Aussi, ne leur demandent-ils qu'un appui momentané, et pour des points spéciaux.

« C'est la nature, elle-même », disent-ils, «qui produit les inégalités, vous aurez beau mettre des moyens de développement à la disposition de chacun, le résultat ne sera pas le même pour tous, et vous aurez des individus qui sauront s'approprier certaines connaissances, mieux que d'autres. »

Nous avons vu, dans un chapitre précédent, d'après un extrait de Büchner, que l'organisation sociale loin d'atténuer ces inégalités, contribuait à les élargir, mais nous ferons observer ensuite que, pour leur part, les anarchistes en demandant l'égalité de condition pour tous, n'ont jamais eu l'intention d'empêcher les plus intelligents de se développer selon le degré que pouvait leur fournir leur propre nature, ni espéré introduire, de force, dans la cervelle des moins bien doués, les parcelles de savoir mises à leur disposition.

En demandant, pour tous, la facilité d'apprendre, l'égalité dans les rapports, nous demandons que personne ne soit favorisé dans ses moyens d'évolution au détriment des autres, mais personne que je sache n'a eu la naïveté d'espérer que l'on décréterait une mesure d'intelligence que personne ne pourrait dépasser, mais au-dessous de laquelle personne ne pourrait rester ; un étalon de taille au-dessous duquel l'on rognerait ceux qui le dépasseraient, et qui ferait tirer à quatre chevaux, pour les allonger, ceux qui ne l'atteindraient pas, une couleur uniforme de cheveux que tous devraient adopter s'ils ne voulaient être passibles des peines les plus sévères.

Il faut être absolument crétin pour s'imaginer que les anarchistes aient voulu faire décréter cela. Et ceux qui nous prêtent des billevesées semblables argumentant là-dessus, prétendent faire partie de l'élite intellectuelle !

Chacun naît avec son tempérament, ses aptitudes, ses qualités morales et physiques, transformables peut-être, mais en tout cas différentes, chacun porte en soi sa future évolution impulsée par les contingences qui l'ont élaboré et poussé à la vie, cette évolution pourra être facilitée, entravée et même déviée par les circonstances et les milieux futurs, mais n'empêche que chacun naît avec des aptitudes particulières qui domineront toujours dans son évolution, et c'est l'égalisation de ces aptitudes que l'on nous accuse de vouloir décréter !

Nous voulons que chacun ait la possibilité d'évoluer et de développer ses facultés en toute liberté ! Nous ne voulons pas que tous mangent à la même gamelle, du même brouet, mais nous voulons que tous aient à manger, à leur faim, ce que leurs goûts leur permettront d'acquérir en aiguisant leurs facultés dans le sens de leurs désirs ; nous voulons que tous puissent être heureux, non pas en décrétant une mesure commune de bonheur, un étiage de félicité auquel chacun serait astreint de prendre sa part sous peine d'emprisonnement, mais en laissant à chaque individu le soin et la liberté de se créer sa part de bonheur, selon sa propre compréhension, selon son degré de développement.

Que ceux qui trouveront leur bonheur à s'empiffrer de victuailles, ou à déguster de fins morceaux, à se saouler d'alcool, ou à déguster des vins fins, soient laissés libres de cultiver leurs aptitudes. Nous ne demandons pas que la société soit tenue de leur fournir, tout préparé, le but de leurs jouissances, mais que leurs facultés aient libre champ pour conquérir ce qui doit faire leur bonheur.

Mais aussi, que celui qui aura le goût des choses artistiques ou intellectuelles, que celui qui sera avide de savoir, curieux de se retremper dans les jouissances du beau, que celui-là, aussi, ait la possibilité d'atteindre son idéal, et ne soit plus entravé dans son épanouissement par une question de vil intérêt, par les difficultés économiques que produit la société actuelle ; qu'il n'ait pas les ailes brisées parce que cette jouissance est le monopole de quelques individus et que, pour l'atteindre, la société demande, non des efforts, mais de l'argent.

Égalité de moyens, ou plutôt même facilités accordées à tous, et non égalité de but, voilà ce que nous entendons par « égalité sociale », voilà ce que savent très bien ceux qui font semblant de s'esclaffer à l'énoncé de nos revendications, mais qu'ils préfèrent tourner en ridicule, étant incapables de les réfuter.

Aux travailleurs qui réclament leur part de savoir, il faut les entendre ces pseudo-savants, répondre, se drapant dans leur prétendue science : « Mais, pauvres que vous êtes, vous ne savez pas ce que vous dites. Ha ! ha ! elle est bonne celle-là, des ignorants qui veulent apprendre, se croyant égaux aux génies sublimes qui font la gloire de l'humanité ! Vous ne savez donc pas que la science ne peut être connue que d'une petite, toute petite minorité, qui en fait son occupation spéciale, et que, vous autres, vous devez vous résoudre à rester dans votre sphère, vous contentant de produire des jouissances pour cette petite élite, qui, seule ; seule, vous entendez bien ? représente l'humanité !

» Allez, allez ! pauvres ignorants, allez lire les livres que nous faisons à votre usage, là, vous y apprendrez qu'il n'y a, qu'il ne peut y avoir d'égalité ! Les individus naissent avec des « qualités » différentes : les uns sont imbéciles, d'autres médiocres, d'autres intelligents, d'autres plus intelligents encore, et, rarement, de siècle en siècle, un homme de génie. Or, vous ne ferez jamais que ces individus soient égaux ! Votre système aboutit à l'oppression de l'intelligence par la médiocrité, son application serait le recul de l'humanité. Le triomphe de vos théories daterait l'ère de la décadence de l'esprit humain.

» Si vous aviez appris la science, comme nous, vous sauriez que les savants — comme nous, — sont faits pour gouverner les imbéciles — comme vous. — Ne nous voyez-vous pas être forcés de faire notre lit nous-mêmes, ou décrotter nos souliers ! Voilà de bien nobles occupations pour ceux qui contemplent les astres, ou cherchent le secret de la vie dans l'étude du corps humain ! Nous ne pouvons faire de la science qu'à la condition d'avoir des esclaves qui produisent pour nous, sachez-le, une bonne fois pour toutes, et ne venez pas nous rompre la tête avec vos billevesées d'égalité ! »

Et les imbéciles — qui ne sont pas les derniers à se croire des êtres supérieurs — d'opiner du bonnet, de proclamer bien haut que l'inégalité est une loi naturelle parmi les hommes, que c'est une folie de croire qu'un savetier puisse valoir, intellectuellement, un monsieur qui pond des bouquins que personne ne lit. C'est ce que nous allons étudier.

D'abord qu'est-ce que l'intelligence ? c'est ce que n'ont jamais cherché à expliquer ceux qui se proclament « l'élite intellectuelle ». Pour eux, l'intelligence, c'est d'être en place, d'avoir des situations officielles qui vous mettent au-dessus des voisins, une situation de fortune qui vous permet de trouver tout ce dont vous avez besoin, sans avoir à coopérer à la production, d'avoir le toupet de parler de choses que l'on ne comprend toujours pas. Être toujours du côté du manche, voilà leur intelligence.

L'intelligence, pourtant, est autre chose, et voici ce qu'en dit M., Manouvrier, un savant qui, lui, ne se laisse pas leurrer par des mots, n'est pas hanté par le pédantisme de ces soi-disant intelligences, et est un de ceux qui savent le mieux analyser les opérations intellectuelles :

« L'intelligence considérée en elle-même *in abstracto*, est une correspondance entre des relations internes et des relations externes. Cette correspondance ou cet ajustement, cette adaptation, dans son évolution zoologique, croît en espace, temps, variété, généralité, complexité. Telle est la définition donnée et admirablement développée par H. Spencer. Une évolution semblable se produit dans chaque individu suivant le degré d'évolution psychique atteint par son espèce et par sa race, suivant les conditions particulières de sa propre conformation et de ses rapports avec son milieu. » (Cours de 93.)

L'intelligence : une adaptation de relations internes à des externes, voilà qui est explicite. Plus on est adapté au milieu dans lequel on vit, plus on est intelligent. Mais si l'on veut que les individus puissent s'adapter à leur milieu, faut-il encore leur laisser la liberté de se développer, et ne pas leur apporter d'entraves comme le fait la société actuelle, à l'égard de la majorité. Et nous venons de voir que l'adaptation que favorise la société actuelle est loin d'être celle réclamée par la véritable justice.

Une véritable adaptation aux conditions naturelles d'existence, serait d'être à même de savoir se suffire par sa propre industrie. Si, du jour au lendemain, le pouvoir arbitraire de la monnaie était aboli et que chacun eût à se rendre utile dans l'association pour en obtenir sa subsistance, nombre de bourgeois courraient le risque de disparaître « punis, en cela, par la nature qui viendrait leur apprendre qu'il n'y a pas, pour eux, de place au banquet de la nature », et parmi eux, tous les premiers, nombre de ces soi-disant intelligences d'élite.

Et avec eux, nombre de savants que nous ne confondrons certes pas avec les premiers, car ils ont, par eux-mêmes, quelque valeur, mais victimes en cela, d'une fausse sélection qui, en mettant à leur disposition toutes les facilités de vivre, en a fait des monstres de l'ordre intellectuel qui savent ce qui se passe dans la lune ou quels sont les métaux que l'on retrouve dans le spectre de Sirius, mais ignorent que, sur la terre, il y a des hommes qui peinent, souffrent et crèvent de faim par suite du parasitisme des autres.

Mais la définition de l'intelligence faite par M. Manouvrier, ne s'arrête pas à l'extrait que nous venons d'en donner, écoutons-le encore :

« Les relations externes sont en nombre infini ; c'est l'univers tout entier. Une correspondance complète et parfaite avec toutes ces relations constituerait une suprême puissance. Mais cette correspondance parfaite n'existe et n'est possible chez aucun être. La réunion de toutes les correspondances réalisées chez tous les hommes, chez tous les êtres vivants, formerait pourtant une somme immense qui, si elle pouvait être réunie chez un seul individu, donnerait à celui-ci un pouvoir énorme. Mais chaque homme n'est mis en rapport qu'avec une certaine quantité plus ou moins considérable de relations externes, et sa conformation ne comporte que l'établissement en lui d'un certain nombre de relations internes correspondantes. Celles de ces relations internes qui sont établies constituent son intelligence effective. Sortez-le de là, en effet, il ne comprendra rien, ne dira rien de sensé, ne fera rien adroitement : il vous apparaîtra comme un imbécile. C'est ainsi que l'on applique souvent l'épithète *inintelligent* à un acte, à un jugement, à une façon de comprendre qui ne sont pas conformes aux relations externes réellement existantes.

» Mais si vous fréquentez un peu ce même individu qui vous a paru inintelligent, il pourra vous arriver de voir qu'il existe chez lui une quantité de relations correspondantes à des relations externes différentes de celles auxquelles vous l'avez d'abord soumis. Vous vous apercevrez alors que c'est un homme intelligent, mais dans une autre sphère que la vôtre. Il vous sera permis de supposer que votre sphère intellectuelle est plus élevée, plus importante que la sienne, que vos relations internes correspondent à des relations externes plus nombreuses, plus générales, plus complexes, plus étendues. Et il pourra arriver que cette supposition, que l'on manque rarement de faire en pareil cas, soit conforme à la réalité. »

(Cours à l'École d'Anthropologie de 93.)

Ce qui fait beugler les défenseurs de l'ordre social actuel, lorsque nous réclamons l'égalité pour tous, c'est de comprendre qu'ils ne pourront user de leurs capitaux pour se débarrasser sur les autres du soin des travaux qu'ils jugent inférieurs.

« L'homme intelligent », disent-ils, « étant, naturellement, au-dessus de celui qui ne l'est pas, il faut que les « intelligences supérieures » soient à même de trouver une plus grande somme de jouissances, puisque, par leurs travaux, elles sont plus utiles à là société. La brute, de par son infériorité même, est condamnée à servir de tous temps. Vouloir la comparer aux hommes de génie c'est vouloir opprimer l'intelligence ! C'est le règne des médiocrités que vous voulez ! »

Comme médiocrités, nous croyons qu'il serait bien difficile, en cela, d'égaler le suffrage universel, pour les porter au pinacle, inutile donc d'y insister.

Rien qu'en nous plaçant au point de vue strictement philosophique, nous pourrions hardiment répondre à ceux qui disent que la société doit beaucoup aux hommes supérieurs, que leur proposition est une erreur : l'homme instruit, intelligent, en s'accaparant une plus grande portion de matière cérébrale, en profitant des moyens d'études que la société a mis à sa disposition, et cela au détriment de ceux qui étaient condamnés à produire pendant que lui, s'assimilait les connaissances et découvertes, fruit du travail des générations passées et présentes, c'est l'homme intelligent qui est redevable à la société, loin d'avoir un surcroît de Jouissances à réclamer, c'est elle qui a le droit de lui dire : « rends-moi donc en proportion de ce que je t'ai donné ! »

Et par société, nous entendons tous ceux qui ont produit pendant qu'il étudiait, tous ceux qui ont coopéré à produire les livres qu'il a lus, les instruments dont il a eu besoin pour ses expériences, les produits qu'il a utilisés dans ses recherches. Qu'aurait-il fait, avec toute l'intelligence dont il aurait pu être virtuellement doué, s'il n'avait pas trouvé tout cela sous sa main ?

Mais de quel droit un homme, parce qu'il serait plus intelligent qu'un autre, viendrait-il lui dicter des lois ? — Du droit de son intelligence ? — Mais si la brute est plus forte et use de sa force pour contraindre l'homme intelligent à le servir, direz-vous que cela est juste ? Pourquoi non ? — La force est aussi un produit de la sélection naturelle, au même titre que l'intelligence. S'il y en qui se vantent de l'activité de leur cerveau, il y en a qui exaltent la force de leurs biceps, et nous avons eu, dans nos sociétés assez d'exemples de force brutale dominant l'intelligence et réclamant la priorité, pour prouver que notre supposition est possible.

Mais il y a mieux, nous venons de voir avec M. Manouvrier que l'intelligence est toute relative, que tout homme peut être supérieur dans une branche de connaissances et être désorienté dans un autre ordre d'idées. Il n'y a pas d'êtres parfaits, ni omniscients, chacun a sa part des défauts inhérents à la nature humaine, et tel qui raisonnera supérieurement dans les sciences les plus abstraites pourra faire bien petite figure dans les circonstances les plus ordinaires de la vie, quand ce n'est pis ! Certains savants, eux-mêmes, ne font aucune difficulté pour en convenir :

« Chez certains savants, le développement intellectuel a éteint toute vie affective. Pour eux, il n'y a plus ni ami, ni famille, ni patrie, ni humanité, ni *dignité morale*, ni *sentiment du juste*. Indifférents à tout ce qui se passe en dehors du domaine intellectuel où ils se débattent, où ils jouissent, les plus grandes iniquités sociales ne troublent pas leur quiétude. Que leur importe la tyrannie, pourvu qu'elle respecte les bocaux, les cornues de leur laboratoire ! Aussi les voit-on choyés, caressés par les plus avisés des despotes. Ce sont des êtres de luxe dont l'existence et la présence honorent le maître, *servent de passe-port à ses mauvaises actions et ne sauraient d'ailleurs le gêner en rien.* » (Letourneau, *Physiologie des Passions*, p. 108.)

Laissons donc les savants à leurs bocaux et cornues, inclinons-nous — tout en réservant notre droit de critique — devant leurs décisions quand ils nous parlent de choses qu'ils connaissent, qu'ils ont étudiées, mais ne leur demandons pas davantage, ne leur demandons pas de nous faire notre bonheur, quand eux-mêmes, parfois, sont incapables de faire le leur ou celui de ceux qui les entourent.

En demandant la liberté et la possibilité pour tous, indistinctement, d'évoluer selon leurs tendances, loin de vouloir asservir l'intelligence comme on feint de le craindre, loin de vouloir l'étouffer sous la haine des médiocrités, nous voulons, au contraire, la débarrasser de ses entraves économiques, la dégager des considérations mesquines de lucre ou d'ambition, lui faciliter son développement, lui faire prendre son libre essor.

De même que les individus auront à se grouper pour produire les choses nécessaires à leur existence matérielle, de même, ils auront à se grouper pour se faciliter les études de ce qui les intéressera, pour produire ou se procurer les objets dont ils auront besoin pour leurs études.

Aujourd'hui c'est le capital qui facilite aux uns la possibilité d'étudier. Dans la société future, il ne suffira que de vouloir… et de travailler. Pour apprendre aux individus, on ne leur dira pas, avez-vous de quoi vivre pendant le temps nécessaire aux études ? Avez-vous telle somme à verser avant de commencer ?

Ceux qui voudront apprendre se rechercheront, se grouperont selon leurs affinités, ils organiseront leurs cours, leurs laboratoires comme ils l'entendront, ceux qui sauront le mieux grouper leur enseignement, auront le plus de chance de s'étendre. Ils n'auront pas, comme aujourd'hui, un monde de travailleurs et de manœuvres, attendant leurs ordres, prêts à satisfaire le moindre de leurs caprices, non pour les choses qu'ils ne sauraient produire eux-mêmes, ils auront à s'entendre avec ceux capables de le leur fournir, ils tâcheront d'organiser un échange de services où chacun puisse trouver son compte, et cela se peut toujours lorsqu'on veut, tandis que, dans la société actuelle, on peut être doué des meilleures dispositions, avoir la plus forte volonté d'utiliser ses facultés, la société ne veut pas toujours de vos services, et ceux qui ont le capital, n'ont pas, eux, toujours la volonté d'apprendre. Certes, dans la société future, tout ce que l'on désirera ne viendra pas tout seul, comme avec le capital, à la première réquisition. Il ne suffira pas de dire : je veux ceci, pour que vous l'ayez à vos pieds ; les individus auront à s'ingénier, à travailler, pour réaliser leurs conceptions : mais ils seront sûrs, au moins, que la société ne leur apportera aucune entrave : vouloir et agir, seront les deux nouveaux leviers qui devront remplacer le capital dans la réalisation des desiderata individuels.

« L'homme intelligent apportant davantage à la société, a droit à de plus grandes jouissances », nous dit-on. Quelle absurdité, à tous les points de vue. Nous venons de voir qu'il doit, tout au moins, autant à la société qu'il peut lui apporter, mais a-t-il un plus grand ventre que l'homme « pas intelligent » ? a-t-il davantage de bouches, une plus grande puissance digestive, tient-il plus de place lorsqu'il se couche, sa puissance de consommation est-elle décuplée, selon ses connaissances acquises ?

Ordinairement, c'est tout le contraire, c'est celui auquel sont fermées les jouissances intellectuelles qui se rattrape sur les jouissances matérielles. Si donc, la société fournit à tous, la facilité d'acquérir, chacun dans leur genre, et selon leur activité, la jouissance de ce qu'ils pourront préférer, que faut-il de plus ? N'est-ce pas là, la véritable rétribution équitable de « à chacun selon ses œuvres ». Justice distributive qu'aucun sociologue n'a pu trouver pour justifier un système de répartition quelconque.

« L'homme intelligent a besoin de jouissances esthétiques plus raffinées que la brute », ajoute-t-on. — Mais la nature même de ces jouissances fera qu'il aura d'autant plus de facilités à se les procurer, qu'elles ne lui seront pas disputées par ceux auxquels elles ne diront rien. C'est dans l'exercice même de son intelligence que l'homme vraiment intelligent trouvera sa récompense ; c'est dans la poursuite de ses travaux que le savant trouvera la jouissance que l'on veut lui réserver ; c'est dans l'étude et les recherches que les studieux trouveront l'émulation que ne saurait leur donner un capital dont ils ne sauront que faire.

Sont-ce vraiment des savants, ceux qui ont besoin d'habits brodés dans le dos et de morceaux de ferblanterie sur le ventre pour prix de « leurs travaux » ?

Nous venons de le voir, si la société doit à l'homme intelligent, l'homme intelligent doit à la société. S'il a un cerveau qui peut s'adapter beaucoup de choses, il le doit aux générations qui ont accumulé et développé les aptitudes qui l'animent. S'il peut mettre ces aptitudes en jeu, c'est grâce à la société qui, en conservant et en accumulant l'outillage qui permet de réduire le temps nécessaire à la lutte pour l'existence, facilite à l'individu la possibilité d'appliquer le temps gagné à l'acquisition de connaissances nouvelles. Produit de l'effort social et des générations passées, s'il peut être utile à la communauté, il a besoin d'elle pour évoluer.

Supposons un nouveau Pygmalion qui trouverait le moyen d'animer le bloc de marbre auquel il aurait donné forme humaine : en lui donnant la vie, l'artiste n'arriverait qu'à produire une belle brute, incapable de s'adapter aux conditions de notre existence, il ne pourrait, arrivât-il à lui faire un cerveau, lui mettre cet héritage de connaissances et d'instincts que nous tenons de la longue série de nos ancêtres.

Si nous pouvons nous assimiler une partie des connaissances de notre temps, c'est que nous avons, derrière nous, un nombre incalculable de générations qui ont lutté et appris, et nous ont légué leurs acquisitions. Le cerveau le plus puissant, s'il n'était lui-même le produit d'une évolution, serait incapable de s'assimiler la moindre partie de ces connaissances, n'arriverait même pas à comprendre pourquoi deux et deux font quatre, cela n'aurait aucun sens pour lui. Tout cela prouve que, dans les rapports de l'individu et de la société, il se dégage une loi de réciprocité et de solidarité, mais où n'ont rien à voir les questions de « doit » et « avoir. »

Et puis il serait bon d'en finir avec cette intelligence et ce génie tant prônés par certains docteurs qui ne leur attribuent tant de privilèges que parce qu'ils se classent eux-mêmes dans cette élite qu'ils flagornent.

Parce que ces messieurs ont pu faire quelques voyages, dits scientifiques, aux frais des contribuables, parce qu'ils ont pondu d'énormes bouquins traitant de questions si arides et cela dans un pathos qui n'aide pas à la compréhension, ou bien encore parce que, du haut d'une chaire officielle, et aux frais des contribuables, toujours, ils sont chargés de légitimer l'exploitation des faibles par les puissants, ces messieurs se proclament « hommes supérieurs », se croient l'élite de l'humanité !

Or, un homme peut traiter de questions abstraites, les comprendre et se faire comprendre, et n'apporter, dans la solution de ces questions, que les mêmes aptitudes qu'un autre individu aura apportées dans un autre ordre d'idées qui passent pour moins relevées.

Le chimiste qui, dans son laboratoire, analyse les corps, les sépare les uns des autres, peut n'avoir déployé que le même degré d'observation du paysan qui aménage sa terre selon la récolte qu'il veut en tirer. L'agriculteur qui, dans sa pratique, s'aperçoit que telle plante vient mieux sur tel terrain, peut avoir déployé autant de facultés d'observation, d'esprit d'analyse et de déduction que le chimiste qui découvre que tels corps mélangés en telles proportions donnent naissance à des propriétés nouvelles. Affaire de milieu, affaire d'éducation.

Le paysan pourra être incapable de comprendre un problème de physiologie résolu par le savant, mais ce dernier pourra être tout aussi incapable d'élever du bétail ou de savoir tirer parti d'un champ. Ergotez là-dessus tant que vous voudrez, évaluez la science du savant bien au-dessus de celle du paysan, nous vous accordons tout cela, mais n'empêche que si le savant aide au progrès intellectuel de l'humanité, le paysan fournit, lui, aux besoins matériels qui, s'ils n'étaient pas satisfaits, ne laisseraient aucune chance aux progrès intellectuels de se faire. Nous n'en tirons pas la conclusion que le travail du paysan est plus nécessaire à l'homme que celui du savant, mais nous disons que, dans une société bien organisée, ils se complètent l'un l'autre, qu'ils doivent être libres de rechercher leur bonheur chacun selon leur conception, sans que l'un ait le droit d'opprimer l'autre.

Les partisans de la suprématie intellectuelle vont en conclure de là que nous prétendons rabaisser l'intelligence, que nous prétendons mettre tous les hommes au même niveau, qu'ils ont raison de nous accuser de haïr l'élite, de travailler à la réalisation d'une moyenne qui serait la décadence de l'humanité.

Nous avons démontré que, dans notre société, les intellectuels, pour se développer, n'auraient que de l'énergie à dépenser pour se créer un milieu qui leur donnerait des résultats bien autrement efficaces que le régime capitaliste qui tue chaque jour nombre d'intelligences dans leur germe. Nous le savons, hélas, tous les individus n'atteignent pas le même degré de développement, et la moyenne de la masse offre toujours un degré moindre qui représente l'esprit de conservatisme, rétrograde même parfois.

Seulement le régime capitaliste travaille à agrandir le fossé qui sépare les plus intelligents de ceux qui le sont moins, à abaisser, par conséquent, le niveau moyen de l'intelligence. Nous, nous voulons que ceux qui sont beaucoup intelligents aient toutes les facilités de le devenir encore plus, mais nous voulons aussi que ceux qui le sont moins aient la possibilité d'en acquérir quelques bribes de plus. De cette façon nous aurons rapproché les intellectuels de la masse, non pas en les rabaissant, comme on feint de le craindre, mais en élevant le niveau de la moyenne. Nous le savons, toutes les facilités voulues ne feront jamais un Lamarck ou un Darwin d'un microcéphale, mais les microcéphales ne sont que des accidents, et ceux que l'on taxe de stupidité peuvent monter quelques échelons de plus dans l'échelle des connaissances humaines, sans en retirer à ceux qui sont déjà plus haut. L'intelligence est une chose si ténue, si difficile, sinon à apprécier, du moins à doser, qu'il convient d'être modeste en s'attribuant cette qualité.

À bout d'arguments, les souteneurs de la société se retranchent derrière cette supposition : le besoin, pour l'élite, d'avoir un personnel sous leurs ordres pour faire les basses besognes, eux devant consacrer tous leurs instants à leurs études, à leurs recherches ; la nécessité, par conséquent, d'une division de la société en classes spécialement attachées à produire pendant que les autres dirigent et étudient !

Il nous suffira de lire l'histoire des découvertes faisant époque dans le développement des progrès humains pour constater l'inanité de cette argumentation. Le plus grand obstacle aux idées nouvelles, les plus grands ennemis de ceux qui apportaient des vérités nouvelles ont toujours été la science officielle et les savants en place, ceux qui, justement, étaient mis à même de ne pas s'inquiéter des besoins de la vie matérielle, qui pouvaient exclusivement s'adonner à leurs études, à leurs recherches !

Depuis la Sorbonne qui persécutait, comme hérétiques, ceux qui contestaient les dogmes reconnus et apportaient des données nouvelles, non seulement dans le domaine de la pensée, mais aussi dans les connaissances physiques ou physiologiques, brûlait, comme sorciers, les alchimistes qui perdaient leur temps à la recherche du grand œuvre, mais n'en furent pas moins les pères de la chimie moderne. Depuis l'Inquisition brûlant Galilée qui affirme que la terre tourne, jusqu'à Cuvier écrasant — pour un moment — par son influence officielle autant que personnelle la théorie de l'évolution si féconde en résultats, la science officielle a toujours barré la route au progrès, elle n'est que la cristallisation des idées acquises, prédominantes ; il faut que les connaissances nouvelles, en plus de l'ignorance de la foule, combattent, pour s'établir, sa puissance néfaste.

Les savants sont les premiers à le proclamer :

« Il n'en est pas ainsi maintenant, puisqu'il est question, au contraire, de transformer les observatoires, et de les établir d'après des plans plus modestes et mieux appropriés à leur destination.

» L'Observatoire de Paris ne sert que de bureau de calcul et de laboratoire de physique ; les observations principales sont faites dans le jardin ou sous des constructions d'une extrême simplicité.

» Haeckel a rendu plaisamment cette pensée, quand il a dit que la somme des recherches originales produites par un établissement scientifique était presque toujours inversement proportionnelle à sa grandeur. »

. . . .

« On me demandait, il y a quelque temps, quels services un astronome amateur pouvait rendre. Quels services, grand Dieu ! Il suffit de jeter un coup d'œil sur l'histoire des sciences, et on s'apercevra vite de l'influence de ces observations isolées provenant des études diverses tentées par des savants amateurs, c'est-à-dire en dehors des observatoires publics.

» Copernic, auquel nous devons le véritable système du monde, était un amateur ; Newton, l'immortel inventeur de la gravitation universelle, l'était également. Un autre amateur, le musicien Herschel, s'est érigé en réformateur de la science et lui a fait accomplir un pas gigantesque, tant par ses nombreuses observations que par ses procédés de construction.

» Le Verrier dirigeait la manufacture de tabacs quand, sur les conseils d'Arago, il commença à se livrer à l'étude de la planète Neptune. C'était donc encore un illustre amateur.

» Lord Ross, qui découvrit tant de nébuleuses dans son immense télescope ; Dombowoki et Burnham, deux infatigables chercheurs dont les travaux sur les étoiles doubles sont connus de tous les savants, n'étaient pas non plus des astronomes officiels.

» Lalande, qui a fait, à l'École militaire, l'étude de 50,000 étoiles, formant l'un des plus beaux catalogues que l'on ait conservé, était encore un amateur.

» M. Janssen, quand il a fait connaître le moyen d'observer les protubérances solaires sans être obligé d'attendre les éclipses, Carrington et Warren de la Rue, quand ils ont publié leurs admirables observations du soleil, étaient toujours des amateurs.

» Nous devons signaler encore : Goldschmitt, un peintre qui avait son atelier à Paris, et découvrit avec une faible lunette 14 petites planètes ; le docteur Lescarbault, le savant médecin d'Orgères, qui, à l'aide d'un outillage rudimentaire, observa pendant vingt années avant de découvrir Vulcain et trouva la juste récompense (?!) de ses travaux dans la décoration de la Légion d'honneur, si bien méritée par sa persévérance.

» Tous les observateurs d'étoiles filantes, Coulvier-Gravier en tête, ceux qui ont étudié les comètes comme Pingre, qui les ont découvertes comme Biéla, Pons, ont vu leur nom attaché à la découverte qu'ils avaient faite, et la science a conservé à tout jamais leur mémoire.

» Mais le plus beau trait nous est fourni par un obscur conseiller d'État de Dessau, Schwabe, qui, pendant trente années, continua d'envoyer ses observations des taches du soleil au journal de Schumacher. Pendant tout ce temps, il ne reçut jamais un encouragement, car le monde scientifique jugeait ses travaux inutiles. Ce n'est que vers la fin de sa vie qu'un revirement complet s'opéra dans l'esprit des astronomes et que l'immense quantité d'observations qu'il avait accumulées fut estimée à sa valeur.

» Et combien d'amateurs ne figurent pas sur cette liste déjà longue dont les travaux sont connus. »

(G. Dallet. *Les Merveilles du Ciel*, pp. 343-345.)

Tous ceux qui ont véritablement poussé au progrès, tous ceux qui ont apporté des idées nouvelles, ont dû, la plupart du temps, non seulement lutter contre ceux qui étaient arrivés, mais aussi lutter pour vivre. Frauenhofer, l'inventeur de l'analyse spectrale, était opticien. Actuellement, encore, la science officielle — en France — use ses dernières forces contre la théorie de l'évolution. Ceux qui ne peuvent plus la nier, la torturent pour lui faire dire les choses les plus absurdes, autre façon d'arrêter le progrès.

Et puis, cette argumentation d'une élite écrasant la masse, n'est-elle pas le raisonnement le plus anti-humain que l'on puisse invoquer ? la masse n'aurait-elle pas le droit de se révolter et de culbuter cette soi-disant élite en proclamant qu'elle se moque de la science si elle doit continuer à lui rester inaccessible, si elle doit toujours en être la victime ?

Vous avez abruti ce que vous appelez les classes inférieures, votre organisation vise à les abrutir encore davantage, et vous vous étonnez que ces classes vous détestent ! Virtuellement ces classes soi-disant inférieures vous valent, elles ont les mêmes ancêtres, la même origine, c'est dans leur sein que vous êtes forcés de régénérer votre descendance, et leur pseudo-infériorité n'est que le produit artificiel d'une sélection artificielle engendrée par une société qui retire tout aux uns pour le donner aux autres.

Les travailleurs n'ont pas la haine de l'intelligence, mais celle des pédants. Lorsqu'ils réclament l'égalité pour tous, ce n'est pas l'abaissement des intelligences qu'ils désirent, mais le moyen pour chacun de cultiver celle qu'il possède. S'ils n'avaient pas le respect des choses professées par de plus savants qu'eux, il y a fort longtemps qu'ils ne vous fourniraient plus la force matérielle qui les maintient dans l'esclavage.

Le respect du travailleur pour les choses qu'il ne comprend pas, l'acceptation crédule des explications que lui donnent ceux qu'il croit plus instruits que lui, ont fait plus, pour le maintien de votre société, que toute votre force armée et votre police. Il n'y a que les médiocrités envieuses pour affirmer que le travailleur a la haine de l'intelligence. Il réclame sa part de développement, voilà ce qu'il veut.

S'il était vrai, comme vous l'affirmez, que la science doit être réservée pour une minorité d'élite, c'est vous qui inculqueriez, au sein des masses, cette haine, et elles auraient le droit de vous haïr. Que nous importerait, en effet, la science, si elle ne devait que Justifier notre abaissement et notre exploitation ? Voilà ce que pourraient vous répondre ceux que vous qualifiez d'inférieurs, et ce raisonnement de simple logique suffit à démontrer votre pédantisme, car il n'y a pas de science là où il y a illogisme.

XII. ÉGOÏSME — ALTRUISME

Après la nécessité d'une élite, c'est derrière l'égoïsme individuel que se retranchent le plus les défenseurs de l'ordre bourgeois pour Justifier le maintien de la propriété individuelle, et la nécessité d'un pouvoir chargé de mettre l'ordre entre tous les égoïsmes.

Selon eux, l'homme est égoïste, il n'agit que d'après des sentiments de pur intérêt individuel. Si la société ne lui laisse pas la faculté de garder pour lui ce qu'il pourra se procurer par son travail, de l'accumuler et le transmettre à qui il voudra, on brise le ressort moteur de toute initiative, de tout travail. Du jour où les individus n'auront plus la possibilité de thésauriser, ils ne travailleront plus, il n'y aura plus de société, plus de progrès, plus rien.

Mais nos bourgeois sont bien trop conscients de leur intérêt pour pousser cette théorie jusque dans ses conséquences dernières. Diable ! cela pourrait tourner mal contre leur système social, aussi, viennent-ils nous dire :

« L'homme est égoïste, cela est dans sa nature, et il n'y a pas moyen d'y remédier. D'un autre côté, la société, dont nous sommes le plus bel ornement, demande de la part des individus, beaucoup d'abnégation, beaucoup de sacrifices pour fonctionner divinement, nous allons, si vous le voulez bien, partager la poire en deux : ceux qui gouverneront et exploiteront les autres, pourront développer leur égoïsme en toute sécurité, ils en auront les moyens ; ceux qui seront gouvernés et exploités devront faire preuve de la plus parfaite abnégation pour se plier à ce que l'on exigera d'eux. Ce n'est qu'à ce prix que la société est possible ».

Aussi, le premier travail des religions a-t-il été de prêcher le respect des maîtres, l'humilité de l'individu, l'abnégation et le renoncement de soi-même. Le sacrifice pour ses semblables, pour la Patrie et la Société à l'avènement de la bourgeoisie.

Les moralistes — quelle engeance ! — sont venus, ensuite, démontrer que la société n'était possible et durable qu'à condition que l'individu se sacrifiât au bonheur de tous, qu'il renonçât à son autonomie, consentît à laisser rogner dans chacun de ses mouvements.

Comme de juste, les ignorants, les misérables, ont pris cela à la lettre, et voilà des milliers d'années qu'ils se laissent tondre, croyant travailler au profit de l'espèce humaine. Ceux qui possèdent, moins naïfs, se sont contentés de jouir et d'exploiter ces bons sentiments.

Mais chaque action produit sa réaction, d'autres sont venus démontrer que l'égoïsme étant le fond même de la nature humaine, l'homme ne trouverait son bonheur que lorsque la société lui permettrait de ne penser qu'à lui, et de rapporter tous ses actes, tous ses raisonnements à la culture de son Moi ! devenu la divinité à laquelle il devait tout sacrifier.

Cette théorie est pratiquée par une jeunesse littéraire, qui méprise de toute l'intelligence dont elle se croit douée, la vile masse qu'elle considère comme inférieure, et en est arrivée à préconiser une espèce d'anarchie aristocratique qui avec quelques centaines de mille francs de rente, s'accommoderait parfaitement de la société actuelle. En haine de l'abnégation et de la soumission prêchées par le christianisme et la morale bourgeoise, nombre d'anarchistes ont cru trouver, dans cette nouvelle formule, l'expression de la vérité, il s'en est suivi une polémique entre les partisans de ce que l'on a appelé « l'égoïsme » et les partisans de ce que l'on a appelé « l'altruisme ».

Des flots d'encre ont été répandus pour expliquer ces deux termes, on a entassé sophismes sur sophismes, débité beaucoup de non-sens, de chaque côté pour prouver que chacun de ces termes devait être exclusivement le moteur de l'individu.

Et selon le dada particulier que chacun avait enfourché on a re-proché successivement au communisme, anarchiste — du côté des partisans de l'égoïsme : — que l'idée anarchiste, pour pouvoir subsister exigeait trop d'altruisme de la part des individus, que la possibilité d'une société semblable supposait des hommes parfaits, tels qu'il n'en existe pas, que l'homme n'est pas, de sa nature, porté à se sacrifier pour les autres, qu'il ne doit faire que ce qu'il juge utile à son développement.

Du côté de l'altruisme, on a dit aux anarchistes : En réclamant l'autonomie complète de l'individu, en exaltant l'esprit d'indivi-dualisme, c'est à l'égoïsme complet des individus que vous poussez, votre société ne serait pas tenable, car vous oubliez que, pour se maintenir, la société exige des sacrifices mutuels, que l'initiative individuelle doit, souvent, laisser le pas et s'effacer devant l'inté-rêt commun. Votre société serait le règne de la force brutale, la domination des plus forts sur les plus faibles. Ce serait un conflit permanent.

Et voilà comment on est exposé à dire beaucoup de bêtises, quand on ne regarde les choses que d'un côté. L'homme est un être com-plexe qui ne se meut pas sous l'influence d'un seul sentiment, mais peut être impulsé par toutes sortes de sensations, de circonstances, d'influences psychologiques, physiques et chimiques tout à la fois, sans qu'il lui soit possible de discerner sous quelle impulsion il a agi.

Si l'homme agissait sous la seule pression de l'égoïsme, la société actuelle ne subsisterait pas une seule minute, car, exigeant les plus grands sacrifices de la part de ceux qui sont dépossédés de tout, quand sous leurs yeux s'étale le luxe des riches, il a fallu à ces der-niers faire vibrer d'autres sentiments pour en obtenir la force qui soutient leur système, et qu'ils auraient été impuissants à défendre s'ils en avaient été réduits à leurs seules forces.

D'autre part, ils se trompent ceux qui viennent nous prêcher le sacrifice et l'abnégation, car s'il peut arriver à l'homme de s'oublier lui-même pour venir en aide à ses semblables, cela ne peut être que par intermittences, et non une pratique continue.

C'est cette théorie funeste, exaltée par le christianisme qui a assuré le règne de l'autorité en façonnant les caractères à se ployer sous l'exploitation de maîtres qu'ils croyaient envoyés par Dieu, en habituant les individus à souffrir sur cette terre, pour gagner la béatitude dans le ciel.

L'homme n'est pas la brute décrite par les théoriciens de l'égoïsme, il n'est pas non plus l'ange prêché par l'altruisme, qualité, du reste, qui ne pourrait lui être que funeste, car ce serait le sacrifice des meilleurs au profit des plus mauvais. Si les individus devaient se sacrifier les uns pour les autres, en fin de compte ce seraient ceux qui ne penseraient qu'à leur propre individualité qui bénéficieraient de cet état de choses et survivraient seuls. L'individu ne *doit* pas plus se sacrifier à qui que ce soit, qu'il n'a le *droit* d'exiger le sacrifice d'un autre. Voilà ce qu'on oublie et qui éclaire tout autrement la question.

L'individu, de par le fait de son existence, a le droit de vivre, de se développer et d'évoluer. Les privilégiés peuvent bien lui contester ce droit, le lui limiter, mais plus l'individu devient conscient de lui-même, plus il entend user de son droit, plus il regimbe sous le frein qu'on lui a mis.

S'il était seul dans l'univers, l'individu aurait le droit d'user et d'abuser de tous ses droits, de jouir de tous les produits de la nature sans aucune restriction, sans aucune limite, n'ayant à s'occuper que des conséquences possibles qu'entraînerait pour lui l'usage de cet abus.

Mais l'individu n'est pas une entité, il n'existe pas seul, il est tiré à plus d'un milliard d'exemplaires qui se dressent sur la terre en face les uns des autres, avec des aptitudes équivalentes sinon semblables, et ayant la ferme volonté d'user de leur droit de vivre. Les individualistes qui prêchent le culte du « Moi », érigent l'Individu en entité font de la métaphysique transcendantale, aussi absurde que les prêtres qui ont imaginé Dieu.

L'individu a droit à la satisfaction de tous ses besoins, à l'expansion de toute son individualité, mais puisqu'il n'est pas seul sur la terre et que le droit du dernier venu est aussi imprescriptible que celui du premier arrivé, il est évident qu'il n'y avait que deux solutions pour que ces droits divers s'exerçassent : la Guerre, ou l'association !

Mais, rarement, l'esprit humain se range aux décisions catégoriques. Les circonstances, du reste entraînent les individus avant qu'ils aient le temps de s'expliquer leurs actes, ce n'est qu'après coup qu'on essaie d'en tirer la philosophie.

Le conflit a donc éclaté entre ces droits divers, conflits mélangés de tentatives de solidarisation. L'humanité a entrevu que la solidarité lui serait profitable, mais l'égoïsme féroce de certains qui n'ont vu que le bénéfice présent, sans calculer le mal qu'il entraîne, a empêché l'humanité d'évoluer franchement vers une solidarité complète. L'état de lutte s'est maintenu dans les sociétés qui étaient un commencement de pratique solidariste. Et voilà des centaines de siècles — pour ne parler que de la période historique — que dure cet état mixte de lutte et de solidarité, voilà des milliers d'années que, par la volonté d'une minorité qui est seule à profiter de cet état de choses, et voudrait le perpétuer, que nous luttons les uns contre les autres en faisant les plus beaux rêves de fraternité ; que les classes possédantes exploitent les dépossédés en prêchant la solidarité, le dévouement et la charité.

Mais ceux qui souffrent se sont demandé pourquoi ils continueraient à entretenir des parasites ? Pourquoi ils demanderaient comme une aumône ce qui sort de leur travail ? Leur cerveau s'est développé, ils ont réfléchi sur les causes de leur misère, et ils ont compris que pour en sortir, ils devaient solidariser leurs efforts et que le bonheur de chacun n'était réalisable que par le bonheur de tous dans une pratique complète de la solidarité.

Ils ont compris encore, que cette autorité qu'on leur avait représentée comme une sauvegarde tutélaire entre les intérêts antagoniques pour empêcher une lutte plus féroce, n'était au contraire, qu'un moyen pour les parasites, d'éterniser l'état de conflit, afin de perpétuer leur parasitisme, c'est pour cela qu'en même temps qu'ils proclament le droit à l'existence pour chaque individu, ils proclament aussi son autonomie la plus complète, l'un n'allant pas sans l'autre, l'existence ne pouvant être complète sans son corollaire : la liberté.

Certains défenseurs de l'ordre bourgeois sont forcés de l'avouer, leur jouissance dans la société actuelle n'est pas pleine et entière, elle est troublée dans sa propre origine, par la pensée qu'il y a, à côté d'eux, des êtres qui peinent et qui souffrent pour leur produire le bien-être. Tout bourgeois intelligent est forcé de convenir que la société est mal faite, et les arguments qu'ils apportent en sa faveur ne sont plus une justification hautaine, précise, c'est un commencement de justification, sous le vague prétexte que l'on n'a pas encore trouvé mieux, la peur de l'inconnu qu'entraînerait un changement brusque. Le système qui en est réduit là, est jugé, il a conscience de sa propre ignominie.

Non, l'individu ne doit pas accepter de restrictions à son développement, il ne doit pas subir le joug d'une autorité quel que soit le prétexte dont elle s'appuie. Lui seul est à même de juger de ce dont il a besoin, de ce dont il est capable, de ce qui peut lui être nuisible. Lorsqu'il aura bien compris ce qu'il vaut, il comprendra que chaque individu a sa valeur personnelle, qu'il a droit à une égale liberté, à une égale expansion. Sachant faire respecter son individualité, il apprendra à respecter celle des autres.

Les hommes ont à apprendre que, s'ils ne doivent subir l'autorité de personne, ils n'ont pas le droit d'imposer la leur, que le mal fait à autrui, peut se tourner contre l'agresseur. Le raisonnement doit faire comprendre aux individus que la force dépensée à enlever à un autre individu une part de jouissance, est autant de perdu pour les deux concurrents.

On a accusé les anarchistes de s'être fait un idéal faux de l'espèce humaine, d'avoir imaginé un être essentiellement bon, sans aucun défaut, capable de tous les dévouements et d'avoir tablé là-dessus, une société impossible qui ne pourrait exister que par le renoncement de chacun pour le bonheur de tous.

C'est une profonde erreur, ce sont les bourgeois et les autoritaires qui méconnaissent la nature humaine, puisqu'ils déclarent qu'elle ne peut être maintenue en société que par une forte discipline, sous la pression d'une force armée toujours debout. Pour exercer cette autorité, pour recruter cette force armée, il leur faudrait des êtres absolument impeccables : les anges qu'ils reprochent aux anarchistes de rêver. Selon eux, la nature humaine est abjecte, il faut des verges de fer pour la discipliner, et c'est à des êtres humains qu'ils veulent remettre l'emploi de ces verges ! O illogisme !

L'homme n'est pas l'ange que l'on accuse à tort les anarchistes d'avoir imaginé ; il n'est pas non plus la bête féroce que veulent bien décrire les partisans de l'autorité. L'homme est un animal perfectible qui a des défauts, mais aussi des qualités ; organisez un état social qui lui permette l'usage de ces qualités, enraie ces défauts ou fasse que leur mise en action entraîne son propre châtiment. Faites surtout que cet état social ne comporte pas d'institutions où ces défauts pourront trouver des armes pour opprimer les autres, et vous verrez les hommes savoir s'entr'aider sans force coercitive.

XIII. AUTORITÉ ET ORGANISATION

Un certain nombre d'anarchistes se laissent entraîner à confondre ces deux termes bien différents. En haine de l'autorité, ils repoussent toute organisation ; ils ne voient cette dernière que sous la forme de férule. D'autres, pour éviter de tomber dans ce défaut, en arrivent à préconiser toute une organisation autoritaire anarchiste.

Il y a, pourtant, une différence capitale à établir. Ce que les autoritaires ont baptisé du nom d'organisation, est, tout simplement, une hiérarchie complète, légiférant, agissant au lieu et place de tous, ou faisant agir les individus au nom d'une représentation quelconque. Ce que nous entendons, nous, par organisation, c'est l'accord qui se forme, en vertu de leurs intérêts, entre les individus groupés pour une œuvre commune ; ce sont les relations mutuelles qui découlent des rapports journaliers que tous les membres d'une société sont forcés d'avoir les uns avec les autres.

Mais cette organisation ne doit avoir ni lois, ni statuts, ni règlements auxquels chaque individu serait forcé de se soumettre sous peine d'un châtiment quelconque, préalablement déterminé ; cette organisation ne doit avoir ni comité qui la représente, ni assemblée délibérante, chargée de formuler et de décréter l'opinion de la majorité. Les individus ne doivent pas lui être attachés malgré eux, ils doivent rester libres de leur autonomie avec la latitude d'abandonner ladite organisation si elle voulait se substituer, dans leurs actes, à leur initiative personnelle.

En traçant un tableau de ce que pourra être la société future, il serait prétentieux de croire que ce pourra être le cadre dans lequel elle devra évoluer ; nous n'avons pas l'outrecuidance de vouloir donner un plan d'organisation et de le poser en principe. En essayant de donner une forme à nos conceptions sur la société future, nous ne voulons simplement qu'esquisser, à grands traits, les lignes générales qui doivent éclairer ces conceptions mêmes, répondre aux objections que l'on oppose à l'idée anarchiste et démontrer qu'une société peut fort bien s'organiser sans chefs, sans délégations et sans lois, si elle est vraiment basée sur la justice et l'égalité sociales.

Nous voulons démontrer, surtout, que les individus sont les seuls aptes à connaître leurs propres besoins, à savoir se guider dans leur évolution et ne doivent confier ce soin à personne ; qu'il n'y a qu'une manière d'être libres et égaux, c'est de ne pas accepter de maîtres et de savoir respecter l'autonomie de chacun quand elle respecte la vôtre.

Oui, les individus doivent être laissés libres de se rechercher et de se grouper, selon leurs tendances, selon leurs affinités. Établir un mode unique d'organisation, sous lequel tout le monde devrait se plier, et que l'on imposerait sitôt après la révolution, est une utopie ; ce serait faire œuvre de réactionnaire, entraver l'évolution de la société future, vouloir mettre des bornes au progrès, le retenir dans les limites que notre courte vue peut embrasser. Étant donnée la diversité de caractères, de tempéraments et de conceptions qui existe parmi les individus, il n'y a que le doctrinarisme le plus étroit, qui puisse concevoir un cadre dans lequel la société serait appelée, de gré ou de force, à se mouvoir.

Rien ne nous dit que tel idéal qui nous éblouit aujourd'hui, répondra à nos besoins de demain, et surtout aux besoins des individus appelés à composer cette société. Ce qui a frappé d'impuissance et de stérilité, jusqu'à aujourd'hui, toutes les écoles socialistes, sans distinction de nuance, c'est que toutes, dans leurs projets d'avenir, avaient la prétention de vouloir régler et prévoir d'avance l'évolution des individus. Dans les sociétés qu'elles rêvaient d'établir, rien n'était laissé à l'initiative individuelle. Dans leur profonde sagesse, les sociologues avaient d'avance décrété ce qui était bon ou nuisible aux individus, ces derniers devaient s'incliner et ne demander rien autre que ce que leurs « bienfaiteurs » jugeraient bon de leur offrir. En sorte que ce qui répondait aux aspirations des uns, venait en travers des desiderata des autres : de là, dissension, lutte et impossibilité de créer rien de durable.

Ce que nous présentons ici ne peut avoir que la valeur d'une conception individuelle qui, dans la pratique devra s'adapter à d'autres conceptions individuelles. Que chacun se fasse un idéal de société, en cherchant à le propager autour de lui, ces projets se corrigeront l'un par l'autre, au jour de la mise en pratique ils arriveront déjà discutés et améliorés, quittes à se fondre et à s'amalgamer, en prenant à chacun ce qu'il y a de bon, en éliminant ce qui serait trop personnel.

Selon certains adversaires, l'anarchie serait le retour à l'état sauvage, la mort de toute société. Rien de plus faux. L'association seule peut permettre à l'homme d'employer l'outillage mécanique que la science et l'industrie mettent à son service ; ce n'est qu'en associant leurs efforts que les individus augmenteront leur bien-être et leur autonomie, nous n'avons donc pas besoin des cris d'oies effarouchées, des thuriféraires bourgeois pour reconnaître l'utilité de l'état d'association.

Mais cet état doit servir au bien-être de *chaque* individu, et non d'une classe, cet état doit être dû à la participation volontaire de chacun et non être imposé sous une forme abstraite qui en fait une sorte de divinité dans laquelle doivent s'anéantir ceux qui la composent.

Pour ne pas tomber dans les mêmes fautes et venir se heurter aux mêmes obstacles, où sont venus sombrer tous les systèmes sociaux conçus jusqu'à ce jour, il faut nous garder de croire que tous les hommes sont fondus dans le même moule, que ce qui peut s'accorder avec le tempérament de l'un, satisfera, indifféremment les sentiments de tous. Et cela aussi bien pour la propagande de l'idée que pour l'organisation de la Société future. Si l'on veut préparer une révolution qui réponde à l'idéal conçu, il faut pour propager ses idées, agir selon les principes préconisés, selon les idées émises, s'habituer à agir selon sa conception sans attendre de mot d'ordre de qui que ce soit, éliminer de sa façon d'agir ce que l'on attaque dans la société actuelle. Agir autrement serait se préparer le retour, à bref délai, des mêmes errements que l'on veut détruire.

Plus pratiques que ceux qu'ils combattent, les anarchistes doivent s'inspirer des fautes commises afin de les éviter. Faisant appel à l'initiative individuelle, ils n'ont pas à perdre leur temps à discuter sur l'efficacité ou l'utilité de tel ou tel moyen. Ceux qui sont d'accord sur une idée se groupent entre eux, pour la mise en pratique de cette idée, sans se préoccuper de ceux qui n'en sont pas partisans ; de même que les partisans de telle autre idée se grouperont pour la mise en pratique de cette idée, de cette façon, chacun travaille au but commun sans s'entraver.

Ce que veulent avant tout les anarchistes, c'est l'élimination des institutions oppressives, leur disparition complète ; l'expérience doit les guider sur la façon de mieux les combattre. C'est le seul moyen de faire de la besogne pratique, au lieu de perdre son temps en discussions inutiles, le plus souvent stériles, où chacun veut faire prévaloir sa façon de penser sans réussir à convaincre ses contradicteurs, quand il n'en sort pas lui-même ébranlé dans sa confiance et, par conséquent, moins décidé à mettre son idée en pratique. Discussions qui se terminent ordinairement, par la création en autant de fractions dissidentes qu'il y a d'idées en présence. — Fractions qui, la contradiction les ayant rendues ennemies, perdent de vue, l'ennemi commun, pour se faire la guerre entre elles.

Les individus se groupant selon leurs idées communes, s'habitueront à agir et à penser d'eux-mêmes sans autorité parmi eux, sans cette discipline qui consiste à annihiler les efforts d'un groupe ou d'individus isolés, parce que les autres sont d'un avis différent.

Il en ressortirait encore cet autre avantage, c'est qu'une révolution faite sur cette base ne pourrait être qu'anarchiste, car les individus ayant appris à se mouvoir, sans contrainte aucune, n'auraient pas la sottise d'aller se donner des chefs au lendemain de la victoire, quand ils auraient su l'organiser sans eux.

Pour certains socialistes, l'idéal serait de grouper les travailleurs en un parti qui n'aurait d'autre initiative que celle qui lui viendrait d'un centre directeur, composé des futurs dirigeants. Au jour de la révolution, les hommes de ce centre directeur seraient portés au pouvoir, formant ainsi le nouveau gouvernement qui décréterait les nouvelles mesures et institutions qui devraient régir le nouvel état de choses.

Les collectivistes prétendent ainsi que le nouveau pouvoir décréterait la prise de possession de l'outillage et de la propriété ; organiserait la production, réglementerait la consommation et supprimerait, cela va sans dire, ceux qui ne seraient pas de son avis.

Nous avons vu que c'était un rêve. Des décrets de prise de possession arrivant après la lutte, seraient illusoires ; ce n'est pas par des décrets que peut s'accomplir la prise de possession de la richesse sociale.

Ou bien l'idée d'expropriation sera l'idée dominante de la révolution qui doit s'effectuer, alors c'est à son accomplissement que se porteront les efforts des révoltés ; ou bien elle répugnera au grand nombre, et le gouvernement alors, en admettant qu'il voulût l'opérer, trouverait à ses projets, après la lutte, une opposition assez sérieuse pour que ce fût une révolution nouvelle à recommencer.

Ce sont les actes accomplis qui doivent donner l'impulsion à la révolution. Ce sont les travailleurs révoltés qui doivent eux-mêmes s'emparer des maisons, ateliers et magasins. Les révoltés devront faire cause commune avec tous les déshérités en leur expliquant que tout ce qui a un caractère commun n'appartient à personne individuellement, ne peut être une propriété transmissible à volonté : maisons, usines, champs, mines, étant l'œuvre des forces naturelles ou des générations passées, l'héritage des générations présentes et futures, elles doivent, par conséquent, être à la disposition de qui en a besoin, dès qu'ils sont inoccupés ou que celui qui les détient ne peut lui-même les mettre en œuvre.

Tout ce qui n'est pas d'un usage immédiat pour l'individu, tout ce qui ne peut être mis en œuvre individuellement, est la propriété collective de ceux qui seront forcés de s'associer pour le mettre en œuvre, mais seulement pour le temps qu'ils l'utiliseront, les bâtiments, le sol, l'outillage, retombant à la libre disposition de ceux qui voudraient les utiliser, lorsque les premiers manœuvriers renoncent à les utiliser plus longtemps.

Il ne peut en être autrement, nous le verrons plus loin, pour les produits. Personne, sous prétexte de prévision, n'ayant le droit de frustrer ceux qui en auraient un besoin immédiat, l'épargne n'est bonne qu'à condition que personne n'en souffre. Voilà ce qu'oublie de faire valoir l'économie bourgeoise.

Mais cette appropriation personnelle sera rendue d'autant plus difficile, pour l'outillage et la propriété, du moins, que les individus ne sauraient que faire d'un sol, d'un outillage que, réduits à leurs seules forces, ils ne sauraient faire valoir et leur serait par conséquent inutile. Pour les logements, quelle que soit l'avidité de l'individu, elle sera bornée par la possibilité d'occupation. Pour ce qui est des produits de consommation, cette accumulation sera bornée par la durée de leur conservation et la possibilité de les loger sans attirer l'attention de ceux qui pourraient en avoir besoin. Aujourd'hui, le droit de propriété peut donner à un individu le droit d'accumuler des provisions capables de nourrir des milliers d'individus et de les faire pourrir sur place s'il lui plaît. Dans une société normalement constituée, cela serait impossible étant donné que ceux qui auraient faim, auraient droit de s'emparer de ce qui dépasse les facultés d'absorption d'un individu.

Chacun pouvant s'emparer de l'outillage que, par ses seules forces ou en s'associant, il pourra mettre en œuvre ; chacun étant maître du produit de son travail, impossibilité absolue de trouver des salariés. La vente étant abolie, ceux qui auraient un outillage à mettre en œuvre dépassant leurs propres forces, seraient bien obligés ou de s'associer sur le pied d'égalité à ceux qui pourraient les aider, ou bien de laisser cet outillage à ceux qui pourraient le faire produire.

Or, la plus grande partie de l'outillage actuel ne peut fonctionner qu'à l'aide de l'association des forces individuelles, voilà tout trouvé, le terrain qui permettra aux individus de s'entendre et de tenter un rudiment d'organisation. Une fois ce premier groupement établi, viendront ensuite les rapports entre les différents groupes que les individus auront à établir. De chaque besoin de l'individu, de chaque mode d'action de la personne humaine, découlera une série de rapports entre individus et modes de groupements ; ce seront ces variétés d'aptitudes, ces différences d'agir, qui régiront les rapports sociaux.

Une fois la prise de possession accomplie, une fois l'entente établie, il n'y a pas nécessité — il ne peut y avoir que danger, nous le démontrerons — de les faire sanctionner par une autorité quelconque.

On ne saurait prévoir toutes les conséquences de la lutte qui s'engage, ni les circonstances qui pourront s'en dégager.

Nous avons démontré, au commencement de ce travail, que l'évolution précédait la révolution, mais cette évolution ne peut être que superficielle, tant qu'elle reste dans les cerveaux et ne se fait pas dans les rapports sociaux. D'autre part, nous avons démontré dans la *Société mourante*, que l'organisation sociale, nous menait elle-même à la révolution ; il arrive souvent que les événements politiques, les crises économiques vont plus vite que l'évolution des idées, et la précèdent parfois dans le domaine des faits. Tout cela laisse une part d'aléa, que la clairvoyance humaine ne peut prévoir et que seront seuls aptes à surmonter ceux qui seront appelés à se mesurer avec eux.

On ne peut donc à l'avance se représenter le fonctionnement de la société future d'une façon aussi précise que l'on règle les rouages d'une de ces boîtes à musique qui jouent aussitôt que le mécanisme est remonté et dont il suffit de poser le cliquet au cran désigné pour en obtenir l'air désiré.

Tout ce que nous pourrions imaginer au point de vue théorique de l'organisation, ne sera jamais qu'un rêve plus ou moins approchant de la réalité, mais qui manquera toujours de base lorsqu'il s'agira de la mise en pratique ; car l'homme compte avec ses désirs, ses tendances, ses aptitudes et même avec ses défauts, mais il n'est pas omniscient, un seul individu ne peut ressentir tous les mobiles qui font mouvoir l'humanité.

Nous ne pouvons donc avoir la prétention ridicule de croire que l'on puisse tracer un cadre de la société future ; mais nous devons nous garder aussi de cet autre défaut commun à beaucoup de révolutionnaires, qui disent : « Occupons-nous d'abord de détruire la société actuelle, et nous verrons ensuite ce que nous aurons à faire ». Entre ces deux façons d'envisager les choses, il y a place, selon nous, pour une meilleure. Si nous ne pouvons pas dire sûrement « ce qui sera », nous devons connaître « ce qui ne doit pas être » ; ce que nous devrons empêcher, si nous ne voulons pas retomber sous le joug du capital et de l'autorité.

Nous ne savons quel sera le mode d'organisation des groupes producteurs et consommateurs, eux seuls devant être les juges de ce qui leur conviendra, et une façon unique de procéder ne pouvant convenir à tous ; mais nous pouvons très bien dire comment nous, personnellement ferions, si nous étions dans une société où tous les individus auraient la faculté de se mouvoir librement.

Nous pourrons aussi chercher comment une société pourrait évoluer sans pouvoir « protecteur », sans ces fameuses « commissions de statistique » appelées à remplacer les gouvernements déchus dont voudrait nous gratifier le collectivisme ; comment et pourquoi on pourrait supprimer l'emploi de la monnaie que les économistes prétendent indispensable à la vie de toute société, et pourquoi il serait nuisible de la remplacer par les « bons de travail », autre invention collectiviste qui, sous des noms différents, ressuscitent tous les rouages de la société actuelle, qu'ils veulent, disent-ils, détruire.

Il est nécessaire de se faire une idée sur tout cela, car il n'est pas dans la nature des individus de s'engager sans savoir où ils vont. Puis, comme nous l'avons déjà dit, c'est le but à atteindre qui doit nous dicter notre conduite dans la vie et dans notre façon d'agir dans la propagation de nos idées.

Ensuite, c'est en apportant chacun sa conception, chacun sa part d'idéal que doit se former l'idéal collectif. C'est de l'ensemble confus des opinions individuelles que se dégagera la synthèse générale qui, en plus des aspirations personnelles, se fera jour lorsque sera venue l'heure de les appliquer.

XIV. LA VALEUR

On sait que messieurs les économistes ont la prétention de s'appuyer sur la science pour étayer leurs théories bourgeoises, justifier l'exploitation du travail des masses par la minorité. Ils s'évertuent d'une façon, on ne peut plus touchante, à démontrer aux travailleurs que, s'ils sont exploités, misérables, crevant de faim, ils le sont, du moins, d'une façon tout à fait « scientifique ! » et n'ont, par conséquent, rien à réclamer.

« Vous êtes volés ! » s'exclament-ils, « exploités, dépouillés de toutes les jouissances de la vie, mais, sachez-le, au nom de la science qui vous refuse ces jouissances, vous devez courber la tête, et vous incliner devant ses décrets. Vous subissez des « lois inéluctables », contre lesquelles, il n'y a pas à s'insurger. — Tout ce que nous pouvons faire pour vous être agréables, c'est de vous en expliquer le mécanisme, afin de vous prouver qu'il est impossible de vous y soustraire » !

Ce n'est, certes, pas la tournure littérale des discours de ces messieurs qui, ayant un dédain très aristocratique de la « vile multitude, » n'aiment pas s'adresser directement à elle. Ils se contentent, d'ordinaire, d'affirmer aux capitalistes que les travailleurs sont faits et mis au monde, tout exprès, pour faire fructifier les capitaux des premiers ; que ceux-ci n'ont pas à tenir compte des réclamations importunes et inopportunes de ces envieux qui ne sont jamais satisfaits. Mais si ce n'en est pas la forme exacte, c'en est du moins l'esprit, c'en est l'aveu positif, dépouillé de ses fleurs de rhétorique.

Pourvu qu'ils aient « prouvé », par des arguments plus ou moins spécieux, appuyés de citations grecques, latines, algébriques, que le travailleur doit se contenter de vivre de pommes de terre et coucher dans des taudis, ils se redressent, fiers comme des poux sur une gale, et nous disent : « C'est la science qui l'affirme ! c'est la nature qui le décrète ! nous ne faisons qu'enregistrer leurs lois. »

Seulement, à des mécréants comme nous, leur façon de faire de la science, nous paraît fort discutable et nous réclamons. À ce compte-là, l'astrologie, la chiromancie et la cartomancie pourraient réclamer, à égal titre, le droit de figurer comme science dans les connaissances humaines. Et le sâr Péladan, pourrait lui aussi, revendiquer l'introduction, à l'Université, au milieu des sciences exactes, de l'enseignement de la fumisterie.

Voici leur façon de procéder : ils prennent trois ou quatre faits qui sont la conséquence de l'organisation sociale actuelle, ils déclarent ces faits des « lois naturelles, » c'est-à-dire des faits découlant de lois physiques naturelles, ou résultant de la nature même de l'homme.

Ces faits qu'ils prennent ne sont que des effets de l'organisation sociale vicieuse que nous subissons ; eux, en font des causes, ils n'ont pas de peine à démontrer que, supprimés, ils ne tarderaient pas à se reproduire — puisque, les véritables causes, ils les mettent hors discussion. — Et, une fois cette inéluctabililé admise, sinon prouvée par eux, les voilà partis à faire pivoter tout leur système autour de ces « lois naturelles » si désinvoltement décrétées, de par leur propre autorité.

Si l'on ne discute pas les faits sur lesquels ils basent leurs raisonne-ments, si l'on accepte leurs prémisses, leurs conclusions semblent absolument logiques ; mais, si l'on dissèque leurs pseudo- « lois naturelles », on a vite fait de s'apercevoir que le point de départ de leur raisonnement est faux, que ce qu'ils veulent nous faire prendre pour des lois inéluctables ne sont que les conséquences d'un état social vicieux, mal équilibré, basé sur la violation des véritables « lois naturelles ». Alors, tout leur échafaudage de mensonges s'écroule, ne laissant debout que leur ignorance, leur vanité et leur mauvaise foi.

Nous allons voir qu'il n'en est pas autrement pour la « valeur » dont ils ont fait le pivot de leurs relations, de leur commerce, de leurs échanges.

« Créer de la valeur », disent-ils, « est le premier phénomène naturel que nous rencontrons au seuil de l'économie politique.[1] » Mais, demandez-leur ce que c'est que la valeur ! Est-ce une bête qui va par terre ou par eau ? — « Créer de la valeur, » disent-ils, « c'est fabriquer des objets échangeables contre d'autres objets. »

Vous leur faites observer que cela vous explique bien, comment on « fabrique » de la valeur, mais ne vous donne aucune notion de

---

1 *Les Lois naturelles de l'Économie politique*, par G de Molinari, page 1.

la valeur, elle-même. Ils reprennent, alors, « que, ces objets « échangeables », étant, en même temps, consommables, ils « prennent » de la valeur, selon leur abondance ou rareté. Plus ils sont rares, plus ils ont de la valeur ; plus ils sont abondants, moins ils valent. »

— Oui ! mais, qu'est-ce… ?

— Attendez, attendez ! Ces objets, leur manutention, leur fabrication exigent un certain temps, n'est-ce pas, pour les rendre prêts à être consommables par l'acheteur ? Eh bien, ce temps nécessité à leur production, c'est encore de la valeur qu'ils s'incorporent ! Ajoutez-y l'intérêt de la valeur d'achat, les risques encourus par le capitaliste qui en a fait l'avance, ses voyages, ses transbordements, et vous aurez la valeur définitive, formée de toutes ces valeurs dépensées pour amener l'objet, en état d'être échangé ou consommé.

Cela ne vous a pas expliqué du tout, pourquoi un objet se transforme en valeur, pourquoi du travail est de la valeur, mais devant une accumulation de tant de « valeurs, » vous êtes forcés d'accepter la définition telle quelle, et vous poursuivez votre enquête.

Dans les stades primitifs de l'humanité, on dut se préoccuper fort peu de la théorie de la valeur. Les débuts du commerce durent être plus modestes. Un individu avait besoin d'un objet, il devait remprunter au camarade qui pouvait en disposer, quitte à lui rendre un autre service plus tard, sans s'occuper s'il recevait ou donnait plus ou moins. Ce ne dut être que plus tard, l'esprit d'appropriation s'étant fait jour, peut-être aussi parce que le possesseur éprouvant lui-même une forte passion pour l'objet désiré, ne consentait à le céder que contre un autre objet, éveillant chez lui une tentation plus forte à posséder cet objet différent. On en vint à échanger objet contre objet, et à désirer quelque chose en retour de ce que l'on donnait.

En fin de compte, on en vint à éprouver le besoin de fixer aux objets une valeur déterminée, afin de régulariser les transactions, de faciliter les échanges. Certains objets furent désignés comme étalon de la tarification des choses échangeables. C'est ainsi que la compagnie de la baie d'Hudson, demande tant de peaux de castors pour un fusil, une hache, etc., et qu'il faut tant d'autres peaux de qualité inférieure, pour une peau de castor.

Dans certaines régions de l'Afrique, un esclave vaut tant de mètres de cotonnade, tant de colliers de perles ou de cauris, ailleurs, c'est la vache, la dent d'éléphant, en d'autres, même, c'est la femme qui servent de valeur d'échange. Les économistes affirment que ce fut un grand progrès quand on eut trouvé une mesure de la valeur. — Puisqu'on ne trouva pas mieux, évidemment, cela fut un progrès sur ce qui existait auparavant, mais quand l'outil devait être perfectionné. ce fut un joli moyen d'exploitation que l'on avait trouvé là.

Aussi ne tarda-t-il pas à devenir insuffisant. Dépecée, une vache conserve bien encore une certaine valeur marchande, mais elle ne reste pas, sous cette forme, indéfiniment échangeable ; et une femme, un esclave, quelle que soit leur valeur sur pied, bien vivants, ils n'en ont plus si on s'amuse à les fragmenter ; il fallait trouver une valeur représentative plus pratique, qui put se diviser, rester incorruptible, tout en changeant indéfiniment de mains, et on en arriva, ainsi, aux coquillages, aux instruments de guerre ou aratoires, aux métaux plus ou moins précieux, puis, après bien des essais, des tâtonnements, à la monnaie d'or, d'argent ou de cuivre, frappée à une effigie quelconque, avec une valeur plus ou moins fixe qui devait, dorénavant, servir de base aux transactions.

Les progrès s'étant continués, les opérations commerciales s'étant faites sur des quantités considérables d'objets, il a fallu trouver des valeurs représentatives de ces monnaies — valeurs représentatives, elles-mêmes, déjà — plus facilement transportables, et moins encombrantes : les billets de banque, chèques, traites, actions et autres valeurs, ont fait leur apparition. Nous verrons plus loin que cela a compliqué les échanges sous prétexte de les simplifier et a servi, à ceux qui avaient déjà réussi à imposer leur exploitation, à tromper ceux auxquels ils servaient d'intermédiaire, et à prélever, à leur profit, sous le titre de « bénéfice, » la part de valeur dont ils frustraient producteurs et acheteurs.

Mais, tout ce qui sert à l'usage de l'homme, n'est pas le produit exclusif de son seul travail. Métal, bois, fruit, viande, etc., pour avoir subi le travail de l'homme, et s'en être incorporé la valeur, n'en possédaient pas moins, auparavant, une valeur intrinsèque qu'ils tenaient des seules forces naturelles toujours actives sur notre globe terraqué ; libre combinaison chimique des éléments constitutifs qui se trouvent épars dans la terre, l'air et l'eau. Il s'ensuit que celui qui s'empare des produits naturels pour en trafiquer, s'empare d'une valeur qui ne lui appartient pas, car il ne peut le faire qu'en vertu du droit de propriété, droit fictif, artificiel, qui lui permet de détenir une portion de notre globe, en vertu de contrats non consentis, droit qui prend sa source dans la force brutale, la conquête, la spoliation, le vol et la fraude.

Celui qui s'empare de ce qui ne lui est pas d'une nécessité immédiate commet un vol au détriment de celui qui en a besoin. L'on peut nommer bénéfice le profit que tire l'intermédiaire de ses services, si l'accumulation desdits bénéfices lui permet de thésauriser, ce bénéfice n'en est pas moins un vol qu'il commet au détriment de ceux qui ont recours à ses services.

La propriété et la valeur ne sont pas des « lois naturelles », mais des conséquences arbitraires d'une organisation sociale vicieuse, et les conclusions des économistes qui leur paraissaient si logiques manquent de bases. Ce que le capital tire — sous le nom de rente ou d'intérêt — des moyens de production qu'il s'est accaparé, ne se justifie que par la légitimation d'un premier vol. Quand ils auront prouvé le droit d'appropriation, ils auront encore à prouver le droit d'exploitation, mais, jusqu'à présent, comme ils ont beaucoup ergoté, mais rien prouvé, ils nous permettront de leur dire que leur système est à terre.

Ils essaient de s'en tirer, en affirmant la nécessité d'une valeur d'échange pour faciliter les relations et les échanges. L'impossibilité, pour une société, d'exister sans pouvoir pondérateur, la perte de toute activité humaine, sans possibilité d'appropriation. Nous avons vu et nous verrons encore, dans ce travail ce que valent toutes ces affirmations.

Les économistes étant les défenseurs avoués, — sinon brevetés et patentés — de l'ordre bourgeois, nous aurions le droit de ne pas trop nous attarder à leurs affirmations ou dénégations, mais certains socialistes voulant paraître, eux aussi, très scien…cés, se sont appliqués à vouloir nous resservir le même mets à une autre sauce. Pour eux aussi, il est hors de doute que l'humanité ne puisse exister, si elle ne possède pas une valeur d'échange, et un pouvoir chargé de régler les différends. Voyons donc un peu comment, jusqu'à présent, on a réglé la valeur.

Nous venons de voir que dans la production d'un objet, il entrait une part de forces naturelles qui n'appartiennent à personne, — à tout le monde, par conséquent — c'est donc un premier vol qu'accomplissent ceux qui s'en accaparent le monopole pour les revendre aux autres. Nous verrons dans le chapitre suivant, que la force de travail dépensée pour ouvrer un objet est également impossible à évaluer, et qu'elle varie selon la volonté du capitaliste et les circonstances dans lesquelles se meut le travailleur.

Selon que le produit abonde ou se raréfie sur le marché, cette valeur baisse ou monte. Or, on sait que ces hausses ou ces baisses artificielles sont provoquées à volonté par des agioteurs qui inondent le marché ou font la rafle des produits sur lesquels ils veulent spéculer, ou tout simplement pour écraser le concurrent qui les gêne. La valeur des objets est donc purement arbitraire et ne repose sur rien de logique.

Jusqu'à présent, nous voyons que créer de la valeur c'est prélever une certaine somme sur le travail d'autrui, en servant d'intermédiaire entre le producteur et le consommateur, somme que l'on baptise « bénéfice » pour se justifier de la mettre dans sa poche, et parce que l'organisation sociale est ainsi constituée, que cet intermédiaire dont on pourrait se passer dans une société normalement constituée, est rendu inévitable, par le fait que quelques-uns se sont approprié le capital qui manque aux autres.

Pour légitimer ce bénéfice que le capitaliste retire de son commerce, de son industrie ou autres opérations, les économistes nous font entrer en ligne de compte « les risques courus par le capital dans l'entreprise. » Nous n'avons pas besoin d'insister sur ce fait que le capital ne produit rien par lui-même ; qu'après avoir été acheté, un objet ne vaut intrinsèquement : que ce qu'il valait auparavant ; il n'y a que le travail qui puisse ajouter à sa valeur, puisque valeur il y a.

S'il y avait des risques à courir et qu'il dût y avoir une prime à payer pour ces risques, en toute logique, c'est au travail qu'elle devrait être payée, puisque c'est lui qui a fourni le capital nécessité par l'achat. Mais ce sont les capitalistes qui font la loi. Ils en ont décidé autrement. Passons.

« Le capital que l'on aventure dans une entreprise, court des risques », disent les économistes. « L'entreprise peut ne pas produire ce que l'on en attend, ou même échouer tout à fait, le capitaliste est, par suite, exposé à perdre ses avances. Il est donc de toute justice qu'il prélève un certain intérêt de son argent pour se couvrir de ses risques ! »

Voilà bien de la logique capitaliste ! Parce qu'il est exposé à perdre son capital, celui qui lance son argent dans une entreprise doit réclamer un intérêt qui le couvre de ses risques. Mais, de deux choses l'une, ou le capitaliste récupérera les fonds qu'il aura avancés, ou il les perdra. Dans le premier cas il n'aura pas couru de risques, alors il prélève indûment une assurance qui ne lui revient pas ; dans le second cas, le risque était bien réel, puisque l'accident est arrivé, mais il nous semble que s'il y perd le capital, il ne doit pas tirer grand'chose de la prime d'assurance. Il aura beau élever cette prime d'assurance, ce n'est pas cela, bien au contraire, qui le fera rentrer dans son capital perdu.

La prime d'assurance n'est donc payée que par les entreprises qui réussissent ? Le capitaliste n'empoche sa prime que lorsqu'il n'a pas couru de risques ? Il s'ensuit donc que ce sont les opérations qui ne courent pas de risques qui paient les aléas des opérations véreuses. Le capital se récupère toujours sur le produit du travail ; c'est ce dernier qui paie les pots cassés.

Mais, à ce compte-là, le gargotier qui marque « à la fourchette », ferait donc sans le savoir « de l'économie politique ? » En faisant figurer deux fois le même article sur la même note, on fait payer au client solvable pour celui qui « oublie » de le faire, c'est la mise en pratique du système cher aux Leroy-Beaulieu et aux Molinari. Voilà une application naturelle de leurs lois économiques que ces derniers n'avaient pas encore invoquée, et que nous nous faisons un plaisir de leur signaler.

Du reste, est-ce que dans la société actuelle, tout n'est pas organisé de cette façon. Les maisons de vente par abonnement, ces « œuvres si éminemment philanthropiques », ne sont-elles pas basées sur ce système. Tout le monde connaît les sommes énormes qu'elles sont « censé » perdre, par la mauvaise paye de nombre de clients qui, une fois en possession de l'objet désiré, ne veulent plus du tout entendre parler de liquider leur compte. Nous avons dit censé perdre, et le mot est exact, car ordinairement, l'objet n'est livré que lorsqu'il est déjà à moitié soldé, mais comme la maison a le soin de le tarifer quatre fois sa valeur, il s'ensuit qu'elle gagne encore dessus cent pour cent, sans compter des avances de fonds dont elle a joui sans rien débourser. Et voilà comment on fait crédit aux travailleurs !

Dans les sociétés de secours mutuels, associations pour l'achat ou la création de rentes, est-ce que le système n'est pas le même ? Ne sont-ce pas les cotisations de ceux qui ne seront pas malades qui paient les médicaments de ceux qui le seront ? Les versements de ceux qui mourront avant l'âge fixé qui formeront les rentes des survivants ? Et toute la société est ainsi basée au rebours du sens commun, où la solidarité est bien mise en œuvre, mais pour profiter tout aux uns en exploitant les autres. Organisée, surtout, de façon à faire désirer à chacun la perte de son concurrent puisqu'il doit profiter de ses dépouilles.

Nous avons dit plus haut que c'était le travail seul qui était le producteur de toute richesse. En effet, on pourrait entasser toutes les pièces d'or, d'argent, toutes les valeurs financières, combiner tous les transfèrements et tous les virements possibles, brasser le tout, tant que l'on voudra, le temps ne les augmentera pas d'un gramme, les espèces ne feront pas de petits. Les spéculations les plus abstraites et les plus fictives supposent toujours un produit naturel, une certaine dose de travail sur lesquels puissent se baser leurs calculs.

Que l'on supprime ces valeurs, les relations, certainement seront modifiées, les conditions d'existence et du travail prendront une autre tournure, à coup sûr, mais, somme toute, il n'y aura pas un gramme de moins de viande, un grain de blé de moins. L'humanité pourrait continuer de vivre, tandis que du jour où les producteurs refuseraient le travail, la bourgeoisie avec son capital ferait triste mine. C'est donc le travail qui est le vrai producteur de richesses. Le capital représenta toute la valeur et le produit dont le travail a été frustré.

Si les premiers trafiquants s'étaient contentés d'échanger des objets de consommation contre d'autres objets de consommation, ils n'auraient pu se créer de capital. Si deux individus échangent deux objets d'égale valeur, ils ne sont pas plus riches après qu'avant. Ils peuvent être davantage satisfaits l'un et l'autre, en possédant un objet qui éveille davantage leur affection, mais c'est le seul avantage qu'ils en tirent. S'il y a bénéfice matériel pour l'un, c'est qu'il y a perte pour l'autre, c'est qu'alors il y a tromperie, le « marquage à la fourchette » a fait son apparition.

À l'aurore de l'humanité, lorsque toutes les facultés de l'homme étaient concentrées sur la possibilité de vivre, l'homme pouvait bien échanger un objet contre un autre, mais ce n'était qu'un échange de services, qui s'opérait, il n'y avait encore aucune place pour le commerce, ni le capital. Ceux-ci ne firent leur apparition, que lorsque certains individus eurent appris à spéculer sur les désirs de leurs semblables et à se faire payer leurs services plus qu'ils ne valaient réellement. Ce dut être la survivance d'un souvenir semblable qui, chez les anciens grecs et romains, leur avait fait donner aux voleurs et aux marchands un dieu commun : Mercure !

L'évolution ayant pris cette direction, plus l'homme s'est développé, plus la spécialisation s'est accentuée, c'est ce qui fait que le commerce est devenu une institution que l'on retrouve déjà complètement établie dès l'aurore de l'époque historique. Plus les échanges se sont multipliés, plus les capitaux se sont concentrés entre les mains de ceux qui avaient formé la classe mercantile, mais l'ancienneté du vol ne peut justifier le vol actuel, et ceux qui en sont victimes ont le devoir de s'y soustraire.

La création de la valeur d'échange, c'est-à-dire la monnaie, a permis à ce vol de s'établir parmi les associations humaines, en faisant croire aux individus à une rémunération de services, tandis qu'on les spoliait d'une partie de leur production, en les trompant sur la valeur réelle des objets. Le capital n'est que le produit accumulé des vols que les générations passées de spéculateurs ont fait subir aux producteurs, et c'est ce vol que l'on prétend nous faire accepter comme la conséquence d'une « loi naturelle », pour légitimer les vols que l'on voudrait continuer de faire subir aux générations présentes et futures.

Nous venons de voir que l'on n'avait pas pu établir une véritable mesure de la valeur, nous allons voir maintenant que, jusqu'à présent, on ne nous a présenté que des conceptions arbitraires de la valeur, que cette mesure est impossible à créer et que, par conséquent, la prétention des économistes et des socialistes de vouloir établir une société où chacun serait rémunéré selon son travail n'est qu'une fumisterie, et qu'une règle établie en ce sens ne sera que la continuation de la spoliation légale des uns au détriment des autres.

XV. LA MESURE DE LA VALEUR ET LES COMMISSIONS DE STATISTIQUE

Comme nous l'avons vu, il n'y a pas que les économistes pour déclarer la constitution de la valeur nécessaire à l'organisation d'une société stable. Tous les socialistes qui ont voulu établir des plans de réorganisation sociale sont venus se buter à cet écueil. Les socialistes qui demandent l'abolition de la propriété individuelle ; les collectivistes qui se prétendent révolutionnaires, n'ont rien trouvé de mieux, pour remplacer l'organisation capitaliste, que d'établir, dans leur société, des commissions de statistique, chargées de veiller à la production et de répartir les produits au prorata du travail de chacun, ayant reconnu que la monnaie-étalon, encours, était nuisible, ils en ont décrété la suppression… pour la remplacer par une autre de leur invention !

Ce que c'est que la force des préjugés !

On a compris touie la fausseté du mercantilisme actuel ; on a compris qu'il fallait abolir la concurrence individuelle, en détruisant la monnaie, valeur d'échange, instrument de dol et de fraude, et ceux qui ont compris cela, ne trouvent rien de mieux que de remplacer un pouvoir par un autre, de substituer à l'argent, valeur d'échange, une autre valeur d'échange ! Leur révolutionnarisme consiste à changer le nom des choses ! Est-ce pour obtenir ce piètre résultat que les travailleurs doivent risquer leur existence ?

Qu'importe que ceux qui nous gouvernent, tiennent, de par la force de leur capital, le droit de nous imposer leur volonté, dans la production et les échanges ou qu'ils fassent consacrer cette volonté par une comédie électorale ?

Qu'importe aux travailleurs que la valeur d'échange soit d'un métal plus ou moins précieux : or, argent, tôle, fer-blanc, papier, cuir-bouilli, carton ou toute autre substance ? Qu'importe qu'on l'appelle franc, dollar, livre, florin, heure de travail ou toute autre épithète dont il plaira de l'affubler, selon l'étalon dont on se servira pour l'évaluer ? Qu'y aura-t-il de changé ? Les mêmes causes ne produiront-elles pas les mêmes résultats ? Le danger réside-t-il dans l'appellation ou l'emploi de la chose ?

Si, dans la société future, il se fait encore *échange de produits*, chacun alors, aura intérêt à faire estimer les siens plus que les autres, et aura le droit de se croire lésé lorsque cette estimation ne sera pas celle qu'il avait rêvée. Nous verrons alors se reproduire les inconvénients de la société actuelle.

Pour éviter les tiraillements et les récriminations, il faudrait trouver une base qui permît d'attribuer, à chacun, la part réelle qui lui revient de son travail. Il faudrait trouver un moyen qui permît de mesurer, d'une façon mathématique la part d'efforts de chacun, a-t-on trouvé cette base ? — Voici ce que dit un des leurs :

«... Le grand moyen d'action, le pivot du mutuellisme, c'est la constitution de la valeur. En effet, pour établir l'égal échange, l'échange à prix de revient, il faut que la valeur soit constituée.

» Mais, où trouver le critérium de la valeur ?

» Selon Proudhon, c'est l'heure du travail. Il est bon de faire observer que les socialistes de *L'internationale* ont tous été plus ou moins proudhoniens ; et d'ailleurs, ils en ont tous gardé quelque chose. Si maintenant nous ne le sommes plus, c'est que nous avons reconnu qu'il n'y a pas et qu'il ne peut y avoir de mesure de la valeur.

» Si on voulait absolument constituer la valeur, on arriverait à tarifer les produits, sans tenir compte ni du plus ou du moins des talents, ni des études, ni de tout ce qu'on aurait dépensé de force morale et matérielle pour fabriquer ces produits. »

(Extrait d'un rapport au Congrès de Bâle, cité par B. Malon dans *l'Internationale, son histoire et ses principes*.)

XV. LA MESURE DE LA VALEUR ET LES COMMISSIONS DE STATISTIQUE

Et cet aveu est fait par tous, ces pauvres économistes, même, qui ont la prétention de ne marcher que par « lois naturelles », n'ont pu, jusqu'ici expliquer celle-là, et sont forcés de convenir que le pivot de leur système n'est qu'une loi du plus pur arbitraire !

En désespoir de cause, les socialistes autoritaires se sont donc raccrochés, faute de mieux à cette mesure de la valeur : l'heure de travail ! Seulement, il y a des travaux qui demandent une dépense plus considérable de forces ; il y a des travaux plus répugnants, plus dangereux, comment se tirer de cet écueil ?

Les uns veulent classer ces travaux en corvées sociales, que chacun serait appelé à faire à tour de rôle, on créerait un tour de service qui, probablement comporterait des exceptions, cela va sans dire du moment qu'ils seront organisés par une autorité. Les autres trouvent plus pratique de majorer le prix des heures fournies par le personnel de ces travaux. En tous cas, voilà déjà de belles causes de division et de chicanes parmi les sociétés.

Mais, il y a plus. Dans tout travail, il y a plusieurs facteurs : force musculaire et adresse, travail cérébral à divers degrés de complexité, raisonnement, mémoire, comparaison, simplification ou perfection du travail, que sais-je encore, n'en voilà-t-il pas assez pour compliquer la question et rendre le travail des répartiteurs diablement ardu sinon impossible ?

Sur quelle base établir une valeur d'échange qui donne à chacun le « produit intégral » de son travail, et empêche toute réclamation ? Quel est le dynamomètre qui pourra, constamment, être adapté aux nerfs de l'individu pour enregistrer les forces dépensées et leur application, qui pourra enregistrer ses opérations cérébrales ?

Cette valeur d'échange ne pouvant se constituer que d'une façon tout approximative, selon un travail et un temps donné, on sera donc forcé d'adopter, à l'amiable, une moyenne, entre tous les genres de travaux ? Qui établira cette moyenne ? — Les commissions de statistique. Mais ceux qui se croiront lésés ?... comment les satisfera-t-on ? Cette moyenne la leur imposera-t-on de force ? Certains collectivistes se gendarment quand on leur dit que leurs commissions seraient des gouvernements, « Administration », oui, « gouvernement, non », répondent-ils.

De deux choses l'une, pourtant, cette adoption de la valeur sera imposée, ou les travailleurs auront acquis assez de sens pratique, d'abnégation sur les petites questions d'intérêt, pour accepter une chose qui leur paraîtrait préférable à l'état de choses actuel ?…

Pourquoi, alors, leur refusez-vous cet esprit de solidarité, lorsqu'il s'agit de la société anarchiste ?

D'autre part, en créant les bons de travail — c'est le nom de la nouvelle monnaie, — comment empêchera-t-on l'accumulation ? autre difficulté très importante à résoudre, sinon on ouvre la porte à la possibilité de capitaliser.

À cela on a répondu que, l'accumulation ne pouvant porter que sur des objets de consommation, la propriété immobilière, le sol, l'outillage, etc., étant inaliénables, les dangers de cette accumulation ne pourraient être bien grands.

Au point de vue de la reconstitution de la propriété individuelle, il est bien évident que cette accumulation ne pourrait être bien dangereuse. Mais il y a un danger moral : en permettant aux individus d'amasser et de thésauriser, on leur fournirait le moyen de reconstituer le commerce et la concurrence individuelle que l'on a la prétention de détruire dans la reconstitution de la nouvelle société. Au lieu d'amortir l'esprit de lucre et de mercantilisme si funestes aujourd'hui, on les entretiendrait dans l'esprit des individus, ce serait les inciter à chercher les moyens d'étendre encore cette facilité d'échange. C'est comme cela qu'a débuté la société capitaliste. Est-ce bien la peine de faire une révolution pour en revenir à notre point de départ ?

Mais en dehors de ce danger à échéance, il y en aurait un plus immédiat, et dont le résultat serait la dislocation du système collectiviste. Nous allons expliquer comment :

Supposons ces individus « mal intentionnés » — que les collectivistes affirment devoir abonder dans une société anarchiste. — Supposons ces individus pouvant produire beaucoup plus qu'ils n'auront besoin — cela se voit tous les jours — et, par là, arrivant à accumuler. Pour ne pas noircir le tableau plus qu'il ne convient, nous laisserons de côté la possibilité de spéculation ou de solder des individus qu'ils emploieraient à satisfaire leurs caprices personnels, supposons ces dangers-là écartés. Rien que le fait d'accumuler est un danger. Car, pendant que, d'un côté, ils encombreraient les magasins sociaux du produit de leur activité, cette surabondance n'étant pas équilibrée par une consommation égale, les calculs des commissions de statistique se trouveraient ainsi bouleversés de fond en comble, car, chaque heure de travail équivalant à un produit représenté en magasin, ce produit ne pourrait être délivré que contre le « bon » correspondant. S'il se trouvait des individus laissant périmer leurs bons, faute de besoin, il pourrait arriver que d'autres individus, ayant besoin de ce même produit en magasin, ne pourraient se le procurer faute du bon y afférent.

Les collectivistes ont bien prévu l'objection, car ils se sont évertués à trouver toutes sortes de palliatifs. Mais, comme tous les palliatifs, cela complique fort inutilement le système et laisse toujours subsister le danger. Ils ont trouvé, entre autres, l'annulation périodique des bons de travail inemployés !

Mais les individus peuvent fort bien ne pas conserver leurs bons et les échanger contre des produits qui se conservent indéfiniment. Puis, où serait la raison de m'empêcher d'échanger mes anciens bons contre des nouveaux, à l'époque de leur renouvellement ? — Il pourrait se faire que je veuille travailler et accumuler dix, vingt ans de mon existence pour faire la noce ensuite, à rien produire, de quel droit m'en empêcheriez-vous ? Instituerez-vous la consommation immédiate et obligatoire ?

Mais, autre difficulté encore. Il y a des gens qui, sans intentions perverses, peuvent avoir la faculté de produire indéfiniment et y trouver leur plaisir, sans éprouver le besoin de consommer ce qu'ils produisent. Or, chaque bon de travail devra être représenté, en magasin, par son équivalent en produits ; il pourra surgir alors, dans une société soi-disant égalitaire, cette anomalie que, faute de besoins, des individus auront laissé périmer leurs bons, et qu'il y aura ainsi, en magasin, des produits inutilisés, pendant que d'autres individus ne pourront satisfaire leurs besoins, faute de produire en conséquence.

Puis, comme les commissions de statistique doivent régler la production selon les besoins de la consommation, se trouvant en présence de produits inutilisés, elles se verront, forcément, amenées à restreindre la production desdits produits. Et, de même que, dans la société actuelle, l'encombrement des magasins produit la pauvreté et le chômage pour les producteurs, nous nous demandons quelles complications pourraient surgir de toutes ces causes de perturbation.

Et nous arrivons alors à cette alternative citée plus haut : ou bien forcer les individus à dépenser leurs « bons de travail » ou bien détruire les produits non réclamés, ou bien en faire une distribution gratuite aux « nécessiteux » ! — Rétablissement de l'assistance publique, alors ?

Mais les collectivistes affirment que leurs commissions de statistique n'auraient aucun pouvoir pour imposer leurs décisions ? — Il faudrait donc qu'elles acceptent de barboter dans le gâchis qui découlerait de leur tentative d'organisation, qu'elles laissent se produire le chômage qui résulterait de l'encombrement des produits, ou bien alors qu'elles passent par dessus les règles qu'elles auraient elles-mêmes établies, ou bien encore qu'elles fassent appel à la bonne volonté des individus ?

Pourquoi leur nier, alors, le droit et la faculté de s'orienter eux-mêmes, au gré des circonstances ?

C'est ici que, malgré toutes les dénégations, nous voyons poindre le rôle de ces fameuses commissions de statistique. Elles réglementeraient les heures de travail en fixant à chacun le temps qu'il *devrait* fournir à la collectivité ; elles réglementeraient la production en indiquant à chacun ce qu'il *devrait* produire ; il n'y a que la consommation : nous voyons bien comment on la limiterait, mais non comment on la balancerait avec la production. Dans une société semblable, l'individu se trouverait limité dans tous ses actes, à chaque mouvement il se casserait le nez contre une loi prohibitoire. Cela peut être du « collectivisme », mais, à coup sûr, ce n'est pas là de l'égalité ; de la liberté encore bien moins.

En dehors de tous ces inconvénients, il y en a encore un plus dangereux. C'est qu'en instituant ces commissions — qui ne seraient autre chose qu'un gouvernement, sous une dénomination différente — nous n'aurions tout bonnement fait une révolution que pour activer la concentration des richesses, qui s'opère aujourd'hui dans les hautes sphères capitalistes, et arriver, en fin de compte, à mettre entre les mains de quelques-uns la propriété de l'outillage et de toutes les richesses sociales, à augmenter cette bureaucratie qui nous épuise et nous tue actuellement.

Les capitalistes voudraient, aujourd'hui, détruire l'État en le fragmentant, et en faisant de chacune de ses fonctions une entreprise industrielle. Cela pour y mettre la main plus sûrement encore qu'ils ne l'ont déjà. Les collectivistes veulent s'emparer de la richesse pour la concentrer entre les mains de l'État, même besogne au fond, prise en sens inverse pour arriver au même résultat.

Aujourd'hui que l'État ne possède qu'une minime partie de la fortune publique, il a su créer, autour de lui, une foule d'intérêts particuliers qui sont intéressés à sa conservation et font, d'autant, obstacle à notre émancipation. Que serait-ce donc d'un État patron, capitaliste et propriétaire, tout à la fois ? D'un État omnipotent, disposant, à son gré, de toute la fortune sociale et la répartissant au mieux de ses intérêts. Un État, enfin, qui serait maître, non seulement de la génération présente, mais aussi des générations futures, en prenant à sa charge l'éducation de l'enfance, et pouvant ainsi, à volonté, lancer l'humanité dans la voie du progrès par une éducation large et sans bornes, ou bien en arrêter le développement par une éducation étroite et rétrograde. On recule effrayé devant une telle autorité, disposant de si puissants moyens d'action.

C'est comme le capitalisme. Il est parvenu à créer un ordre de choses qui lui aide à soutenir ses intérêts de classe, mais chaque membre de cette classe a des intérêts particuliers qui le mettent en antagonisme avec les membres de sa caste et font que le travailleur en profite pour en arracher un avantage. Une révolution collectiviste aurait pour effet d'accélérer la fusion de nos deux ennemis : le Capital et l'Autorité !

Nous nous plaignons que la société actuelle nous arrête dans notre marche en avant, nous nous révoltons de ce qu'elle comprime nos aspirations sous le joug de son autorité ! Que serait-ce donc dans une société où rien ne pourrait se produire, s'il ne portait l'estampille de l'État représenté par les commissions de statistique ?

Dans une société semblable toutes les bonnes volontés seraient annihilées, toutes les initiatives seraient brisées. Aucune idée nouvelle ne pourrait voir le jour, si elle ne parvenait à se faire reconnaître d'utilité publique ; or, comme toute idée nouvelle est forcée de lutter contre les idées ayant cours, ce serait l'étouffement systématique, l'écrasement complet pour toute idée neuve. Elle serait morte avant d'avoir vu le jour.

Ainsi, pour ne prendre qu'un exemple, l'imprimerie qui, jusqu'à ce jour, a été un des plus puissants moyens de progrès, en permettant de vulgariser les connaissances humaines, et que les lois les plus restrictives ne peuvent parvenir à faire taire, l'imprimerie serait fermée aux idées nouvelles ; car, quel que soit le désintéressement de ceux qui seraient appelés à former le gouvernement collectiviste, on nous permettra — et la largeur de conceptions que déploient ses apôtres actuels, ne peut guère nous enlever ce doute, — on nous permettra de douter qu'ils puissent pousser l'abnégation jusqu'à laisser imprimer quoi que ce soit, attaquant leurs actes, leur autorité, leurs décisions ; surtout lorsqu'ils pourraient se croire investis du soin de mener les individus à un bonheur qu'ils se déclarent incapables d'atteindre sans eux, et que, pour légitimer ce refus, il leur suffirait d'alléguer des considérations d'ordre public : que, par exemple, les forces productrices étant toutes absorbées par les besoins immédiats, il ne leur serait pas loisible de les détourner de leur fonction pour la création de choses dont le besoin n'est pas suffisamment établi.

Et plus ces hommes seraient sincères, plus ils auraient foi en l'ordre de choses dirigé par eux, plus ils seraient impitoyables pour les idées qui viendraient combattre leurs conceptions. Étant fermement convaincus que le bonheur humain est au bout de leurs spéculations, ils n'en étoufferaient que plus impitoyablement les idées contraires. Nous avons trop souffert de l'autorité pour ne pas prendre nos précautions contre l'avenir, nous ne voulons plus remettre nos destinées à la disposition des errements individuels ou collectifs.

Les commissions de statistique, nous dit-on, ne seraient pas une autorité : elles *détermineront* la production, *répartiront* les produits, elles *établiront* ceci, *organiseront* cela, mais ça ne serait pas un gouvernement. Ho ! pas le moins du monde. Comment donc ! bien au contraire, elles seraient les servantes du peuple !

XV. LA MESURE DE LA VALEUR ET LES COMMISSIONS DE STATISTIQUE

Nous demanderons alors : Si les groupes ou individus, restent libres de les envoyer promener quand elles les embêteront, où est leur utilité ? N'est-il pas plus simple de laisser les individus s'organiser librement, régler leur production et leur consommation comme ils l'entendront ? sans venir compliquer la chose d'un rouage inutile ?

Quelles que soient les dénégations de ces partisans honteux de l'autorité, ils auront de la peine à sortir de ce dilemme : Ou bien les groupes et les individus seront libres d'accepter ou de rejeter les décisions de ces commissions, ou bien ces décisions auront force de loi ?

Dans le premier cas, inutile d'établir les commissions, dans le second, il faudra donc créer une force pour appuyer ces décisions ? En ce cas, alors, que devient la liberté des opposants ?

XVI. LA DICTATURE DE CLASSE

Mais c'est si bien un gouvernement, avec tous ses pouvoirs, tous ses attributs, qu'ils veulent établir que, pour le justifier à l'avance, les socialistes autoritaires proclament bien haut : qu'il faudra établir la « dictature de classe ».

Qu'entend-on par « dictature de classe » ? Voilà, par exemple, ce que l'on oublie d'expliquer. Ne serait-ce pas là encore un de ces mots pompeux, bien ronflants, bien sonores et tout à fait vides de sens, ne signifiant absolument rien ; mots creux que l'on jette, de temps à autre, en pâture à la foule, pour éviter de lui donner des explications que l'on serait bien en peine de fournir. Mots semblant contenir tout un monde de promesses, dont s'emparent les naïfs pour s'en faire un drapeau, et à l'aide desquels on les berne et on les bafoue. « Dictature de classe » ! Voyons donc ce que cela veut dire.

« Ce serait l'arme des travailleurs contre la bourgeoisie », nous répond-on. — Très bien ; mais comment exercera-t-on cette « dictature de classe » au lendemain d'une révolution[1] qui, pour avoir réussi, aura dû avoir, pour effet, justement, de faire disparaître toutes les inégalités sociales ?...

---

1 Les autoritaires, eux, admettent la transformation sociale brusquement opérée par une révolution. Ils en font la raison de l'autorité qu'ils veulent établir.

Nous avons beau creuser ce problème, nous ne pouvons en tirer qu'une conclusion. — En agitant devant l'imagination des travailleurs, le spectre bourgeois, on veut les habituer à n'être qu'une masse aveugle, inconsciente, recevant le mot d'ordre de certaines têtes de colonnes ; on voudrait les habituer à n'agir que d'après une impulsion donnée par un centre directeur, sans permettre la moindre initiative personnelle ; on préparerait ainsi l'avènement de tout un système dictatorial que personne n'aurait à discuter, que l'on imposerait, à tous, au lendemain de la révolution.

Cela est bien calculé ; avec ce système, le gouvernement officiel pourrait, à la rigueur, se faire humble, soumis, faire semblant de ne marcher que d'après les « désirs du peuple ». Pas besoin en apparence, de police et d'armée officielles, ces moyens coercitifs lui seraient spontanément fournis par ce bon populo, toujours généreux. N'aurait-on pas en main toutes les forces vives de la Révolution, habituées à exécuter, sans discuter, les ordres suggérés par les comités directeurs anonymes ! La dictature de l'Hôtel-de-Ville pourrait se faire paterne et doucereuse, nous en aurions une, insaisissable et toujours renaissante dans nos rangs.

Nous devons combattre, de toutes nos forces, une pareille dictature, cent fois plus terrible, dans ses effets, que toutes celles qui ont pu exister jusqu'à présent. Le peuple ne ferait qu'imposer ce qui lui serait dicté par ses maîtres, alors qu'il croirait imposer ses propres volontés. Pas une mesure dont il demanderait l'application qui ne lui fût suggérée par ceux qui en auraient besoin pour le mater.

De plus, les individus que l'on aurait arrachés à l'atelier[1] ne pourront plus produire, forcés, qu'ils seront, de donner tout leur temps à l'exercice de cette dictature. Ils deviendront donc, par ce fait, des bourgeois ? La première chose qu'ils auraient à faire, selon nous, pour inaugurer leurs fonctions, serait de se supprimer eux-mêmes.

À cela, on nous répondra que, exerçant cette dictature de par la volonté de leurs camarades, et au profit du bien-être général, leur production, pour n'être pas matérielle, n'en serait pas moins effective, puisqu'ils contribueraient à la bonne marche de l'ordre social. Que les facultés productrices, du reste, ne se bornent pas à ouvrir

---

1 Nous supposons que ce soient des ouvriers que l'on aura pris pour « dictaturer ».

des objets, et que le savant qui résout un problème d'algèbre, de physique ou de psychologie, est producteur au même titre que celui qui a cultivé un champ, tourné une pièce mécanique ou fabriqué une paire de bottes. Qu'ils ont droit à une rétribution, quel que soit le mode de leur activité.

Certes, nous savons que le travail cérébral peut être aussi producteur que le travail manuel, nous ne voulons pas exalter l'un aux dépens de l'autre. Chaque manifestation de l'individualité humaine est utile à la bonne marche de l'humanité, toutes doivent avoir leur place dans la société que nous voulons. Mais défions-nous des arguties des partisans du distinguo.

À quoi nous servirait de jeter une aristocratie par dessus bord, si nous nous empressions d'en élever une autre à sa place ? En serions-nous plus avancés ?

« Nous serions conduits par nos égaux », nous dit-on. Ils ne le seraient plus du jour où nous leur aurions donné le droit de nous commander. Et qu'importe qui dicte l'ordre, quand celui qui le reçoit n'a plus qu'à obéir ?

Ah ! ce qui pèse aujourd'hui si lourdement sur nos épaules, ce n'est pas le petit nombre de patrons et de propriétaires qui vit de notre travail. Si la misère étreint, à l'heure actuelle, tant de travailleurs ce n'est pas tant que la propriété appartient à quelques individus, mais c'est surtout parce que ces individus ont besoin de tout un système d'organisation hiérarchique qui entraîne, avec lui, la création d'une foule d'emplois inutiles qui, tous, pèsent sur le producteur et pour lesquels ce dernier est forcé de travailler. Qu'importe que l'on nous change les noms, qu'importe la façon de recruter le personnel, si la charge nous reste sur les épaules ?

Si le peuple réussit à faire sa révolution, en s'emparant de la propriété, avons-nous dit, les classes devront, par le fait, être abolies ? Et alors, nous ne voyons plus la nécessité d'exercer, à leur rencontre, une dictature quelle qu'elle soit. « Il restera, » dit-on, « des bourgeois qui pourraient être un danger pour le nouvel état de choses, c'est leur existence qui nécessitera l'établissement de cette dictature ».

Très bien ; on établira un pouvoir pour réduire à l'impuissance ceux qui voudraient ramener la société en arrière. Rien de mieux. Mais ce pouvoir, une fois établi, qui l'empêchera de faire la guerre à ceux qui voudront marcher en avant ? — Portés au pouvoir *pour faire la guerre aux individus mécontents de la situation par vous créée*, qui saura faire la différence entre ces mécontents ? de ceux qui voudront pire et de ceux qui voudront mieux ?

Allons donc ! cette dictature est par trop élastique, nous n'en voulons pas. Pour nous, partisans de la liberté *vraie*, nous considérons que le mauvais vouloir de quelques individus isolés dans la société ne justifie pas la réglementation de tous. Privés de ce qui fait leur force aujourd'hui : capital, autorité, la mauvaise volonté des bourgeois ne saurait être un danger pour personne. Un pouvoir à la tête de la société serait un danger pour tous.

Et puis, sérieusement, croit-on qu'une transformation sociale, devant arracher la propriété des mains de la minorité, puisse s'établir sans avoir à passer par les tâtonnements que l'on prévoit pour la société anarchiste ? — Assurément non. Puis, avantage pour ce dernier, pendant qu'il irait, en tâtonnant c'est vrai, mais librement du moins, laissant à chaque caractère, à chaque tempérament, la faculté d'évoluer, selon sa conception, en développant son initiative, l'organisation centralisée, avec sa prétention d'établir un système unique, irait, heurtant de front, la susceptibilité des uns, les espérances des autres, créant des mécontents, mais aussi des satisfaits et des intérêts nouveaux autour d'elle qui, se resserrant autour de cette nouvelle autorité, s'en servirait pour réduire les premiers, ne leur laissant d'autre porte de sortie qu'une révolution nouvelle.

Au contraire, en laissant les groupes libres de leur organisation, tel groupe qui ne se trouverait plus en rapport avec les développements de la société, pourrait se réorganiser sur de nouvelles bases ; les individus faisant partie de ce groupe, pourraient, si ce groupe ne répondait plus à leurs aspirations, le quitter pour entrer dans un autre qui répondrait mieux à leurs nouvelles conceptions ou en former un nouveau, selon leur manière de voir ; cela sans amener de perturbation dans la société ; car ces changements auraient lieu partiellement et par degrés, tandis que la centralisation imposée exige toujours une révolution pour changer le moindre de ses rouages.

La marche de l'humanité ne nous présenterait plus ainsi qu'une évolution continuelle qui nous conduirait sans arrêts, sans à-coups, au but que nous envisageons tous : le bonheur de chacun… — Mais dans le bonheur commun, ajouterons-nous.

On voit par ce qui précède que, loin de vouloir faire sauter à tous moments et hors propos, ceux qui ne seraient pas de notre avis, nous ne demandons, au contraire, que le droit[1] ou plutôt la latitude d'exercer ce droit naturel inhérent à notre existence. Que l'on nous laisse libres de nous organiser comme nous l'entendrons, libre à ceux qui ne penseront pas comme nous de s'organiser selon leurs propres conceptions.

Est-ce notre faute si ceux qui nous oppriment ne nous laissent, pour faire jour à nos réclamations, d'autre issue que la violence, qu'ils ne se gênent pas d'employer à notre égard.

Nous voulons reprendre notre place au soleil. La bourgeoisie refusant de nous la laisser prendre pacifiquement, espère-t-elle sérieusement que nous allons platement nous coucher à ses pieds, attendant patiemment qu'elle nous jette un os à ronger ?

Elle se sert du pouvoir dont elle s'est emparé, et de la situation économique qui nous est faite, pour nous asservir et nous exploiter, ne nous laissant d'autre alternative que de subir lâchement notre exploitation ou de lui passer sur le ventre ; qu'elle ne s'en prenne donc qu'à sa rapacité si la révolution est un des moyens qui se présentent à nous pour nous émanciper. La violence appelle la violence ; ce n'est pas nous qui avons créé la situation. L'infatuation bourgeoise en est la première fautrice.

Mais si nous voulons déposséder la bourgeoisie de cette propriété qu'elle détient, si nous voulons la déloger de ce pouvoir où elle s'est réfugiée comme dans une citadelle, ce n'est pas pour exercer l'autorité à notre tour, ce n'est pas pour permettre à une classe et à des individus de se substituer à elle dans l'exploitation de l'activité humaine.

La bourgeoisie, en 89, en s'emparant des biens de la noblesse et du clergé, s'est arrangée à en faire bénéficier quelques-uns des siens, au détriment de ceux qui y avaient droit, avant eux, puisqu'ils

---

1 Le droit nous n'avons pas besoin qu'on nous l'accorde, nous savons le prendre au besoin, c'est la possibilité de l'exercer que nous voulons.

les cultivaient eux-mêmes. Elle a fait ainsi une révolution de classe. Nous, nous voulons l'affranchissement de l'individu, sans distinction de classe, c'est pourquoi nous voulons arracher la propriété à la classe qui la détient pour la mettre à la disposition de tous, sans exception, pour que chacun puisse y trouver la facilité de développer ses propres facultés.

Et si, pour accomplir cette transformation, nous avons recours à la force, loin de faire acte d'autorité, comme cela a bêtement été dit, nous faisons, au contraire, acte de liberté, en brisant les chaînes qui nous entravent.

Un autre argument en faveur de l'autonomie des groupes et des individus, dans une société vraiment basée sur la solidarisation des efforts et des intérêts de tous, c'est que l'idée humaine progresse sans cesse, tandis que l'individu, au contraire, arrivé à une période où s'arrête le développement de son cerveau, s'ankylose intellectuellement, et considère comme folies les idées neuves professées par de plus jeunes que lui.

Est-ce que, par exemple, les idées de 48, ne nous paraissent pas, aujourd'hui, des plus anodines, pour ne pas dire des plus rétrogrades ? Et les quelques survivants de cette époque qui, jadis, passaient pour des exaltés, dans quel camp les trouve-t-on aujourd'hui ?

Sans remonter aussi haut, se battrait-on, aujourd'hui, pour les seules idées ayant cours en 71 : indépendance communale, socialisme non défini ? — Qu'avons-nous vu au retour des amnistiés qui, par le fait de la déportation, se sont trouvés séparés du courant intellectuel ? — Ils sont revenus, pour la plupart,[1] à peine à la hauteur des radicaux qu'ils laissaient fort loin, derrière eux, avant les événements. Nous ne voulons pas chercher où ils se trouvent aujourd'hui.

Non, tant que l'on voudra établir un mode unique d'organisation, on créera par là une barrière contre l'avenir ; barrière qui ne pourra disparaître que par le fait d'une révolution de la génération suivante.

---

1 Nous parlons ici, bien entendu, des sincères et non des décrocheurs de timbales, dont l'ambition les fait se ranger toujours du côté où il y a à glaner, et ensuite cracher sur leurs anciens coreligionnaires.

XVI. LA DICTATURE DE CLASSE

Que ceux qui se croient supérieurs à la masse entière, se proclament ses directeurs, et réclament des institutions pour pouvoir exercer leur « protectorat », ils sont dans leur rôle. Quant à nous, qui voulons l'égalité et la liberté vraies, sans restrictions, qui pensons qu'un homme en vaut un autre, quelles que soient leurs différences d'aptitudes, convaincus, même que ces différences ne sont qu'un gage de plus du bon fonctionnement d'une société harmonique, ce n'est pas une dictature de classe que nous voulons, mais la disparition complète, absolue, de toutes les inégalités et privilèges qui les constituent.

XVII. LES SERVICES PUBLICS

Pour justifier la nécessité d'un système de répartition dans la société future, on s'est basé sur cet argument : l'impossibilité de produire suffisamment pour permettre à chacun au lendemain de la révolution de puiser dans les produits à sa convenance.

Il n'y a pas besoin de se perdre en longs travaux de recherches de statistique pour répondre à cette crainte. Dans le troisième chapitre de ce travail, nous avons, il nous semble, énuméré assez de causes de dilapidations dans la société actuelle, assez démontré que la misère dont souffrent les travailleurs n'est produite que par l'excès d'abondance, pour qu'il nous suffise ici de le rappeler pour mémoire.

Dans la société actuelle, le travail productif est considéré, sinon comme déshonorant, du moins comme quelque chose de pas trop bien « porté » puisqu'on qualifie de « classes inférieures », ceux qui sont astreints à cette besogne. L'idéal offert aujourd'hui à l'individu n'est pas de se rendre utile à l'humanité, mais d'arriver par n'importe quel moyen à se tailler une situation économique qui lui permette de vivre à rien faire. — Aux dépens de qui, cela importe peu au capitaliste, pourvu que les rentes soient payées, il ne s'inquiète guère de savoir sur qui elles sont prélevées.

Or, dans la société que nous voulons, le mobile de l'activité humaine doit être déplacé. L'idéal ne doit plus être le parasitisme, mais l'ambition de se créer soi-même ses jouissances. L'orgueil de l'homme ne doit plus être d'énumérer le nombre d'esclaves qu'il exploite, mais de prouver qu'il n'y a pas une jouissance qu'il ne soit capable d'acquérir par ses propres forces. De ce fait, tout le travail inutile qu'impose l'organisation sociale actuelle sera transformé en travail productif et contribuera d'autant à la production générale au lieu de vivre sur elle.

Tout ce qui constitue l'armée, la bureaucratie, la foule innombrable de domestiques des deux sexes, la police, la magistrature, la législature, tous ces emplois parasitaires n'ayant d'autre fonction et d'autre utilité que la bonne marche de l'organisation actuelle, ou de satisfaire aux caprices et au service personnel des exploiteurs ou d'en assurer la défense, seraient tous relevés de leur inutilité sociale et rendus à leur propre initiative, à leur activité personnelle qui les porteraient à travailler à leur propre jouissance.

Tous ces fonctionnaires, tous ces employés et comptables qui passent leur vie à paperasser dans les bureaux, perdant leur temps et faisant perdre celui du public, parce que le capitaliste ou l'État ont besoin de savoir où ils en sont de leurs opérations sans que cela soit d'aucune utilité pour la société, seraient rendus à la vie active et productrice.

Les terrains laissés en friche par des propriétaires négligents repus ou reculant devant les premiers frais d'une exploitation plus sérieuse ; ces parcs d'agrément, ces terrains de chasse, dépeuplant des pays entiers pour servir aux seuls « esbattements » d'un particulier, seraient rendus à la production, en étant mis à la disposition de ceux qui voudraient les cultiver.

Et nous avons vu qu'ils étaient nombreux ces espaces arides et improductifs qui restent stériles par le caprice du propriétaire, ou parce que la dépense qu'ils nécessiteraient pour leur mise en culture, ne pourrait être récupérée immédiatement par le propriétaire avide, à la recherche de revenus d'usurier, mais qui, dans la société future n'exigeraient qu'une association d'efforts et de bonne volonté, pour être mis en état de production.

D'autre part, la petite propriété avec son système de clôtures, d'entourages, de morcellement et d'égoïsme individuel, force les individus à se calfeutrer chacun sur son coin de terrain et à user d'un outillage rudimentaire, faute d'assez d'espace et de bras pour en utiliser un plus compliqué mais plus producteur. La révolution en rasant les clôtures, en supprimant les limites, en confondant les intérêts, permettra aux individus de mieux comprendre leurs intérêts.

Lorsqu'ils auront compris qu'en s'associant avec leurs voisins, ils pourront utiliser une machine qui leur fera le travail de tous en huit jours, quand, individuellement, ils en auraient quinze ou trente à dépenser s'ils persistaient à se terrer dans leurs coins avec leur outillage primitif, ce sera le meilleur moyen, de les amener à arracher d'eux-mêmes les bornes de leurs domaines.

Les machines à vapeur lancées dans les plaines défonceront le sol, le fouilleront sans relâche pour lui arracher ses sucs nourriciers : un progrès entraînant l'autre, la chimie sera appelée à l'aide pour lui restituer sous forme d'engrais parfaitement assimilables et aménagés selon la production que l'on veut activer les éléments que l'on en aura tiré, sous forme de grain, de fruit, de racine ou de feuilles.

Ce n'est donc pas une hérésie scientifique d'affirmer que dans la société de l'avenir, la production pourra être portée à un degré tel, que nul n'aura besoin de limiter son appétit, ni utilité d'un pouvoir répartiteur.

On a insisté surtout sur ce fait, qu'il y a des produits tels que la soie par exemple, les vins fins, et autres du même genre qui ne pourront être créés de façon à satisfaire à toutes les demandes.

Si la révolution s'est faite, c'est que les travailleurs auront compris d'où venaient les causes de leur misère. Ils auront été assez intelligents et assez énergiques pour avoir su trouver et y porter le remède. C'est s'en faire une étrange idée, il nous semble, de supposer qu'ils pourront tout d'un coup redevenir assez stupides pour s'entre-déchirer les uns les autres, s'ils n'ont pas au-dessus d'eux, une autorité tutélaire pour leur partager un morceau de soie, un panier de truffes, une bouteille de vin de Champagne, ou tout autre objet dont la valeur ou la recherche n'est le plus souvent motivée que par sa rareté, n'a d'autre utilité que la satisfaction d'un sentiment de vanité, et peut, sans inconvénient les trois quarts du temps être remplacé par un produit similaire aussi agréable, mais moins recherché, parce que plus commun.

Cette objection est si stupide qu'il n'y aurait même pas à y répondre. Mais ce sont des arguties semblables que les défenseurs de l'autorité aiment à mettre en avant. Comme la société future ne pourra nullement forcer les limites de la nature et ceux qui la prévoient encore bien moins, il s'ensuit qu'il n'est possible d'élucider les questions que nous pose ce problème, que par des calculs et des raisonnements de probabilités, nos adversaires en triomphent, pour se poser en hommes pratiques, en esprits positifs et scientifiques.

Écoutez-les ; Eux, au moins, ne se perdent pas en vagues rêveries, en sentimentalité bête, ni en spéculations sur la bonté de l'homme. Ils ont étudié le fonctionnement de la société dans tous ses recoins, dans le dernier de ses rouages, dans le plus minutieux de ses détails, aussi, ce qu'ils sont ferrés ! — L'individu ? bon ou mauvais, peuh ! qu'ont-ils besoin de ce détail. Ils ont décidé d'avance que la société ne marcherait que d'après leur propre volonté, ils ont donc une solution toute prête à toute difficulté qui pourra embarrasser un partisan de l'autonomie. L'autorité n'est-elle pas la baguette magique qui dompte toutes les résistances ?... jusqu'au jour où on la casse sur le dos de ceux qui s'en servent.

Ainsi, voilà des travailleurs qui se seront battus pour obtenir la satisfaction de leurs premiers besoins matériels et intellectuels ; ils auront été assez intelligents pour assurer leur triomphe et ils se trouveraient arrêtés, dans la voie de leur émancipation parce qu'il n'y aura pas assez de truffes pour tout le monde ! — Le champagne manque, l'avenir de l'humanité est perdu ! Voilà l'idéal des socialistes et des bourgeois.

Nous, nous préférons penser, pour l'honneur de l'humanité, que les hommes assez intelligents pour renverser une société qui les exploitait, sauront s'entendre à l'amiable pour la répartition de produits en trop petite quantité pour pouvoir être distribués à profusion et qu'au besoin, les plus intelligents sauront faire abandon de leur tour à ceux qui ne le seraient pas assez pour attendre patiemment que vînt le leur.

Nous objectera-t-on que notre réponse est enfantine — elle n'est pourtant qu'appropriée à l'objection ! — que nous nous basons sur de la sentimentalité, sur la bonté d'un être idéal et non tel qu'il existe, etc. — Cherchons mieux, cela nous est égal.

« Il y a des produits dont la rareté ne permet pas que chaque individu en ait à sa suffisance, donc il faut un gouvernement qui évitera les contestations en les consommant lui-même ou en les distribuant à ses créatures », voilà le raisonnement des partisans de l'autorité. N'y aurait-il pas moyen de trouver une solution plus avantageuse ?

Dans la société actuelle, on voit des individus organiser entre eux, sans le secours de l'État, des sociétés de secours mutuels, des tontines où tous versent à la masse que chacun empoche quand vient son tour. Malgré les multiples causes de dissensions que fournit l'organisation sociale actuelle, cela marche et fonctionne aussi bien que ça peut marcher, dans une société qui est basée sur l'antagonisme des individus. Qu'est-ce qui empêcherait dans la société future les individus d'organiser une tontine semblable pour la distribution des objets en litige ?

Pourquoi cette supposition répugnerait-elle ? Aujourd'hui, malgré toutes les causes de dissension, malgré les divisions d'intérêt dans notre société où les individus sont forcés d'étouffer une partie de leurs besoins, nous les voyons, lorsqu'ils sont rassemblés, se faire des politesses dans un repas pour laisser à leurs voisins, ou s'offrir l'un à l'autre les meilleurs morceaux qui sont sur la table.

Et dans les familles. S'il y a un bon morceau, ne voit-on pas la femme après que les enfants sont servis, réserver pour l'homme « qui travaille et a besoin de réparer ses forces », la part de viande la plus grosse, le verre de vin s'il y en a ? S'il y a des vieux, chacun s'ingénie à leur chercher dans le plat le morceau qu'ils aiment. Et quand le pain manque à la maison, le père et la mère ne savent-ils pas rogner sur leur part, insuffisante déjà, pour grossir celle des enfants moins aptes à supporter les privations ? Au lieu d'avoir une société où les individus sont forcés de se traiter en ennemis, faites que cette société ne soit plus qu'une grande famille, et ce qui se produit dans la famille diminuée d'aujourd'hui, se produira dans la grande de demain.

Aujourd'hui, où tout est spécialisé, ceux qui produisent le champagne, la soie, ne produisent que cela. L'appropriation individuelle fait possesseur d'un clos renommé un seul individu qui en emploie plusieurs à la production dudit terrain. Dans la société future, les individus étendront leurs facultés productives à une foule d'objets. Ils seront donc forcés d'augmenter leurs groupements, et un plus grand nombre d'individus prendront part à la production de chaque spécialité. Voilà donc, déjà, un procédé de diffusion des objets qui se présente à nous tout naturellement.

D'autre part, ceux qui produiront un objet quelconque, ne se borneront pas à en fabriquer spécialement pour eux. On en fabriquera pour des amis auxquels on voudra faire plaisir, on en fabriquera pour les groupes ou individus avec lesquels on est en relation et dont on attend des services semblables.

Il en sera de même de ceux qui produiront la soie, le champagne, etc., en admettant que la possibilité de fabrication de ces produits ne puisse se faire sur une plus grande échelle qu'elle ne se fait actuellement. Ceux qui éprouveront, le plus vivement, le besoin de boire du champagne ou de s'habiller en soie, pourront essayer leurs facultés productives sur ces objets, mais comme l'homme ne vit pas que de Champagne et de soie, ils seront bien forcés de nouer des relations avec d'autres groupements pour en tirer autre chose, et, par conséquent, de faire circuler leurs produits.

L'espoir d'obtenir, par échange, des objets « si prisés », poussera les individus à s'ingénier à créer des choses nouvelles, capables d'éveiller les désirs de chacun. Et voilà que nous trouvons, sans le chercher, encore un de ces stimulants de l'activité humaine, dont les partisans de l'autorité accusent la société anarchiste de manquer.

Puis, on se dégoûte vite des choses que l'on a à profusion. Les facultés d'absorption des individus ont des limites. Quand les premiers seront saturés des objets de leur convoitise, ils offriront d'eux-mêmes leur place à de nouveaux consommateurs.

Les collectivistes ayant nié, dans un but de tactique, que leur gouvernement fût un gouvernement, il leur fallait bien trouver une épithète capable d'endormir les susceptibilités de ceux qui ne se contentent pas d'affirmations, et fît passer la chose que l'on voulait cacher dessous : « Services publics » voilà qui sonnait bien. Service public, bonheur public, république, cela vous a un cachet si bon apôtre ! Qui pourrait s'en méfier ?

« Les services des postes, des télégraphes, des transports, et autres travaux du même genre », disent les collectivistes, « tout en étant d'une utilité indispensable au fonctionnement de la société, ne produisent aucun travail concret, palpable, venant se cristalliser en un produit quelconque pouvant se déposer au magasin social. Ils n'en sont pas moins d'une utilité publique.

Ceux qui seront attachés à ces services n'en auront pas moins droit à une rétribution qui devra être prélevée sur le produit brut du travail social. Donc, nécessité de calculs pour arriver à homologuer leur travail avec celui des autres producteurs et établir une répartition proportionnelle. Leur salaire devant être imputé sur le produit total des autres corporations, il est évident que ces travaux doivent être déclarés « services publics ». (Et voilà une porte toute trouvée pour le rétablissement de l'impôt !)

En faisant cette distinction, on espère évidemment justifier l'existence des « commissions de statistique » et tous les emplois parasitaires que l'on espère créer pour la marche et la défense du nouveau pouvoir. « Services publics » ! cela répond à tout, n'est-ce pas ? et les services utiles, serviraient ainsi de passeport au parasitisme des sangsues administratives.

Mais la ficelle est bien grosse. Elle ne peut tromper que des naïfs. Est-ce que tout ce qui a trait au bien-être ou à la marche de la société, n'est pas, par le fait de son utilité, service public ? Que l'on soit employé à produire du grain ou occupé à le transporter où le besoin se fait sentir ; que l'on fasse des souliers ou des chaudrons, ou bien que l'on transporte d'une localité à l'autre la marchandise fabriquée ou la matière nécessaire à la fabrication, n'est-ce pas rendre un service égal à la société ?

Où est la nécessité de créer des catégories, dont les unes auraient une étiquette qui semblerait les mettre au-dessus des autres et fourniraient ainsi les éléments d'une nouvelle hiérarchie, si ce n'est, pour couvrir de cette égide, toutes commissions, emplois, sinécures, que l'on veut créer, et qui pourraient bien, en effet, constituer un « service » dans la société, mais un de ces mauvais services, dont il serait urgent de se débarrasser sans tarder.

On a objecté encore que, pour les travaux d'utilité générale, pouvant embrasser une ou plusieurs régions, il faudrait bien nommer des délégués chargés de s'entendre sur les travaux à accomplir ; leurs fonctions ne fussent-elles que temporaires et limitées à la réalisation du projet en vue duquel ils auraient été choisis. C'est encore une erreur, les délégations sont inutiles quand on peut faire son travail soi-même.

Comme nous avons essayé de le démontrer dans tout ce qui précède : les intérêts particuliers ne devront pas différer de l'intérêt général, chacun ne peut désirer que ce qui peut lui être utile, et ce qui lui est utile ne pourrait être nuisible à son semblable si la société n'était mal équilibrée. Les relations des groupes et des individus n'auront donc à porter que sur des points généraux, que chacun pourra bien envisager à un point de vue spécial, selon sa façon de comprendre les choses, mais où ne viendront pas se mêler des intérêts pécuniers ou des désirs d'agrandissement, d'appropriation individuelle.

De plus, toutes ces distinctions de hameau, village, commune, canton, arrondissement, patrie, qui forment, aujourd'hui, autant d'intérêts particuliers, distincts et antagoniques, seront appelées à disparaître, ou, du moins, à ne plus être que des appellations géographiques servant à faciliter les nomenclatures, les topographies et les rapports des individus. En définitive, tous n'auront qu'un but : accomplir le travail projeté de façon à ce que chacun y trouve son compte.

Aujourd'hui, pour la création d'une route, d'un canal, d'un chemin de fer, d'un établissement, il y a rivalité d'intérêts : tel propriétaire influent intrigue pour faire passer la route près de ses propriétés, afin de leur donner plus de valeur ; il met toutes ses relations en mouvement afin que tel tracé de chemin de fer coupe se domaines, dans l'espérance d'obtenir une expropriation avantageuse. Ce qui se produit parmi les individus, se produit également parmi les collectivités : telle commune voudra être avantagée plutôt que telle autre, tel canton voudra l'emporter sur le canton voisin.

Dans la société future, ce que l'on cherchera avant tout, ce sera de supprimer les mouvements inutiles. Les centres d'habitations se créeront autour des emplacements fournissant des facilités naturelles d'existence. S'il est avantageux de se grouper autour des mines pour en utiliser immédiatement les matériaux, on n'ira pas comme cela se fait actuellement, transporter le minerai dans un autre endroit, pour, de là, transporter le métal dans un autre centre de fabrication qui n'a de raison d'être, que parce que les divisions politiques donnent la prédominance à telle région.

Les voies de communications se créeront ou se transformeront pour relier ensemble tous les centres d'habitations, quels qu'ils soient. Les questions de patrimoine, de propriété, d'intérêt local n'attacheront plus des générations à des endroits où il n'y a nulle raison de résider, et ne viendront plus compliquer les questions de relations. Les populations pourront donc se déplacer où il leur sera plus facile d'adapter leurs efforts.

Tous ces intérêts particuliers et semi-collectifs étant écartés, il ne resterait donc plus, en présence, que les conceptions différentes d'envisager les choses, il nous semble que l'entente est déjà rendue de moitié plus facile.

S'il s'agissait, par exemple, de la création d'une route, d'un canal, d'un chemin de fer, à quoi bon l'envoi de délégués ? Les individus n'ayant plus à produire des douze et quatorze heures par jour, ils auraient le temps de s'occuper des choses générales ; les moyens de transport, les postes, le télégraphe et le téléphone étant à la libre disposition de chacun, les individus pourraient correspondre, se déplacer pour se réunir et discuter ensemble leurs affaires eux-mêmes, sans délégation.

Puis, il faut bien reconnaître que l'idée d'un travail semblable ne sortirait pas, ainsi, soudainement armée, du cerveau d'un seul. Fort probablement, le besoin de la route ou du chemin de fer, peu importe, ne se ferait d'abord sentir que d'une façon des plus vagues, on commencerait à parler de cette nécessité avant d'en éprouver un sérieux besoin, puis ce besoin s'intensifiant, il se ferait sentir à un plus grand nombre d'individus, jusqu'à ce qu'un fort mouvement d'opinion mît chacun en branle pour passer de l'état latent à la période active où l'on chercherait à réaliser ce désir.

Les premiers convaincus de la nécessité de ce travail, chercheraient, comme de juste, à propager leurs idées parmi leurs voisins, ils s'efforceraient à grouper autour d'eux ceux qui seraient le plus capables de les aider, et lorsqu'ils seraient un noyau assez fort pour étudier la chose sérieusement, chacun se partagerait la besogne, selon ses connaissances ou aptitudes. L'ingénieur lèverait des plans, étudierait les terrains et localités où devrait passer la route, le canal ou le chemin de fer ; les carriers, métallurgistes, charpentiers, étudieraient, chacun dans leur partie, les ressources qu'ils pourraient se procurer le plus facilement ; les orateurs feraient des tournées de conférences pour recruter des adhérents, pendant que l'écrivain ferait des livres ou brochures pour le même sujet. Et la question s'étudierait ainsi, sous toutes ses faces, cherchant les projets les meilleurs, où le travail pourrait se faire dans des conditions de solidité, de beauté, et d'économies d'efforts.

Lorsque le moment serait venu de passer à l'exécution, les adhérents auraient déjà discuté les projets qui se seraient fait jour ; pesé, examiné, sous toutes ses faces, chaque proposition qu'il aurait plu au premier venu d'émettre. Au sortir de ces discussions, il aurait pu se faire que ce ne fût aucun des plans primitifs qui ait été adopté, mais une synthèse de tous les plans présentés qui, en prenant à chacun ce qu'il aurait de meilleur, arriverait ainsi, sinon à une perfection idéale, tout au moins à un mieux relatif, représentant l'état des aspirations du moment.

S'il se trouvait des individus froissés de ne pouvoir faire prédominer leurs idées personnelles, ils pourraient se retirer de l'association et la priver de leur concours ; mais, outre que ces cas seraient fort peu probables, étant donné que la question d'intérêt personnel sera écartée, et que la vanité ira s'atténuant lorsque les individus seront plus instruits, dans ces conditions, s'effaceraient les considérations personnelles, dans les questions d'intérêt général, pèsent fort peu les froissements individuels et ces défections ne seraient pas de nature à entraver l'œuvre commune.

Mais, pour ne pas avoir l'air de chercher à éviter les difficultés, faisons mieux, admettons que les idées en présence puissent se partager en deux groupes égaux ; — s'ils se fractionnaient davantage, le travail serait rendu impossible, par conséquent, le travail de propagande serait à reprendre. Supposons ces deux groupes dissidents, ne voulant faire aucune concession et déterminés, l'un et l'autre, à mettre leur projet à exécution.

Si leur division empêchait le projet d'aboutir, le besoin du travail projeté ne tarderait pas à ramener la majorité[1] à des idées plus conciliatrices et à chercher des moyens d'entente pour agir. Si chaque fraction était assez forte pour mettre son projet à exécution — chose fort peu probable, car des travaux de ce genre ne s'entreprennent pas pour le simple désir de satisfaire des préférences personnelles, — l'intérêt commun serait encore ici le meilleur conciliateur ; les divisions, du reste, ne porteraient que sur des points de détail, qui pourraient prêter matière à des concessions mutuelles.

Mais allons jusqu'à l'absurde, supposons que chaque groupe soit assez entiché de son projet, et assez puissant pour l'exécuter quand même. Encore une fois, l'intérêt individuel étant écarté, si leurs travaux avaient des points de contact, des tronçons empruntant le même terrain, ils auraient à s'entendre, entre eux, pour le travail sur ces parties communes, et agiraient chacun à Ieur guise, pour ce qui leur serait particulier, et il y aura deux routes au lieu d'une. Qui pourrait s'en plaindre ?

Nous avons, ici, en vue, une division qui se serait établie sur le tracé, la seule qui puisse exister, car s'il ne s'agissait que de divergences de conceptions dans la méthode, dans les façons de travailler, ou d'arrangement intérieur des groupes, cela n'aurait rien à voir avec le travail lui-même, chaque groupe resterait libre de s'organiser comme il l'entendrait, dans la division de travail qui se serait opérée au préalable, chacun établirait ses préférences de façon que l'entente pût se faire pour que chacun puisse se mettre à l'œuvre sur son tronçon sans être gêné et sans gêner les autres.

Mais les partisans de l'autorité, non convaincus, nous diront : « Cela est bien, mais supposez deux groupes, voulant faire le même travail, sur le même terrain, aucun ne voulant céder à l'autre. Ce sera donc la guerre entre eux ? »

Si ce cas pouvait se présenter, répondrons-nous, aux partisans de l'autorité, c'est que, au lieu de progresser, l'homme retournerait en arrière. Nous cherchons à édifier une société pour des êtres dont les facultés morales et intellectuelles vont se développant, et non

---

1 Ici on nous dira, que se rétablit la loi des majorités que nous repoussons ailleurs. Hélas ! nous savons bien que la majorité n'est pas toujours le critérium du vrai, mais nous ne pouvons avoir la prétention d'aller plus vite que l'évolution. Pourvu que la majorité laisse, à son tour, la minorité agir à sa guise, nous ne pouvons demander davantage.

pour des dégénérés qui retournent aux sources de leur origine. En ce cas nous n'avons rien à y voir, c'est bien le milieu qui convient à l'autorité. Ils seront dignes l'un de l'autre.

On voit aujourd'hui se monter des sociétés de toute sorte : chemins de fer, canaux, ponts, commerce, industrie, assurances, secours mutuels,[1] etc. tout est la proie de fortes associations qui se montent en vue d'exploiter telle ou telle branche de l'activité humaine. Si nous descendons dans le détail des plus petites choses, innombrables sont les petites associations que nous trouverons qui se sont formées, en vue de procurer un avantage matériel à leurs coparticipants ; ou bien la satisfaction d'un plaisir intellectuel, d'une fantaisie.

Tels sont les cercles où les membres trouvent dans d'excellentes conditions : journaux, publications littéraires, repos, voiture, distractions, et la société de leurs semblables. Sociétés de secours en cas de maladie ; coopératives de consommation pour avoir de bonnes marchandises à meilleur prix, associations pour la création de rentes à servir aux membres arrivés à un certain âge.

Dans un autre ordre d'idées, nous trouvons les sociétés chorales et instrumentales ; associations de pérégrinations scientifiques ou de simples promenades d'agrément, formation de bibliothèques de quartier, de gymnastique, même de simples buveurs et gueuletonneurs.

N'y a-t-il pas encore les associations scientifiques en vue du développement des connaissances humaines ? La fameuse société de la *Croix-Rouge* pour les secours aux blessés, les sociétés de sauveteurs ? La société protectrice des animaux qui ne procurent que des fatigues à leurs membres, aucun avantage matériel, une simple satisfaction intellectuelle ou morale ?

Certes, chez quelques-uns de leurs membres, il y a plutôt parade et vanité, occasion d'étaler à peu de frais, une philanthrophie bien anodine, ou même le moyen de s'y tailler un fromage, mais il faut bien admettre que la plupart des adhérents croient sincèrement faire quelque chose de bien, et, malgré la mauvaise organisation

---

1 Pour les associations volontaires, voir l'article de Kropotkine : *L'Inévitable Anarchie* dans la *Société Nouvelle*, n° de janvier 95.

sociale y arrivent parfois. Tout informes et incomplètes qu'elles soient, ces associations répondent, en partie, aux desiderata de leurs membres.

Dans la société future, où l'initiative individuelle aurait ses franches coudées et ne serait pas entravée par la question « monnaie », où les affinités pourraient toutes se faire jour et librement se rechercher, où les caractères pourraient franchement s'harmoniser, on voit ce qui pourrait se faire dans ce sens, et comment pourront s'établir les rapports sociaux, se régler les relations de groupes et d'individus.

Les individus se grouperont par goûts, par aptitudes, par tempéraments, en vue de produire ou de consommer telle ou telle chose. Les postes, les chemins de fer, l'éducation des enfants, etc., tout cela rentrerait dans l'organisation sociale au même titre que la fabrication des chaudrons ou des chaussons, tout cela fait partie de l'activité individuelle, c'est de sa libre initiative que cela doit ressortir ; c'est une *division du travail* qui aura à s'opérer, et voilà tout.

Personne n'étant plus entravé par les difficultés pécuniaires, par des questions d'économie, chacun s'habituerait à aller au groupe qui répondrait le mieux à ses vues et à ses besoins. De cette façon, c'est le groupe qui rendra le plus de services qui aura le plus de chances de se développer.

L'homme est un être complexe, agité de mille sentiments divers, se mouvant sous l'impulsion de besoins variés ; nombreux seront les groupes qui se formeront. C'est leur diversité qui contribuera à assurer le fonctionnement de tous les services nécessaires au fonctionnement d'une société ; c'est des besoins multiples des individus que sortira la faculté de les satisfaire ; c'est la libre mise en jeu de toutes les facultés qui doit nous conduire à ce but que nous cherchons : L'Harmonie !

Et que l'on ne crie pas à l'utopie, à l'invraisemblance, en prenant pour exemple les associations actuelles ; la situation ne serait pas la même ; l'individu de demain ne sera nullement comparable à celui d'aujourd'hui ; il aura d'abord évolué, déjà pour arriver à comprendre notre idéal et avoir su se créer un milieu qui lui permette de l'essayer ; l'organisation sociale ensuite étant changée, cela doit amener un changement de mœurs. L'influence des milieux est une loi naturelle qui fait partout ressentir ses effets.

Toutes les associations sont autoritaires et individualistes aujourd'hui. Si l'association est nombreuse, — souvent cela n'est même pas nécessaire — il y a, parmi les associés, des distinctions d'emplois, de grades et de salaires, l'un comportant l'autre, du reste actuellement, il y a aussi des questions de préséance. L'intérêt du groupe qui devrait être le mobile de tous passe au second rang, car en dehors de ce groupement, il y a la grande société qui divise les intérêts et pousse chaque individu à satisfaire son intérêt par un bien présent, au détriment de ses voisins, au risque d'un mal futur, et ii arrive que dans l'intérêt commun, il se taille une foule d'intérêts particuliers.

Malgré ces causes de désunion, malgré le choc de ses appétits contraires, l'accord se maintient généralement assez longtemps ; la zizanie ne s'y met que lorsqu'un ou plusieurs des associés plus roublards que les autres, se mettent à tromper leurs coassociés pour s'en faire confier la direction de l'association et la font alors marcher selon leurs intérêts privés, jusqu'à ce qu'ils réussissent à exproprier leurs camarades et à en rester les seuls maîtres.

Que l'on songe que, dans la société que nous entendons, il n'y aurait pas de bénéfices particuliers à retirer d'aucune entreprise, pas d'opérations commerciales à mener, pas d'opérations lucratives à échafauder. Les individus se seraient groupés pour mener à bonne fin telle œuvre déterminée, produire tel objet convenu, soit pour l'usage de chacun des coparticipants, soit pour être mis à la disposition de tels groupes ou individus, avec lesquels le groupe en question serait en relation d'amitié ou d'échange.

Dans chaque groupement les individus y seraient sur le pied de la plus parfaite égalité, libres d'en sortir quand il leur conviendrait, n'y ayant pas de capitaux d'engagés. Chacun y apporterait la part de travail convenue d'avance et n'aurait pas de motif pour la refuser puisque lui-même l'aurait choisie. Pas de divisions sur la question de salaires, le salariat étant supprimé.

En définitive l'individu ne sera attaché au groupe que par le plaisir qu'il y trouvera, par les facilités que celui-ci lui fournira dans la satisfaction de ses besoins. Il pourra être attiré dans ce groupe, peut-être par le besoin d'avantages que ce groupe sera seul à lui fournir, ou capable de lui fournir dans des conditions plus agréables que d'autres ; peut-être aussi, pourra-t-il y être attiré par le seul besoin d'y exercer des aptitudes spéciales qui seront hautement appréciées par les individus formant ce groupe. Quantités de mobiles différents peuvent conduire plusieurs individus au même but.

De même que l'individu pourra se soustraire aux actes arbitraires que l'on voudrait lui imposer au nom du groupe, de même le groupe pourra refuser son concours à l'individu qui, par mauvaise volonté ou autre motif, ne voudrait plus se plier à la discipline préalablement convenue dans l'entente qui aurait présidé à la division du travail. Nous étudierons cela plus loin.

Les partisans de l'autorité objectent que, les hommes étant trop corrompus par l'éducation actuelle, trop pervertis par les préjugés de plusieurs milliers de siècles, ils ne seront pas assez sages, ni assez améliorés pour qu'on puisse les laisser libres de s'organiser à leur volonté, qu'ils auront besoin d'un pouvoir régulateur pour les maintenir chacun dans les limites de leur droit.

« Les hommes ne seront pas assez sages pour savoir se conduire ! » Le raisonnement est admirable d'illogisme. Et, pour parer à ce danger, on ne trouve rien de mieux que de mettre à leur tête, qui ? — d'autres hommes ! plus intelligents sans doute ? — cela se peut, mais n'est pas certain — mais qui n'en auront pas moins leur part de ces préjugés et de ces vices que l'on reproche à l'ensemble ; c'est-à-dire que, au lieu de noyer ces préjugés et ces vices dans la masse, au lieu de chercher à tirer du concours de tous, en laissant chacun libre, cette étincelle de vérité qui pourrait éclairer la route de l'avenir, on veut incarner la société entière en quelques individus qui guideraient cette société, selon le plus ou moins d'envergure de leurs conceptions propres.

Et puis, qui choisirait ces chefs ?

Nous ne supposons pas que les admirateurs de l'autorité viendront nous dire qu'ils se choisiront eux-mêmes. Certains, fortement imbus de leur propre valeur, ont bien fait la critique du suffrage universel, proclamé le droit de l'intelligence à asservir le troupeau vulgaire de la masse. Mais ceux-là ne comptent pas en politique. Toute la pseudo-intelligence dont ils se croient doués, ne les mène qu'à être des momies du passé : nous n'avons pas à nous en occuper.

« C'est le peuple qui choisira ses mandataires », nous répondent les partisans du suffrage universel. Mais ils viennent de nous objecter qu'il ne serait pas assez mûr pour savoir se conduire lui-même ? Par quel miracle le sera-t-il devenu assez pour savoir discerner entre tous les intrigants qui viendront quémander ses suffrages ?

Nommés par le suffrage universel, les nouveaux gouvernants, — comme les actuels du reste — ne représenteraient que la moyenne d'opinions. Nous n'aurions que des médiocrités pour nous conduire, et en admettant que nous eussions la chance de rencontrer par hasard des hommes hors ligne comme savoir et intelligence, il n'en reste pas moins certain que, quelle que soit la largeur de conception de l'individu, le cerveau humain est toujours limité dans son évolution par l'évolution ambiante de son époque. Il peut être en avance sur elle, mais cette avance est des plus médiocres. Il ne peut même s'assimiler toutes les connaissances de son époque et au même degré ; il pourra être en avance pour certaines idées, rétrosgrade pour certaines autres. Il y a toujours des cellules retardataires, conservant dans un coin du cerveau, quelques-uns des préjugés en cours. Il y a telles idées que l'on acceptera en théorie, et devant la mise en pratique desquelles on reculera. Tels par exemple ceux qui, à l'heure présente trouvent le mariage légal ridicule, mais se croient tenus de faire légitimer leur union par un partisan de l'autorité, affirmant que cela est nécessaire dans la société actuelle.

Il existe, on le voit, assez de raisons suffisantes pour maintenir les individus dans les sentiers raboteux de la routine, sans avoir à en ajouter de plus, en mettant entre les mains de quelques-uns une force qui leur permettrait d'entraver ceux qui voudraient en sortir. Et aux partisans de l'autorité, nous sommes en droit de dire :

Ah, prenez garde ! lorsque vous venez nous parler de progrès, que nous ne nous apercevions que la seule manière dont vous envisagiez d'en suivre la marche, ce serait de lui entraver les jambes sous prétexte que vous n'êtes pas assez dégagés pour le suivre ; prenez garde de faire comprendre que la seule liberté que vous voulez conquérir, serait celle de vous débarrasser de ceux qui ne pensent pas comme vous, qui croient qu'il n'y a pas d'hommes supérieurs, résumant en eux les connaissances humaines, convaincus qu'ils sont, que ces connaissances, au contraire, se répartissent par toute l'humanité, sont disséminées chez chaque individu.

Ce que vous craignez ce ne sont pas les retours en arrière, c'est la peur de ne pouvoir faire prédominer vos vanités qui vous tient. C'est pourquoi vous êtes les adversaires de ceux qui croient que toutes les intelligences doivent être laissées libres de se rechercher et de se grouper à leur guise, que c'est de cette libre initiative que doit jaillir la lumière.

Ce n'est qu'en voyant à côté de lui un groupe mieux organisé, que le groupe mal organisé prendra idée de se transformer de lui-même, et tâchera de faire mieux. Au lieu que la force ne ferait qu'indisposer ceux qu'elle voudra courber sous sa férule. C'est de ce mouvement libre et continu, de cette transformation incessante, que sortira enfin cette communion d'idées dont personne n'a le secret et que l'on tenterait vainement d'établir par la force.

XVIII. DES FAINÉANTS

Cette suppression de l'autorité entraîne, tout aussitôt, cette objection, faite également par nombre de nos camarades d'ateliers : « Et les fainéants ? » — « Alors, disent-ils, si, dans votre société, chacun peut consommer sans être forcé de produire, personne ne voudra travailler. Si chacun peut n'en prendre qu'à son aise, la misère sera plus grande qu'actuellement, et le travail encore rendu plus pénible pour ceux qui travailleront. »

Nous n'ignorons pas que l'homme ne peut se transformer du jour au lendemain, devenir, comme par le pouvoir d'une baguette magique, un ange, de la bête féroce qu'il était la veille. Cette objection nous est faite si souvent qu'il nous serait impossible de l'oublier. Mais nous avons assez démontré, dans les premiers chapitres de ce volume, que, pour réaliser cet idéal que nous cherchons, nous pensions que l'homme aura subi un certain degré de développement dont il faut tenir compte, sans que nous ayons besoin d'insister davantage ici. Et pour envisager les relations dans la société future, il faudrait tenir compte des transformations opérées, et ne pas continuer à se placer toujours au point de vue de la société actuelle.

Aujourd'hui le travail est considéré comme déshonorant. Le but à acquérir, montré aux efforts de l'individu, est d'arriver à une situation lui permettant de vivre sans rien faire — de productif, tout au moins. — Le travailleur est courbé, lui, sous un travail éreintant, des douze, treize et quatorze heures de suite, le plus souvent dans les conditions les plus malsaines, sur un travail répugnant, et cela pour obtenir un salaire dérisoire qui lui permet à peine de ne pas crever de faim.[1] Rien de plus logique à ce que les individus soient dégoûtés de travailler. Nous ne sommes, nous, étonnés que d'une chose : c'est que, devant l'oisiveté et le luxe des riches, les individus ne soient pas encore plus dégoûtés d'user leurs forces dans un travail sans issue, et n'aient pas plus souvent retourné la nappe.

Mais, lorsque, comme nous l'avons vu, on aura, dans la société future, rendu au travail productif cette foule de salariés qui, aujourd'hui, peinent à faire fonctionner l'organisation gouvernementale et capitaliste qui nous écrase dans ses multiples engrenages, ceux qui ne travaillent qu'à épargner un effort musculaire, ou pour procurer une plus grande jouissance à nos exploiteurs actuels, on aura ainsi réduit la part d'efforts exigée de chacun.

Lorsque, d'autre part, une meilleure distribution du travail aura encore diminué cette part ; lorsque l'extension de l'outillage mécanique aura augmenté la production, en réduisant aussi les heures de travail ; lorsqu'on aura assaini les ateliers, en les installant dans les locaux qui existent déjà et que l'on pourra facilement adapter à leur nouvelle destination, et où l'on trouvera place et aération ; lorsque, encore, dans les travaux pénibles et répugnants, on aura substitué au travail de l'homme le travail des machines et que, par suite de toutes ces améliorations *immédiates*, on aura transformé le travail en un exercice salutaire, il nous semble que les causes productrices de fainéantise seront déjà considérablement diminuées ou amoindries.

Lorsque, surtout, on aura transformé l'idéal humain, et qu'il sera devenu aussi honteux de vivre en parasite que cela est honorable

---

1 Trait caractéristique du travail dans la société actuelle : plus le travail est rude et répugnant, moins il est payé. Les hauts salaires sont réservés aux travaux de luxe, à ceux qui ont pour motif le service personnel de la bourgeoisie.

aujourd'hui.

On ne pourra pas nous objecter que tout cela ce sont des rêves : ce sont des faits positifs ; tous les économistes conviennent que, dès à présent, avec une meilleure distribution de travail, les huit heures réclamées par les socialistes seraient largement suffisantes ; d'aucuns parlent même de six, cinq et quatre heures. Or, dans ce meilleur aménagement de forces dont ils parlent, il n'est nullement question de la suppression de leur domesticité, des emplois nécessaires à assurer la bonne marche de leur exploitation et de leur autorité, nullement question de supprimer tous ces emplois nécessités par un luxe idiot dont on commence à rire, on voit la réduction que l'on pourrait obtenir.

Mais quand nous parlons de réduire les heures de travail, nous ne parlons, bien entendu, que de celles passées à un travail que l'homme fera par nécessité et non par affinité, pour produire les objets de première nécessité, strictement nécessaires à ce qui doit parer aux besoins pressants de l'existence. Deux, trois, quatre heures pourront suffire. Mais dans les travaux que l'homme fera par goût, par esprit de recherche, est-ce que, dans cet ordre de choses, l'homme comptera les heures qu'il y passera ?

Souvent, dans la société actuelle, des individus, après avoir passé huit ou dix heures dans un atelier ou dans un bureau, sur une besogne qui leur répugne, prennent sur leur repos pour s'adonner à des occupations qui leur plaisent : lecture, musique, dessin, peinture ou sculpture, mais aussi à des métiers manuels. Et cela tend si bien à se développer, que l'outillage d'amateur prend, de nos Jours, une extension de plus en plus grande. L'homme sera fatigué de six heures de labeur sur un travail qui lui répugne, mais en fera dix-sept sans fatigue et sans s'en apercevoir, s'il peut s'adonner à des occupations qui lui plaisent, et surtout les varier et les changer avant qu'elles deviennent fatigue pour lui.

L'homme, quel qu'il soit, a une force d'activité qu'il faut qu'il dépense d'une façon ou d'une autre. Du moment qu'il ne sera plus forcé d'user ses forces dans un labeur épuisant qui ne lui assure même pas la satisfaction de ses premiers besoins, ce sera un bonheur pour lui d'essayer toutes ses facultés, dans la production de fantaisies qui lui passeront par la tête.

Est-ce que ceux qui s'adonnent aux travaux intellectuels n'ont pas besoin de se dépenser en mouvements ? Est-ce que, à l'heure actuelle, ce n'est pas l'hygiène recommandée d'entremêler de travail manuel les travaux intellectuels ? L'escrime, la boxe, le foot-ball, si prônés aujourd'hui, ne le sont-ils pas pour refaire un peu de muscle à cette bourgeoisie qui étouffe dans son lard ?

Quel intérêt, dans ces conditions-là, auraient les individus à se refuser au travail lorsqu'ils sauront, surtout, qu'ils n'auront plus qu'à compter sur leurs propres efforts pour se procurer ce dont ils auront besoin, et qu'ils n'auront plus, entre les mains, aucun moyen de courber qui que ce soit sous leur autorité pour les forcer à produire pour eux.

Mais nous admettons volontiers — et cela, certainement, se produira — qu'il y ait, au début, des individus assez dénués de sens moral pour abuser de l'esprit de solidarité, assez avachis pour fuir le travail. Ce ne pourra être, dans tous les cas, que la minorité ; car, si ceux qui auraient fait la révolution s'étaient battus pour ne plus travailler, ils ne s'arrêteraient pas en si bon chemin ; de là à faire travailler les autres, il n'y a qu'un pas. L'établissement d'une autorité serait donc leur première besogne. Ils seraient plus rapprochés de vous que de nous.

Mais, alors, ce ne serait plus une révolution sociale qui se serait accomplie ; ce serait une guerre d'asservissement où les plus forts opprimeraient les plus faibles, où les vainqueurs exploiteraient les vaincus, nous n'avons pas à nous en occuper, nous reprenons notre argumentation.

Si la révolution sociale, telle que nous la comprenons, s'était faite, c'est donc que la majorité des individus aurait compris les bienfaits de la solidarité, de l'aide mutuelle, les dangers du parasitisme ; ces individus agiraient de façon à empêcher le retour des abus qu'ils auraient détruits, les fainéants ne seraient qu'une minorité parmi eux. Nous verrons plus loin que l'on ne règle pas les rapports sociaux d'après des exceptions.

Aujourd'hui, le ventre creux, sevré de toutes les jouissances qu'il crée, le travailleur accepte de courber l'échine pour engraisser un tas de parasites de tous poils et de toutes robes ; presque tous le trouvent même très naturel, et dans une société où les conditions de travail seraient améliorées, au point de le rendre attrayant, où la durée en serait limitée par la volonté de l'individu lui-même, où tous seraient assurés de la satisfaction intégrale de leurs besoins, sous la seule condition de travailler eux-mêmes à la production de ce qui leur serait nécessaire, on semblerait craindre que les individus pris tout à coup d'une paresse dont on n'a jamais vu, à aucune époque, d'exemple, se refuseraient à produire pour eux-mêmes et préféreraient, ou crever de besoins, ou recommencer la guerre pour s'asservir les uns les autres ! C'est insensé !

Sous le prétexte que quelques individus, assez corrompus par l'état de choses actuel pourraient se refuser au travail, on voudrait que nous allions de gaîté de cœur nous donner des maîtres pour les forcer au travail. Allons donc, ne serait-il pas plus profitable de les laisser à leur paresse que de créer une organisation qui, — la société actuelle nous le prouve — ne pourrait les contraindre au travail mais pourrait bien, elle, se tourner contre nous ?

Rappelons-nous la fable du jardinier qui s'en va chercher son seigneur pour le délivrer du lièvre qui lui a mangé quelques feuilles de choux et de ce qui lui en cuisit. Nous croyons être plus pratiques et démontrerons que l'on n'a pas besoin de gendarmes ni de juges pour éduquer ceux que l'on appelle les fainéants, — si réellement il en existe, — de la force de ceux que l'on nous objecte.

Du reste, selon nous, au sens strict du mot, il n'existe pas de véritable fainéant. Il n'y a que des individus dont les facultés n'ont pu se développer librement, dont l'organisation sociale a empêché l'activité de trouver leur direction normale, et que ce commencement de déclassement a précipités dans une situation fausse, a achevé de démoraliser et de gangrener.

Si on calcule la somme énorme d'efforts qu'il faut que dépense pour vivre le fainéant qui n'a pas de capital à exploiter, on verra que l'activité musculaire et cérébrale qu'il dépense en marches et contre-marches est parfois supérieure à celle qu'il utiliserait dans une occupation régulière.

Pour décrocher un déjeuner d'un camarade, il lui fera une foule de travaux qui vaudront parfois plus que la pitance qu'il en tirera. Pour en taper un autre de quarante sous, que de services ne s'ingéniera-t-il pas à rendre ; pour une absinthe on lui fera faire la traversée de Paris. Ces hommes dépensent leurs forces inutilement, d'accord, mais enfin ils les dépensent. Faites une société où les individus pourront choisir leurs occupations et vous verrez les plus fainéants se rendre utiles.

Ces hommes livrés à eux-mêmes dans une société où la règle serait le travail, auraient bientôt honte de leur situation équivoque au milieu de ceux qui s'occuperaient. Si nous ne voulons pas de force pour contraindre les fainéants au travail nous ne demandons pas non plus qu'ils soient traités avec respect, et que, chaque matin à leur réveil, on vînt étaler à leur choix ce qui pourrait le plus flatter leurs désirs.

Si, dans la société actuelle, on tolère à côté de soi nombre de parasites, c'est que les mœurs et l'organisation sociale leur font une place spéciale dans notre monde, mais de beaucoup, déjà, on commence à s'écarter. Le maquereau ne se vante de ses fonctions que dans son milieu, la plus grande partie de la population évite toute accointance avec eux. Le bourreau qui est un fonctionnaire public, a été de tous temps mis à l'index. Si beaucoup d'autres fonctions ne sont pas encore tombées si bas, elles perdent de plus en plus de leur prestige. Il n'y a plus que certaines momies du passé pour les glorifier encore, la plupart de leurs partisans en sont déjà à plaider les circonstances atténuantes des nécessités sociales.

Nous nous imaginons que dans la société future, il en serait de même à l'égard de ceux qui voudraient vivre en parasites. Ceux qui produiraient pourraient par compassion se laisser gruger dans une certaine mesure par les pique-assiettes, tout en laissant entrevoir le dégoût que leur inspirerait cette position inférieure. Plutôt que d'accepter une situation semblable, le pique-assiette chercherait à se rendre utile dans un tas de choses accessoires que, parfois il répugnerait à un autre de faire. Nous voyons tous les jours cela se produire sous nos yeux, et ainsi engrenés dans les groupes producteurs, les plus réfractaires au travail trouveraient encore moyen de se rendre utiles.

On a objecté encore les Orientaux, les habitants de certaines îles ou certains pays équatoriaux dont la mollesse est proverbiale et pour qui la paresse est un véritable culte. Mais, dans ces pays, la mollesse des habitants est en raison du climat, et d'autre part, la facilité de vivre y est si grande que rien ne force les indigènes à faire violence à leur nature. Il suffit d'étendre la main pour y gagner son repas ; une poignée de dattes, de riz ou de millet, suffisent à faire vivre un homme tout un jour ; les vêtements se trouvent tout faits, dans les feuilles des arbres ; les raffinés se donnent un peu plus de mal en battant certaines écorces, mais tout cela n'exige pas grand effort en somme.

Pour avoir voulu les plier à notre genre de vie, les Européens ont décimé des populations qui étaient auparavant, des modèles de force et d'élégance, et vivaient avant leur arrivée, dans les meilleures corrections de bonheur et de félicité. Une libre assimilation de nos connaissances, une lente adaptation auraient pu les faire progresser, la violence et l'autorité les ont décimées ou fait rétrograder.

Vouloir contraindre par la force brutale, les récalcitrants au travail serait les mettre en révolte contre la société. Ils chercheraient alors à se procurer par la ruse ou la force. — le vol et l'assassinat de la société actuelle — ce qu'on leur refusera de bonne volonté. Il faudra donc créer une police pour les empêcher de prendre ce qu'on leur refusera ? des juges pour les condamner ? des geôliers pour les garder ? et nous arriverons ainsi, petit à petit à la reconstitution de la société actuelle, par les rouages les plus actifs de l'arbitraire et de la spoliation. Est-ce que les services qu'ils rendent dans la société actuelle ne sont pas suffisants pour nous dégoûter de leur en demander dans la société future ?

Pour ne pas nourrir un certain nombre de fainéants, les autoritaires ne trouvent d'autre remède que de créer une autre catégorie de fainéants avec cette aggravation sérieuse, que la condition de ces derniers serait légale et inamovible, en éternisant une situation fâcheuse ; nous aurions ainsi deux catégories de fainéants à nourrir : ceux qui, placés en marge de la société, vivraient à ses dépens et malgré elle, et ceux qu'elle aurait créés elle-même, sous le fallacieux prétexte de ne pas en nourrir aucun. Avec cette épée de Damoclès en plus, suspendue éternellement sur nos têtes : une force créée et armée pour forcer des individus à accomplir ce qui ne leur plaît pas et pouvant toujours se tourner contre ceux qui l'auraient établie.

XIX. LE LIBRE CHOIX DES TRAVAUX

Cependant, nous dit-on, il faudra bien que les groupes qui se formeront aient, parmi eux, sinon des chefs, du moins des individus spécialement chargés de répartir le travail dans les groupes de production, d'indiquer à chacun sa besogne, afin que tous ne se disputent pas à vouloir faire la même chose, et que la besogne se fasse méthodiquement et d'une façon uniforme. Comme dans les groupes de consommation, il faudra quelqu'un pour répartir les produits que se disputeraient les individus s'ils n'avaient un contrôle, un pouvoir régulateur, veillant à ce qu'aucun intérêt ne soit lésé.

En effleurant ce sujet, dans les chapitres précédents, nous avons démontré que le besoin serait le principal moteur des groupements ; que les individus devraient ne compter que sur eux-mêmes pour se procurer ce qui leur serait nécessaire. Éprouveront-ils le besoin d'un objet quelconque, d'un produit déterminé, ils auront leurs facultés à développer pour se procurer l'objet de leurs désirs, lis auront à rechercher quel genre d'association sera à même de les aider le plus efficacement à se procurer ce qui sera le but de leurs recherches.

Les individus opéreront-ils par voie d'échange ? n'auront-ils qu'à puiser dans des magasins spéciaux ? ou devront-ils collaborer directement à la production dudit objet ? cela, croyons-nous, dépendra des circonstances, et les divers moyens pourront être mis en jeu, selon l'occurrence.

Cela dépendra de l'abondance ou de la rareté de l'objet recherché, du caractère et des affinités de l'individu : Tel aura des répugnances pour tel travail et devra, par conséquent, s'ingénier à se rendre utile autrement, afin d'obtenir du milieu, dont il fait partie, les choses qu'il lui répugnerait de fabriquer. Tel autre s'attachera à produire différents objets, sans éprouver le besoin d'en user personnellement ; rien que le plaisir de les façonner, de les fignoler, d'arriver à des effets artistiques selon son esthétique, sera un motif suffisant pour mettre son activité en jeu. Son bonheur, alors, sera de voir apprécier ses travaux, et ses amis se disputer les produits de son travail.

Par contre, il répugnera à un individu d'avoir des relations avec tel autre individu, le don d'une futilité, même, il se le reprocherait comme un crime, sans qu'il ait aucun grief à formuler contre celui qui sera l'objet de son aversion, sans qu'aucun raisonnement ne légitime cette prévention. De même, on se sentira attiré par telle autre personne, pour laquelle on ne saura jamais trop déployer de prévenances pour lui être agréable, sans que cette préférence soit davantage justifiée.

Toutes ces considérations modifieront la manière de faire des individus, et influeront sur le choix de leurs relations, détermineront certaines façons de faire dans leurs groupements. Multiples en seront les formes qui en découleront.

Or, dans des groupes établis dans ces conditions, qu'est-il besoin de chefs ? — Avant de se constituer en groupe, les individus se seront préalablement consultés sur leurs désirs, leurs aptitudes ; ils sauront d'avance sur quelles parties du travail se porteront leurs préférences ; dans des conditions semblables, la distribution du travail se fera toute seule, par le libre choix des individus. Et cela d'autant plus facilement, que l'individu qui, dans la répartition de la besogne ne trouverait pas la satisfaction qu'il y cherchait, n'aurait pas besoin d'y entrer, et n'aurait qu'à chercher ailleurs, si on lui refusait les quelques concessions que l'on se fait toujours lorsqu'on procède à l'amiable.

Ce qui fait aujourd'hui — et c'est ce qui se produirait dans toute société qui maintiendrait le salariat — qu'un ouvrier préfère tel travail à tel autre, c'est que ce travail donne plus de profit, davantage de considération. Mais le salariat aboli, toutes les fonctions inutiles étant également supprimées, ce seront les seuls besoins ou aptitudes qui impulseront les individus ; l'entente, entre individus qui se groupent pour une œuvre commune, est des plus faciles lorsque l'intérêt individuel ne peut plus se glisser entre eux.

Une autre des causes encore qui contribue à confiner les individus dans une spécialité de travail — cause d'abrutissement et de rétrécissement des facultés individuelles, en en exagérant une jusqu'à l'hypertrophie — c'est que, plus l'individu s'adonne à un certain genre de travail, plus il répète les mêmes mouvements, plus il devient habile dans cette spécialisation, plus s'accentue la précision et l'accélération de ces mouvements. Cette spécialisation de l'ouvrier est utile au capitaliste qui ne cherche qu'une chose : tirer le plus possible, avec le moins de temps, de son outillage, — fer ou chair, c'est tout un pour lui. — L'ouvrier, une fois lancé dans cette direction est forcé de s'y tenir, il n'a pas les moyens de recommencer un apprentissage nouveau, et les employeurs ne recherchent que ceux dont l'apprentissage fait, leur assure un rendement productif immédiat.

Il est hors nature que l'individu atrophie ses facultés diverses au bénéfice d'une seule. Une société normalement constituée doit lui permettre de se rendre indépendant des milieux et des circonstances, en lui permettant de développer toutes ses facultés. Si cette variété de travaux le mène à produire un peu moins vite dans chacune des branches de ses facultés, la diversité de ses occupations compensera largement cette légère perte, sans compter l'apport du développement de l'outillage mécanique.

On a parlé des travaux pénibles et dégoûtants, affirmant que, « si les individus ne sont pas intéressés, par un avantage quelconque, à les choisir, il ne se trouvera personne pour les accomplir. »

Les individus qui, actuellement sont, de par les circonstances, condamnés à faire les travaux répugnants ou malsains de la société, la révolution faite, voudront, fort probablement en bénéficier, et en cela

ils auront fort raison. Mais est-ce à dire qu'ils se refuseront encore à pratiquer leur métier, si cela était de toute nécessité, et qu'il n'y eût qu'eux capables de le faire.

Eux aussi ne voudront plus peiner quatorze heures par jour, sur le même travail ; eux aussi voudront des conditions saines et agréables pour l'accomplissement de leur besogne ; eux aussi, voudront varier leurs occupations, et tout cela devra s'accomplir. Mais tous ces progrès accomplis, pourquoi se refuseraient-ils d'aider ceux qui auraient besoin de leurs aptitudes et de leur connaissance de leur ancien métier ?

Pourquoi, en effet, une certaine classe d'individus serait-elle seule sacrifiée aux œuvres répugnantes et malsaines ? Si cette œuvre est d'intérêt général, pourquoi chacun n'en prendrait-il pas sa part ? Si elle n'est profitable qu'à une certaine catégorie, de quel droit cette catégorie voudrait-elle en contraindre une autre à lui produire ce dont elle a besoin ? Si le métier en question est de nécessité sociale, la besogne devra se répartir entre tous les membres de l'association, les anciens ouvriers de ce métier y apporteront leurs connaissances et serviront de professeurs aux autres. Si ces produits ne sont réclamés que par une certaine catégorie d'individus, eh bien, ces individus auront à s'organiser eux-mêmes pour produire ce dont ils auront besoin, et à s'entendre avec ceux qui pourront les aider de leurs conseils et de leur expérience.

Et pour appuyer notre argumentation, nous prendrons un exemple dans chacun des ordres de faits que nous venons de citer. Dans le premier, — métiers malpropres — on cite la corporation des vidangeurs, comme une des corporations où le travail serait des plus répugnants, et dont personne ne voudrait plus tenir l'emploi au lendemain de la révolution.

L'exemple n'est peut-être pas des mieux choisis, car, déjà, dans la société actuelle, le travail se fait mécaniquement, et on commence à construire des bâtiments où les fosses, continuellement lavées par un système d'irrigation qui les nettoie de fond en comble, sont débarrassées de leur contenu aussitôt qu'il est déposé, et suppriment ainsi l'intervention du vidangeur. L'aménagement des locaux, s'opérant graduellement, nous pouvons être à même de voir disparaître cette corporation.

Mais, comme l'exemple nous est donné plutôt pour désigner, en général, une occupation malpropre ou répugnante, que pour désigner un métier plus spécialement qu'un autre, et que du reste, il en serait également de même pour chaque emploi, l'argument vaut tel qu'il est, et voyons ce qu'il en deviendrait d'une société qui n'aurait pas trouvé le moyen de se passer du service des vidangeurs, et serait menacée de ne trouver parmi ses membres, personne pour remplir cet emploi.

Quel bien grand malheur ! Voilà toute une société embrenée pour ne pas avoir à sa tête une autorité pour décréter son désembrènement. Et on ose encore douter de l'utilité du gouvernement ! Voilà une occupation toute trouvée pour nos politiciens sans travail au lendemain de la révolution, et dont le crétinisme pourrait les rendre inaptes à s'adapter à toute autre besogne !

Raisonnons pourtant.

Dans une maison où ce petit travail serait à opérer, chacun, nous le supposons, aurait mis du sien à remplir la fosse ? — c'est hors de toute contestation. Eh bien alors ! Le jour où le besoin de vider cette fosse se ferait « sentir », ce seraient les habitants de cette maison à éprouver, les premiers, ce besoin d'une façon particulièrement odorante. Ayant un intérêt immédiat à se débarrasser de cette abondance de biens, celui d'abord de ne pas être empoisonnés, ils n'auraient qu'une chose à faire, s'entendre entre eux pour faire la besogne, et comme l'outillage qui existe pour cela à l'heure actuelle, se trouvera à la disposition de tous, sans préjudice des améliorations probables, chacun des co-habitants du local mettant la main à la pâte, un peu de bonne volonté, un peu d'efforts et très peu de travail, ils se trouveraient débarrassés de ce qui les gênerait.

Mais les progrès que nous avons constatés dans la construction des fosses d'aisances, se répercutent dans toutes les branches de l'activité humaine. Aujourd'hui on arrive à se passer du métier de vidangeur, demain ce sera de celui d'égoutier, et de progrès en progrès chacune des sphères de l'activité humaine se simplifie chaque jour.

Quant au deuxième cas — métiers malsains, — les exemples ne nous manqueraient pas, mais nous ne connaissons pas assez les détails pour en parler, nous nous arrêterons à la fabrication du blanc de céruse qui est toujours citée comme une des plus meurtrières.

Là, encore fort probablement des améliorations doivent avoir été apportées pour en diminuer les effets meurtriers, mais ne les connaissant pas, nous prendrons le métier tel qu'il nous est donné, cela est indifférent à notre argumentation.

Ceux qui ont besoin de la céruse sont ceux qui s'en servent et non ceux qui la fabriquent ? Voilà une vérité que La Palisse ne désavouerait certes pas. Mais alors, pourquoi des individus sacrifieraient-ils leur vie et leur santé à fabriquer un produit dont ils ne ressentent nullement le besoin ?

Ce qui fait surtout la nocuité des diverses professions cataloguées dangereuses, ce sont d'abord la rapacité des exploiteurs, la durée du travail ensuite. Si au lieu de passer dix ou douze heures par jour dans des vapeurs méphitiques et cela de continu, pendant des mois et des années, supposez que les individus n'y soient employés qu'une heure ou deux et par intermittence, et qu'au lieu d'être enfermés dans des locaux mal aérés, les ateliers soient installés en plein air sous des abris, pourvus de toutes les conditions hygiéniques connues, cette occupation peut rester plus ou moins désagréable, mais cesse d'être meurtrière.

Une fois ce point déblayé, reste à savoir qui fabriquera ces produits ? Mais, nous l'avons dit : ceux qui en auront besoin. La diversité des occupations est nécessaire à l'homme, la variété dans les travaux lui en facilitera le service, pourquoi le peintre, tout en étant associé avec des peintres, ne ferait-il pas aussi partie d'un groupe pour la production des couleurs dont il aurait besoin ? Et l'astronome, tout en s'associant avec d'autres individus pour observer ce qui se passe dans les profondeurs de l'espace, pourquoi ne pourrait-il pas s'associer avec un groupe d'opticiens pour la construction de ses objectifs ? Sachant manier l'objet, ils n'en auraient que plus de compétence pour l'établir dans les meilleures conditions voulues.

Mais, ce que nous ne devons pas oublier surtout, c'est que l'outillage mécanique est tout indiqué pour remplacer l'homme dans la plupart de ses travaux, principalement ceux qui sont répugnants et pénibles, À l'heure actuelle, des questions d'économie font reculer l'exploiteur devant l'achat d'un outillage mécanique, ou le renouvellement de celui qu'il possède. Il peut user un ouvrier en vingt ans, dix ans, cinq ans, même en moins de temps, personne ne lui en demande de comptes. Dans la société future, les individus ayant tout intérêt à veiller à l'hygiène de leurs ateliers, puisqu'ils en seront les ouvriers, les questions d'économie n'entreront aucunement en ligne de compte. Le génie de l'homme pourra se donner libre carrière vers le développement et le perfectionnement de l'outillage mécanique.

Par ce que nous avons vu jusqu'à présent, nous venons de voir qu'au lieu d'être comme dans la société actuelle, un esclavage et une torture, le travail sera rendu attrayant ; par le fait que ce seront les attractions personnelles qui guideront les individus dans le choix de leurs occupations, il deviendra un passe-temps, un exercice de gymnastique. Il nous reste à étudier d'un peu plus près, comment pourraient évoluer et se combiner les conflits d'idées différentes qui pourront se produire dans la société future.

L'exemple étant l'illustration de l'idée, et rendant toujours mieux la pensée à condition qu'il soit bien à sa place, c'est encore par un exemple que nous allons procéder : le cas d'une maison à construire, entre autres, et examiner les différents cas qui pourraient se produire.

Quoiqu'on ait accusé les anarchistes de n'être que des brouillons, de ne pas savoir ce qu'ils veulent, nous supposons que, lorsqu'il s'agira de bâtir, — comme pour quelque travail que ce soit du reste, — les membres de la société future, pris d'un vertigo de construction, n'iront pas s'amuser à entasser moellons sur moellons, briques sur briques, rien que pour le plaisir de gâcher du mortier.

Fort probablement que les grandes casernes d'aujourd'hui seront appelées à disparaître dans la société future. Nul doute que les individus ne voudront plus être encaqués dans les bâtisses malsaines d'aujourd'hui, où, pour des conditions d'économie, — les terrains coûtant fort cher, — on essaie de rattraper en hauteur, ce que l'on perd en surface. Comme cela se pratique du reste à Londres actuellement, les individus voudront avoir leur « home » séparé : une petite maisonnette pouvant loger la famille, et entourée d'un petit jardin pour l'agrément des habitants.

La construction de maisons semblables ne demandera le concours que d'un nombre très restreint d'individus. Il y aura fort peu de complications architecturales, et il sera facile aux individus de constituer les groupements nécessaires à la construction de ces petits édifices. Mais, il pourrait se faire que l'on continuât la construction des énormes bâtisses d'aujourd'hui, cela est fort possible, nous ne pouvons pas préjuger de l'évolution future. Les individus qui auraient des vues particulières sur l'aménagement d'une semblable maison d'habitation, auraient à s'entendre, entre eux, sur leurs conceptions particulières ; ceux dont les différentes conceptions pourraient s'amalgamer et s'adapter dans le même édifice, se grouperaient pour la construction du modèle convenu, en faisant distribuer les appartements que chacun aurait choisis d'avance, selon les adaptations particulières de chacun. Cela compliquerait peut-être un peu plus la chose, mais ne la rendrait pas insoluble, croyons-nous.

Dans la société future, pas plus que dans la société actuelle, on ne tiendra à user ses forces mal à propos. L'entente entre les individus sera forcément le régulateur de leur conduite. L'individu qui voudrait s'isoler, vivre de ses seules forces, en n'usant que des produits qu'il fabriquerait lui-même, celui-là se ferait une vie impossible, forcé qu'il serait de travailler sans cesse et sans relâche pour arriver à ne se donner qu'une médiocre aisance.

Les individus auront donc certainement à mettre la main à la production de quantité d'objets dont ils auront besoin, mais cette production devra se faire en commun afin de profiter des progrès mécaniques, et de plus, la fédération des groupes entre eux, permettra aux individus de pouvoir profiter de quantité de produits sans avoir à les façonner ; et les échanges entre groupes, seront un puissant moyen de dispersion des produits accumulés, car il est bien évident que si un outillage mécanique, une fois en train, peut produire en une heure ou deux de travail, dix fois plus que l'individu n'en a besoin, celui-ci ne s'arrêtera pas au bout de cinq minutes, sous prétexte qu'il a ce qu'il lui faut. Il perdrait ainsi en mise en train, en démarches tout son temps avant d'arriver à produire la moitié des différentes sortes d'objets qu'il lui faudrait. Il y aura là une moyenne d'occupations que chaque individu pourra embrasser et dont il est impossible de tracer la limite. Le besoin et les circonstances guideront l'individu mieux que toute commission de statistique.

Ceux donc, qui ne se contentant pas des locaux existant déjà, voudront s'approprier une demeure à leur convenance, s'entendront d'abord entre eux, ensuite avec d'autres groupes qui pourront leur fournir les matériaux dont ils auront besoin, et formeront ainsi une deuxième, troisième fédération, et ainsi jusqu'à l'infini.

Mais, nous dira-t-on, il n'y aura pas que les maisons d'habitation. Il y aura les édifices publics : ateliers, magasins, salles de spectacle, de réunions, etc. Si personne n'est spécialement désigné pour les construire, qui les établira ?

Jusqu'à présent nous avons raisonné absolument comme si les individus s'étaient unanimement au lendemain de la révolution refusés à continuer leur travail habituel, le cas peut se présenter, nous n'y voyons pas d'inconvénient, et nous continuerons à l'envisager ainsi ; c'est le cas le plus embarrassant.

Les individus qui auront besoin de l'édifice en question, auraient à s'ingénier pour faire les maçons eux-mêmes. Ils auraient à faire appel aux ingénieurs, architectes, pour dresser les plans de l'édifice projeté. Les dessins seraient exposés à la critique de tous. Après avoir discuté les détails et l'ensemble, on arrêterait le projet définitif. Il faudrait que le projet fût bien biscornu pour que, de tous les maçons, serruriers, charpentiers existants, il ne parvînt pas à en décider quelques-uns qui consentissent à mettre les novices au courant de leurs procédés ; à moins d'être absolument loufoque, un projet, quel qu'il soit, trouve toujours des partisans. On ne ferait plus appel à l'argent des individus, c'est leur part de travail et d'efforts qu'on leur demanderait. Aujourd'hui, il suffit d'avoir de l'argent pour mettre en mouvement les forces sociales sur le projet le plus absurde. Dans la société de demain, ne s'emploieront à une besogne que ceux qui l'auront adoptée en projet.

Comme nous l'avons vu pour les routes, chemins de fer, etc., l'intérêt individuel n'étant plus en jeu, toutes les considérations accessoires étant écartées, l'entente serait facile. Mais, là encore, nous voulons bien admettre que les individus fussent assez absurdes pour ne pas s'entendre, nous nous trouverions en face des mêmes difficultés qui devraient se résoudre de même.

La logique nous dit que l'intérêt personnel — ce moteur de toutes divisions et de toutes chicanes par son antagonisme avec les autres intérêts personnels, — ayant disparu des relations sociales, les différences ne pourront résulter que de la manière de concevoir et d'envisager les choses ; les petites différences d'appréciation pourront s'amender, disparaître dans les discussions qui pourront s'engager à ce sujet : il ne resterait donc en présence que les divergences trop accentuées pour se fondre en un accord mutuel. Alors, le besoin, ce moteur universel, plus fort que toutes les petites questions d'amour-propre et de vanité, ne tarderait pas à amener les individus à des dispositions plus raisonnables. Sinon, nous l'avons dit, c'est que les individus seraient en régression, et alors l'homme sensé, au lieu de chercher à se définir un idéal d'affranchissement et de bonheur pour la race humaine, n'aurait plus qu'à chercher dans le néant le seul remède aux regrets cuisants qu'il éprouverait de voir les hommes retourner en arrière.

Si, du désaccord, il en résultait la construction de deux bâtiments au lieu d'un, personne ne songerait à s'en plaindre. Et il y aurait cet avantage : chacun des groupes ayant à cœur de prouver la supériorité du plan auquel il se serait rallié, rivaliserait de zèle pour en parfaire l'exécution. L'amour-propre, ici, pousserait les individus à déployer tout leur savoir-faire, toute leur bonne volonté pour mener à bien l'œuvre à laquelle ils se seraient attachés. Nous trouvons donc encore ici, un stimulant de la bonne volonté des individus, que les défenseurs de l'autorité affirment ne devoir résider que dans la crainte du châtiment ou l'appât du gain.

Pour la division du travail dans les groupes, nous avons vu que chacun des individus rechercherait les groupes où il pourrait donner l'essor à ses facultés, et, en s'associant, ils s'instruiront mutuellement de la part de besogne à laquelle ils entendront s'adonner plus spécialement ; chaque individu ne recherchera donc que ceux dont les goûts à telle besogne ne pourront que faciliter sa tâche et non la lui disputer. S'il s'agit de la construction d'une machine, par exemple, celui qui aura spécialement des goûts pour l'ajustage, s'il peut faire tout l'ajustage lui-même, ne demandera à s'associer qu'avec des forgerons, des fondeurs, etc. Si l'importance du travail exige le travail de plusieurs ajusteurs, forgerons, fondeurs ou autres, c'est toujours dans les mêmes conditions que se fera le groupement.

Le groupement opéré dans ces conditions, la division du travail est tout opérée puisque c'est elle qui a servi de base à l'association. Une fois constitué, le groupe n'a qu'à se mettre à l'œuvre. Si, dans le courant du travail il plaisait à un individu de changer le genre d'occupation primitivement choisie par lui-même, dans la société actuelle on sait assez se faire des concessions pour que la chose pût s'opérer sans entrave, et même pour que les coassociés fissent tous leurs efforts pour aider leur collègue dans son nouveau travail s'il n'était pas bien au courant.

Si, pour une raison ou pour une autre, ce changement ne pouvait s'opérer, l'individu chercherait un autre groupe pendant que le groupe abandonné suppléerait à l'individu défaillant. L'individu qui aurait la réputation de bien remplir sa tâche dans l'association serait recherché par les groupements ; celui qui aurait la réputation d'être mauvais coucheur, de ne jamais être satisfait, serait évité par les autres, ou trouverait plus difficilement à s'associer, s'il ne rachetait ses défauts par d'autres qualités.

On a objecté que certains individus pourraient vouloir faire des besognes dont ils ne seraient pas capables. Mais les groupements ne s'opéreront pas à l'aveuglette, la solidarité et la vie étant dans la société future très développées, les relations des individus seront très grandes, leurs associations se formeront principalement parmi ceux qui se connaîtront. Tout individu qui rentrera dans un groupe, sera au moins connu de quelques-uns.

Les causes d'erreur seront donc par le fait, bien diminuées ; ensuite chacun sait que l'on ne fait bien que ce que l'on fait volontairement. Le seul fait que l'individu recherche telle besogne, est l'indice qu'il éprouve déjà des aptitudes à la pratiquer. Et au cas où il s'égarerait dans ses dispositions, les conseils de ses coassociés ne lui feraient pas défaut ; si son inhabileté était par trop évidente, l'inanité des résultats de ses efforts ferait plus que toute autre chose pour l'engager à ne pas continuer.

Comme on le voit, le travail peut s'accomplir sans discussions, sans tiraillements, sans acrimonie, à la satisfaction de tous. Il suffit de placer les individus dans des conditions parfaites de liberté et d'égalité, pour obtenir l'harmonie, ce but idéal de l'humanité.

Quand, pour une cause ou une autre, un ou plusieurs individus ne peuvent s'accorder davantage dans le groupement par eux choisi, nous l'avons vu, rien ne les y attache ; ils sont libres d'en sortir pour aller au groupe qui répondrait mieux à leur nouvelle façon de concevoir les choses. « Faute d'un moine, l'abbaye ne chôme pas », dit le proverbe, et il est vrai pour quelque groupement que ce soit.

Si, par hasard, il n'existait pas de groupement répondant aux aspirations de l'individu, ce serait à lui de chercher d'autres individus, capables de le comprendre, d'éprouver, eux aussi, ses aspirations, et de l'aider à la réalisation de son idéal.

Toute façon de penser, tout caractère, à moins qu'il ne soit tout à fait biscornu, trouve toujours avec qui sympathiser. Les caractères biscornus ne sont que des exceptions et la société n'est, ou du moins ne doit être faite, qu'en vue des caractères sociables. Il s'ensuit que l'on n'a pas à faire des lois d' exceptions pour des anomalies que l'on voudrait nous présenter comme un obstacle à l'organisation future.

D'ailleurs la nécessité est là, pour celui qui veut vivre. Aucun maître ne lui commande, mais son existence n'est possible que par l'association. S'il veut périr, il est libre ; mais s'il veut vivre, il ne peut le faire qu'en trouvant des compagnons. La solidarité est une des conditions naturelles de l'existence, et nous nous en tenons aux indications de la nature.

Or, ce que nous venons de dire pour la construction d'un bâtiment peut s'appliquer à toutes les branches de l'activité humaine ; depuis le travail le plus colossal, jusqu'à la plus infime des productions. La liberté la plus complète, voilà le seul moteur de l'activité humaine, avec ses deux corollaires bien entendu : égalité et solidarité.

« Il faudrait des anges, » nous dit-on, « pour qu'une semblable organisation fût possible. L'homme est trop mauvais, il faut le conduire avec des verges ».

L'homme n'est pas un ange, son passé nous le prouve, et, certainement, du jour au lendemain, il ne sera pas transformé ; le changement d'institutions, s'il se faisait brusquement, n'aurait pas le pouvoir de changer instantanément, chaque individu en un penseur ne commettant aucune faute, aucune erreur. La science a détruit la croyance aux talismans.

Mais, dans les premiers chapitres de cet ouvrage, nous avons montré ce que nous entendions par évolution et révolution, et nous pensons avoir fait comprendre que l'une n'était pas possible sans l'autre. Et si l'homme évolue assez pour changer son milieu, pourquoi ne continuerait-il pas de progresser dans ua milieu favorable à cette progression ?

En place de cette société férocement égoïste d'aujourd'hui, où, tous les jours, se dresse devant le travailleur exténué cette question terrible, bien souvent insoluble pour lui : « comment mangerai-je demain ? » en place de cette société où la « lutte pour l'existence » se poursuit sans trêve ni relâche, dans sa plus mauvaise signification, entre tous les individus, l'homme se trouvera dans une société large, sans oppression aucune, basée sur la solidarité des intérêts ; une société, enfin, où il aura la satisfaction assurée de tous ses besoins, n'ayant, en retour, que sa part d'activité à apporter.

Pourquoi les hommes ne s'entendraient-ils pas ? — Oui, l'homme est égoïste, oui, l'homme est ambitieux ! mais apprenez-lui que cet égoïsme a intérêt à se solidariser avec les autres égoïsmes, à se fondre avec eux au lieu de se poser contre eux en adversaire, et vous rendrez ainsi les individus solidaires. Brisez-leur entre les mains ce qui pourrait flatter leur ambition, satisfaire et entretenir leurs goûts de domination ; faites qu'ils ne puissent s'élever au-dessus de la foule pour lui imposer leurs volontés.

Et, de cette masse d'êtres qui, pris à part, ont tous les défauts d'une mauvaise éducation, héritage d'une société corrompue jusqu'à la moelle, il se dégagera des idées larges et généreuses, une abnégation et un enthousiasme qui font que l'on a vu dans les révolutions passées, des hommes en guenilles, monter la garde, l'arme au bras, devant les millions que l' impôt leur avait soustraits, et les garder religieusement pour ceux qui devaient s'en servir pour les river à l'esclavage. Ils auraient pu faire mieux, mais c'est un exemple que, dans les périodes de lutte, on peut faire fond sur les idées généreuses de la masse.

On nous parle toujours d'évolution ! mais, parbleu ! nous le savons fort bien qu'il faut que l'évolution se fasse dans les esprits avant de passer dans les faits ; et c'est parce que nous savons qu'une idée, quelle que soit sa justesse, ne s'impose pas si les masses ne sont pas préparées à la recevoir, que chaque individu doit essayer de faire cette évolution en propageant ses idées, telles qu'il les conçoit avant que la révolution, qui se prépare, ne nous surprenne.

Quant au jour de la révolution, lorsqu'elle sera venue, nous y mettrons nos idées en pratique, appellerons, par notre exemple, nos compagnons de misère à nous imiter. S'ils nous suivent dans notre action, c'est que l'évolution sera faite, si au lieu de nous imiter, obéissant à ceux qui les trompent pour les exploiter, ils nous tirent dessus, c'est que l'évolution ne sera pas faite, et alors nous succomberons, certainement, sous les coups de l'autorité qui sortira de la révolution en cours. Mais, par le peu que nous aurons pu faire, nous aurons lancé nos idées dans le domaine des faits.

Lorsque les travailleurs, retombés sous le joug de nouveaux maîtres qui continueront à les exploiter de plus belle, s'apercevront qu'ils n'auront, encore une fois, tiré les marrons du feu que pour quelques seuls intrigants, ils réfléchiront et se diront que nous avions raison de leur apprendre qu'il ne faut pas se donner de maîtres. Si les faits accomplis par les anarchistes, pendant la lutte, portent, en eux-mêmes, leur enseignement, ils peuvent entraîner la foule. Mais, fussent-ils vaincus, c'est sur leur donnée que se continuerait l'évolution ; c'est pour leur réalisation que se préparerait la révolution nouvelle.

XX. COMMUNISME ET ANARCHIE

Une objection que nous ne devons pas passer sous silence, avant d'aller plus loin, c'est celle qui veut que « communisme et anarchie hurlent d'être accouplés ensemble, que l'un est la négation de l'autre. » Communisme impliquant, nous dit-on, l'obligation pour tous de se plier à une même règle, tandis que anarchie signifierait l'individualisme le plus effréné.

Encore une erreur d'appréciation. Le mot « anarchie » n'est qu'une négation politique ; il n'indique nullement nos tendances économiques et, comme la liberté que réclament les anarchistes, ne peut résulter que de la situation économique que les individus auront su se créer, il est toujours nécessaire, croyons-nous, d'indiquer clairement le but auquel on tend.

Certes, à l'heure actuelle, il n'y a guère confusion sur l'épithète d'anarchiste. Si on la débarrasse de toutes les imbécillités dont la peur et la lâcheté des rapaces menacés l'ont enjolivée, on verra qu'elle signifie non seulement haine de l'autorité, mais aussi destruction de l'exploitation capitaliste.

Mais notre but, nos idées, nos tendances, notre organisation physique, nos besoins nous poussent vers l'association avec nos semblables, association où tous les hommes unis entre eux pourront librement évoluer, selon leurs différentes manières de voir ou de sentir. Pourquoi aurions-nous peur d'un mot, si ce mot peut, d'une façon précise, caractériser notre conception ? D'autres avant nous l'ont fait servir d'étiquette à des systèmes que nous repoussons, que nous importe ! n'ayons pas peur des mots, méfions-nous plutôt de ce que l'on pourrait tenter d'y cacher dessous.

Nous prenons les mots pour ce qu'ils valent, sans nous arrêter au sens que d'autres veulent leur donner. Convaincus que les hommes ne peuvent être heureux qu'en vivant fraternellement ensemble, le mot communisme s'adapte à la chose, nous nous en servons. Adversaires de l'autorité, pénétrés de cette vérité que l'homme peut et doit vivre sans maîtres, que l'anarchie a cette signification et doit conduire l'humanité à un état harmonique, où les individus vivront sans querelle, sans lutte, dans la plus parfaite intelligence, nous inscrivons ce mot à côté de l'autre pour bien caractériser nos conceptions économique et politique de notre idéal social, et nous ne pourrions en trouver de meilleurs.

Dans les systèmes sociaux inventés par les fabricants de société toute faite, communisme servait à désigner un état social où tout le monde devait se plier à une règle commune, où l'égalité n'était comprise que par la compression des individus sous le même niveau, cela ne prouve qu'une chose, c'est que l'on avait détourné ce mot de sa signification originelle et rien de plus.

Dans notre conception de l'ordre social, le mot anarchie, loin de « hurler » de se trouver à côté du mot communisme vient, au contraire, corriger le sens autoritaire que l'on pourrait être tenté de lui attribuer, d'après les emplois ultérieurs que l'on en a fait.

Si le communisme démontre que si les individus doivent vivre en société sur le pied de la plus parfaite égalité, le mot anarchie, lui, vient ajouter que cette égalité se complète par la liberté la plus absolue de l'individu, que cette égalité n'est pas un vain mot puisqu'elle n'est pas imposée, puisqu'elle ne reconnaît aucune autorité. Pas plus celle du Sabre que du Droit divin, pas plus celle du Nombre que celle de l'Intelligence. Ni Dieu ni maître ; chacun n'obéit qu'à sa propre volonté.

D'autre part, certains anarchistes, craignant de voir retomber l'idée anarchiste dans la fausse voie de la charité chrétienne, de l'abnégation et autres fariboles qui ont contribué à plier les individus sous le joug, en leur prêchant la résignation et le dévouement, nous disent qu'il faut repousser le communisme sous peine de retomber dans le sentimentalisme vague et mal défini des anciennes écoles socialistes.

Nul plus que nous n'est ennemi des absurdités qui, sous prétexte de sentiment, enseignent aux individus de respecter les préjugés qui l'entravent dans sa marche, les plient sous l'autorité et l'exploitation. Nul plus que nous n'est l'adversaire de ce sentimentalisme idiot dont les poètes et les historiens bourgeois ont farci leurs élucubrations pour fausser le jugement du travailleur, excitant chez lui une générosité bête qui le rendait toujours dupe des intrigants qui savent faire vibrer chez les autres les sentiments d'abnégation qu'ils s'empresseront d'exploiter. Il est temps, en effet, que les travailleurs sortent de cette chevalerie sentimentale qui les a toujours rendus les dindons de la farce.

Mais, sous prétexte de ne pas tomber dans le sentimentalisme, il ne faut pas non plus tomber en l'excès contraire, comme cela est arrivé en littérature où, sous prétexte de réagir contre les bonshommes en baudruche de l'école spiritualiste, on n'a voulu voir, dans l'homme, que la brute inconsciente et malfaisante.

En dehors de ce sentimentalisme des cerveaux mal équilibrés, il y a chez l'homme un besoin d'idéal, un sentiment d'affection pour ceux qu'il estime, un appétit de progrès, une soif de mieux qui se font sentir même chez les plus arriérés et dont on doit tenir compte.

« C'est l'envie qui pousse les classes inférieures à la haine des riches », disent les économistes que l'on trouve toujours en tête lorsqu'il s'agit de calomnier ceux qui n'ont pas cent mille francs de rente.

Non, messieurs, ce ne sont ni la haine ni l'envie, c'est tout simplement le sentiment de la justice. Et ce sont toutes ces aspirations qui, associées à toutes les facultés de l'homme, font éclore chez lui l'être intelligent et qui, devenues le mobile de ses actions, le distinguent de la brute qui accepte passivement sa destinée, sans chercher à réagir.

C'est en prenant l'homme tel qu'il est, en tenant compte de *tous* les mobiles qui le font mouvoir, des conditions d'existence que lui crée la nature ou qu'il sait s'adapter, que nous arriverons à nous faire une idée de ce dont il est capable pour l'avenir.

Ne méprisons donc pas la poésie et le sentiment, ce sont eux qui nous donnent la force de lutter contre les obstacles, embellissent les quelques heures de douceur que nous pouvons trouver dans l'existence. Le Beau, le Vrai, l'Amour, l'Amitié, ce ne sont que des sentiments, mais sans lesquels nous ne serions que des bêtes féroces. Ils sont devenus parties intégrantes de notre être, sans eux nous ne comprendrions plus la vie. Faisons que ces sentiments soient toujours gouvernés par la raison, ne les laissons pas emberlificoter de la sentimentalité pleurarde et filandreuse de ceux qui veulent les forcer à justifier les horreurs de l'heure présente, mais réclamons-nous d'eux hardiment, ils doivent être les régulateurs de notre idéal.

Nous avons vu précédemment que poser la question : l'homme peut-il vivre seul ? c'était la résoudre ; nous n'avons donc pas à nous y arrêter bien longtemps. Mais, en dehors des conditions économiques qui forcent l'individu à vivre en société, il y a des considérations d'ordre purement cérébral. En dehors de l'attraction sexuelle, chacun se sent attiré par tel ou tel caractère ; on éprouve le besoin d'échanger ses idées, on a besoin de l'estime et de l'approbation des autres. L'isolement est la plus grande torture dont les philanthropes modernes aient doté l'humanité ; la sociabilité est le vrai caractère de l'homme ; les misanthropes et les solitaires ne sont que des cerveaux détraqués ou des hallucinés. Et ce qui prouve bien ce caractère, c'est que ce sentiment de sociabilité a pu survivre et résister à toutes les injustices, à toutes les atrocités que l'on commet journellement « au nom de la Société. » L'on fait accepter à l'individu comme une nécessité de l'état social, ce qui n'est que le résultat de l'asservissement d'une classe sous l'arbitraire d'une autre caste.

Mais si l'homme ne peut vivre isolé, s'il ne peut s'affranchir des obstacles que lui créent les conditions précaires d'existence dans lesquelles il se meut, qu'en associant ses forces à celles de ses sem-blables ; si son tempérament, ses goûts, son intérêt, son développe-ment intellectuel le poussent à l'association, il est évident que, pour être durable, cette association doit se faire dans des conditions d'égalité parfaite entre tous les contractants. Elle ne devra laisser subsister dans son sein aucun privilège. Si elle veut conserver et rendre facile l'entente parmi ses membres, elle ne devra pas en ar-mer certains, de prérogatives qui mettraient artificiellement ceux qui en bénéficieraient au-dessus des autres. Les hommes devront s'entendre pour « harmoniser » leurs efforts, ils devront agir en « commun. »

Pour désigner l'ordre social que nous entendons, le mot « com-munisme » n'est donc pas déplacé, pas plus que celui d' « anarchie » désignant la somme complète de liberté que nous réclamons, et les deux mots accouplés indiquent que nous en appelons à la rai-son des individus, pour juger d'eux-mêmes, dans quelles limites doivent se mouvoir leur liberté et leur solidarité !

Nous pensons, par tout ce qui a été dit jusqu'à présent, avoir ré-pondu d'avance à l'objection de ceux qui semblent craindre que, s'il n'y a d'autorité dans la société future, les individus ne seront jamais assurés de pouvoir jouir de leur labeur, et risqueront, à tous moments, de se voir arracher les produits de leur activité par les plus forts ou les plus rusés.

Nous avons vu qu'il était impossible à l'homme de vivre isolé. Pourtant ceux qui, en ignorants égoïstes, préféreraient vivre à l'écart, personne ne les en empêcherait, ils seraient libres d'accu-muler, n'y trouvant de seul empêchement que l'impossibilité pra-tique de le faire d'une façon démesurée. Mais, en refusant leur aide aux autres, ils se retrancheraient d'eux-mêmes de l'aide d'autrui, n'en seraient-ils pas les premiers punis en y perdant plus qu'ils n'économiseraient ?

Que pourraient-ils inventer ou créer qui ne le fût avec plus d'avantages par les membres de l'association dont ils se seraient re-tranchés ? Un individu, quelle que soit son intelligence, ne tire ja-mais, armée de toutes pièces, une idée de son seul fonds. Il la puise d'abord dans ses études, dans ses lectures, dans les discussions qu'il a avec son entourage, sans compter qu'une idée quelconque n'est jamais que la transformation d'une idée antérieure. L'homme n'a donc aucun avantage à s'isoler des autres.

Dans l'explication que nous venons de faire du mécanisme des groupements, le lecteur aura pu comprendre tout l'avantage qu'il y avait pour l'individu d'en faire partie. En dehors de l'avantage immédiat de trouver un concours de force pour l'œuvre qu'il ne pourrait accomplir seul, l'individu trouve dans ses coassociés des amis qui sauraient au besoin le défendre si on voulait le molester.

Les hommes n'étant plus groupés par le hasard des circonstances, mais par leurs propres affinités, un lien d'étroite solidarité s'établirait entre les membres d'un même groupe. Toucher à l'un serait se mettre tout le groupe à dos. Or, un individu ferait nécessairement partie d'une infinité de groupes. Plus il aurait fait preuve de sociabilité avec ses coassociés, plus il aurait développé de solidarité, plus il serait estimé, et plus grande serait la somme de solidarité qu'il pourrait en attendre. Loin d'être faible, désarmé devant l'oppression comme on veut bien le croire, il disposerait d'énormes moyens de défense, qu'il ne pourrait qu'amoindrir s'il voulait, au contraire, se montrer agressif.

Nous ne devons pas oublier que notre esclavage politique provient de notre asservissement économique, n'a de raison d'être que la défense des privilèges des possédants ; que ce sont ceux qui n'ont rien à défendre qui sont forcés de fournir la force qui doit protéger les spoliateurs contre les réclamations des spoliés.

Quand les hommes auront acquis la liberté économique, quand ils n'auront plus, parmi eux, des dispensateurs des produits naturels et industriels, quand ces produits seront à la libre disposition de ceux qui peuvent les utiliser, alors là, mais là seulement, ils seront libres et égaux. Pouvant satisfaire à tous leurs besoins, ils n'auront plus à subir l'autorité de personne et ne la subiront pas, se sentant à armes égales contre celui qui voudrait les dominer.

Mais, ayant compris les leçons du passé, ils sauront que l'injustice appelle l'injustice, la violence provoque la violence. Ne voulant pas subir de joug, ils comprendront qu'ils ne doivent pas, eux-mêmes, chercher à opprimer autrui sous peine de représailles. Voulant rester libres, ils respecteront la liberté des autres.

XXI. HARMONIE — SOLIDARITÉ

Nous avons vu, dans les chapitres précédents, comment et pourquoi les individus pourraient se grouper, s'entendre entre eux, dans cette organisation qui découlerait de leurs rapports journaliers sans autorité ni chefs à leur tête, il nous reste à voir maintenant si les groupes qui se formeront, pourront exister les uns à côté des autres sans se gêner, sans s'entraver, sans se combattre. Nous croyons fermement qu'il peut en être ainsi et allons exposer les raisons qui font pour nous de cette croyance une certitude.

En étudiant les causes de division qui, dans la société actuelle, font de chaque individu un adversaire de son semblable, nous avons vu, quoique nous n'ayons fait que l'effleurer en passant, que la crainte seule du lendemain rendait l'individu égoïste dans le sens étroit du mot, c'est-à-dire ne pensant qu'à lui, rapportant tout à son *Moi*, ne s'occupant pas des individus qui peuvent souffrir du fait de sa jouissance, pourvu que le spectacle de ces souffrances ne s'étale pas immédiatement sous ses yeux.

Pourtant, malgré cela, l'homme pris en général souffre de voir souffrir son semblable ; une misère qui frappera ses regards le troublera dans sa jouissance. Il se plaît à secourir son semblable, lorsqu'il peut le faire sans compromettre son bénéfice ou ses chances de réussite. Certains peuvent bien ne le faire que par ostentation, mais cette ostentation même, prouve que cela est bien vu de la généralité des individus.

C'est au nom de la société, — c'est-à-dire pour le bien de tous — que l'individu accepte les entraves et l'exploitation actuelles que la force seule serait impuissante à maintenir. En admettant qu'il entrât dans ce respect une part de la peur des gendarmes, quel est le bénéfice qu'en tirent les sans le sou, eux qui fournissent la force et n'ont rien à défendre ? Ne sont-ce pas eux qui fournissent les gendarmes ?

Ne voit-on pas dans des cas exceptionnels, des individus sacrifier, bien-être, existence, pour des causes d'intérêt général : science, patrie, amour de l'humanité, pour le triomphe de leurs seules idées particulières ? L'exemple d'amis risquant leur vie, leur situation ou leur liberté, pour être utiles à un ami, est-il si rare ? Certes, la bourgeoisie actuelle avec ses tripotages, son amour du lucre, les chantages et les trahisons, qu'elle semble avoir mis à l'ordre du jour, semblerait nous prouver l'avachissement de l'humanité, mais elle n'est heureusement que la minorité, et tous dans la bourgeoisie ne sont pas non plus des politiciens.

Les adversaires de l'anarchie accusent les anarchistes de créer en leur imagination, un homme parfaitement bon, sobre, dévoué, être idéal que ne fournira jamais la réalité. Nous, nous leur reprocherons d'en faire, pour les besoins de leur cause, un autre, non pas à leur image puisqu'ils se prétendent eux, doués de toutes les qualités qu'ils nient aux autres, mais à l'image d'une entité qui n'existe pas. Ils font de l'homme un être froidement féroce, égoïstement sot, tandis que tout son passé démontre au contraire, qu'il ne l'est que de par les circonstances et que son évolution tend à le sortir de cet état. Travaillons donc à ce que les circonstances ne le forcent plus à désirer la perte de son semblable.

Le désir d'*arriver*, l'amour du lucre ne sont que les produits de l'organisation antagonique de la société qui fait, aux individus, une loi d'user de tous les moyens dans cette lutte de tous les instants, pour atteindre le but avant leurs concurrents. Il faut qu'ils les écrasent s'ils ne veulent pas être écrasés eux-mêmes, et servir de marchepied à leurs vainqueurs. Telle est l'organisation de la société actuelle qu'il faut se boucher les oreilles pour ne pas entendre les cris de ceux qui se noient, afin de ne pas être tenté de leur porter secours ; loin de s'arrêter à leur tendre la perche, il faut, au contraire, les *aider* à s'enfoncer davantage, la foule des rivaux n'est-elle pas là, derrière vous, avançant toujours et qui vous écraserait sans pitié si vous faisiez mine de vous arrêter.

Quoi d'étonnant après cela, à ce que l'accord et l'entente entre les individus soient rendus si difficiles dans la société actuelle. Vous basez votre organisation sur la concurrence individuelle, sur l'extermination des uns les autres, scandalisez-vous donc ensuite de récolter haine et tempête ! L'homme qui s'asseoirait sur un fourneau de mine, et y mettrait le feu après l'avoir chargé serait tout autant que vous, en droit de s'étonner, de sauter en l'air... s'il en avait le temps.

Tout autrement constituée serait la nôtre : La propriété individuelle serait abolie, les individus n'auraient plus besoin de thésauriser pour s'assurer la certitude du lendemain. Le stimulant des individus ne serait plus le désir d'amasser, le besoin d'arracher bon gré, mal gré, sa pitance, mais le besoin d'agir, de se perfectionner, d'aspirer toujours à un mieux idéal. Les relations des groupes et d'individus ne s'établiront plus en vue de ces échanges où chaque contractant ne cherche qu'à *enfoncer* son partenaire ; les rapports n'auront pour but que de se faciliter mutuellement la besogne, l'entente sera facile, les causes de discorde auront disparu, les relations sociales pousseront les hommes vers la solidarité au lieu de les exciter à se nuire. Semez l'entente, vous récolterez l'union.

Nous l'avons vu aussi, cette entente certainement, ne s'établira pas parfaite du premier coup. Les miracles ne s'improvisent plus. Avant d'arriver à ce que cela marche sans heurts ni froissement, il y aura sans doute bien des hésitations, bien des tâtonnements, bien des déceptions, mais nous avons encore vu que nous n'espérions pas cette transformation du jour au lendemain ; que, pour qu'elle s'établisse et soit durable, cela demanderait de longs efforts.

Le travail sera long, pénible, nous l'accordons, et demandera bien des luttes, bien des recommencements, parfois bien de l'abnégation de la part des individus ; mais, avec tous ces essais, toutes ces reprises, toutes ces désillusions, la réussite n'en sera que plus assurée, plus qu'elle ne pourrait l'être par des actes d'autorité et d'oppression.

Les fautes, les déceptions, auront pour effet de rendre les individus plus circonspects, de les inciter à réfléchir avant d'agir. Lorsqu'ils s'apercevront qu'ils ont fait fausse route, il leur sera facile de changer de direction, tandis qu'une autorité leur imprimant une mauvaise direction, ils ne pourraient s'y soustraire qu'en recommençant une nouvelle révolution, avant que la précédente soit achevée. L'expérience nous démontre qu'il est plus facile de se donner des maîtres que de s'en débarrasser.

Les individus s'étant groupés, comme nous l'avons vu, pour produire soit pour leur usage personnel, soit pour fournir à d'autres les objets de leur fabrication, il faudra nécessairement que ces groupes entrent en relation entre eux, avec autant de groupes que l'exigeront les besoins qu'ils pourront éprouver, de même que l'individu pourra faire partie de dix, vingt, cinquante groupes, autant que le comporteront la variété de ses goûts, la multiplicité de ses aptitudes. C'est de l'ensemble de toutes ces ramifications que ressortira, pour l'individu la possibilité de se procurer tout ce qui ne tombera pas sous la possibilité de son activité immédiate.

Ces groupes auront à se tenir mutuellement au courant des variations de leurs besoins, des résultats de leur activité. Pour s'approvisionner, il faudra qu'ils sachent où se trouveront les groupes qui pourraient être à même de leur fournir la matière première dont ils pourront avoir besoin, qu'ils fassent savoir ce que de leur côté ils peuvent mettre à la disposition des autres. Dans la société actuelle, ces renseignements sont fournis à tous et tenus à jour par les publications spéciales que l'on pourrait transformer et améliorer pour les besoins futurs.

Le même travail d'agrégation qui se sera fait parmi les individus, se fera pour les groupes, par le simple jeu des affinités et des besoins, sans l'intervention d'une autorité qui l'ordonne.

Ici, se présente cette objection : « Comment fera le groupe, auquel les autres groupes ne voudraient pas fournir ce dont il aurait besoin ? » — Le cas peut se produire, affirme-t-on. C'est le même cas que nous avons vu, pour les individus isolés ; et, selon nous, le remède ne doit pas être différent.

Pour qu'un groupe, parmi des milliers et des millions de groupes, ne parvînt à trouver aucun groupe qui consentît à établir des relations avec lui, il faudrait que la conduite des individus composant ce groupe fût d'une nature bien anormale et qu'ils se fussent rendus bien impossibles parmi tous. Et alors, le temps et l'espace étant accessibles à tous, ils auraient à évoluer de façon à se suffire à eux-mêmes, puisqu'ils n'auraient pas su se rendre assez sociables pour trouver avec qui fraterniser.

Mais cela n'est qu'une exception et n'est pas une argumentation. La vérité est, que la sélection qui se sera faite parmi les individus se fera aussi entre groupes. Les aptitudes et les modes d'activité étant à l'infini, chaque tempérament, chaque groupe, n'aura que l'embarras du choix dans la recherche de ses relations.

On nous répondra que ce sont des hypothèses ! Nous l'avons dit : en parlant de l'avenir, nous ne pouvons faire que des hypothèses. Et la science, la science elle-même, qui prétend ne marcher que par l'expérimentation, ne doit-elle pas toutes ses découvertes à des hypothèses que venaient ensuite confirmer l'expérience et le calcul ?

Aussi facilement doivent se résoudre les questions d'intérêt général. Dans la société actuelle, il n'en est pas autrement pour la plupart. De plus en plus, on apprend à se passer du concours de l'État. Ceux qui en prennent l'initiative, en font une machine à spéculation, mais elle n'en reste pas moins au fond, une œuvre de l'initiative individuelle.

Les financiers qui prennent en mains l'affaire, s'ils ne veulent, ou ne peuvent y engager leurs propres capitaux, font appel aux souscriptions volontaires, que des individus alléchés par l'appât de dividendes et d'intérêts respectables s'empressent de couvrir lorsque la chose leur paraît sûre, acceptant ainsi les risques qui découlent nécessairement de toute entreprise financière dont on ne connaît que ce que les promoteurs en veulent bien dire.

Inutile d'ajouter que, dans la société actuelle, ne voient ainsi le jour, que les entreprises qui peuvent fournir aux capitalistes un moyen nouveau d'exploitation, les considérations d'intérêt général, n'étant pas un moyen assez puissant pour faire sortir, seules, les capitaux de chez ceux qui les possèdent. Pourtant, on voit, parfois, des souscriptions s'ouvrir et se couvrir pour concourir à la fondation d'établissements d'utilité générale, ne devant jamais rien rapporter à ceux qui ont versé. Ce sont des exceptions, — plutôt en faveur de notre argumentation, mais, insuffisantes à établir une argumentation sérieuse, et que nous laisserons de côté.

Réellement, il s'ensuit que beaucoup d'idées se trouvent indéfiniment ajournées, lorsqu'elles ne sont pas définitivement enterrées, car si elles offrent une utilité générale, elles ne produiraient, immédiatement, aucun intérêt aux capitaux que l'on y emploierait. Pour voir le jour, une idée, en plus de son utilité générale, doit pouvoir servir d'instrument à édifier ou grossir la fortune de quelques-uns.

Or, ce qui se fait dans la société actuelle, pourquoi ne se ferait-il pas dans la société future, considérations financières écartées ? — Tel qui sentirait l'idée avant tout autre, prendrait l'initiative du travail de propagande à accomplir, ferait appel aux bonnes volontés, développerait son idée par tous les moyens existants, cherchant à faire passer sa conviction dans le cerveau du plus grand nombre d'adhérents possible. Au lieu de souscrire pour des versements de fonds, on souscrirait des promesses de contribuer, de son intelligence, de ses forces, au travail projeté, jusqu'à ce que l'on eût, enfin, réuni le personnel nécessaire.

Toute œuvre qui aurait une réelle valeur d'utilité générale serait sûre de trouver un appui parmi les groupes, d'autant plus vivement, que l'on ne pourrait compter que sur soi-même pour réaliser les améliorations dont on éprouverait le besoin, tandis que, dans la société actuelle, il ne suffit pas d'éprouver le besoin d'un travail urgent, de consentir à en fournir les frais, il faut encore obtenir l'approbation du pouvoir central, ce qui ne réussit pas toujours, ou qu'après bien des années de lutte.

Il faudrait qu'une idée fût bien peu comprise pour ne pas rallier autour d'elle un personnel suffisant à en assurer l'exécution ; c'est qu'alors son utilité ne serait pas absolument démontrée. Si réellement, elle était utile, elle trouverait toujours un noyau de propagandistes qui lutteraient pour sa diffusion. Nous n'avons pas la prétention de marcher plus vite que l'évolution, il y aurait toujours l'avantage de ne pas la voir écarter, quoique comprise, pour la seule raison qu'elle ne rapporterait pas de dividendes assez forts à ceux qui y engageraient leurs capitaux.

« Tout cela est bien, » répondent quelques-uns, « mais, c'est une république spartiate que vous voulez établir, tout devra y être tourné au profit de la société, l'individu devra, quoi que vous en disiez, s'y sacrifier au bien commun, on y crèverait d'ennui, dans votre société, les individus devraient renoncer à toute distraction, à tout amusement, puisque la production ne devrait concourir qu'aux objets de nécessité.»

Nous avons vu qu'une meilleure répartition du travail procurerait à l'individu de longues heures qu'il pourrait employer aux occupations qui lui plairaient, cette crainte est donc chimérique, puisque l'homme sera toujours à même de s'associer avec qui bon lui semblera, pour produire ce qui flattera le mieux ses goûts. Tout ce que l'homme peut désirer, n'est-il pas un besoin pour lui ? Les besoins matériels ne sont pas les seuls besoins qu'il ressente avec violence ; tout ce qui lui devient nécessaire, rentre dans les mobiles de son activité et fait, par conséquent, partie de la production sociale. Là, encore, ce seront les affinités, les similitudes de goûts qui guideront les individus et les grouperont pour les relations à établir, en vue de s'en assurer la satisfaction.

Les défenseurs de l'autorité voient, dans la multiplicité des tempéraments et des variétés d'aptitudes qui existent parmi les hommes, un sujet de crainte pour l'harmonie et la bonne entente, tandis que, en réalité, c'est cette diversité de goûts et d'aptitudes qui permettra aux individus d'évoluer librement. S'ils avaient tous les mêmes besoins, il pourrait se faire qu'ils eussent à se disputer la place et la pitance ; variant de goûts et de mode d'activité, l'un fera ses délices de ce qui serait une gêne pour un autre.

Dans la société de l'avenir on continuera donc de produire ce qui ne sert qu'à la récréation de l'homme ; son éducation et les progrès acquis, lui feront, seulement, en rechercher de plus élevés que les paris sur les combats de coqs, ou le plus ou moins de vélocité d'un cheval que l'on est forcé de soigner comme une petite maîtresse, pendant des mois entiers pour le faire courir un quart d'heure.

Nous prenons l'homme tel qu'il est, avec toutes ses imperfections, son goût faussé par l'ignorance et les préjugés. Nous attendons seulement de l'évolution pour que ses goûts deviennent plus simples, plus affinés, plus esthétiques, et perdent enfin cet amour du clinquant et des colifichets qui distingue l'homme sauvage, et se retrouvent, transformés mais non disparus chez l'homme de la civilisation inférieure d'aujourd'hui,

Les défenseurs de l'autorité ne manquent pas d'objections. Battus d'un côté, ils se retournent d'un autre : « Vous prétendez », disent-ils « que les individus sauront se grouper pour produire ce dont ils auront besoin ; mais, s'il n'y a personne pour s'occuper spécialement d'enregistrer les objets demandés, nombrer ceux en magasins, avertir de ceux qui manqueront, on produira à tort et à travers, il y aura encombrement pour des uns, et disette pour d'autres ; ce sera un gâchis où personne ne pourra se reconnaître. » Aujourd'hui, alors qu'aucun intérêt personnel ne les pousse, les statisticiens ne manquent pas ; chaque branche de connaissance a ses calculateurs qui tiennent registre des faits qui se produisent, des actes qui s'accomplissent, des produits qui se créent, de ceux qui disparaissent. Le goût de chiffrer, de compter, de mesurer, est un travail attrayant pour bien des hommes, ils auront toute liberté pour donner carrière à leur passion. À eux de nous renseigner sur l'équilibre des produits et de la consommation.

Et la poste, le télégraphe, le téléphone, est-ce que leur développement ne les mettra pas à la portée de tous ? Ceux qui resteront isolés, c'est qu'ils le voudront bien, libre à eux, mais les moyens de se renseigner ne manqueront à personne.

Du reste, le mode de groupement que nous indiquons, est, croyons-nous, la meilleure réponse à faire à ces craintes. Un groupe d'individus qui se donneraient pour mission de nous renseigner ou de nous avertir des nécessités de telle opération, peuvent nous être fort utiles, sans être dangereux. Tout autrement, il en serait d'un groupement qui détiendrait sa mission d'un mode quelconque de délégation. Nul besoin pour la société de déléguer ses pouvoirs à une organisation spéciale pour indiquer à chaque membre ce qu'il aurait à faire, quand chacun n'aurait qu'à le vouloir pour se renseigner lui-même, sur l'heure, de ce qui s'accomplit à l'instant dans le monde entier, et que la besogne peut normalement s'accomplir, par une sage entente dans la division du travail.

XXII. LA FEMME, LE MARIAGE

L'idée d'autonomie de l'individu commence à faire son chemin, et comme toutes les idées, elle triomphera, cela ne fait aucun doute, mais il y en a une autre que l'on a séparée d'elle, quoique, au fond, ce soit la même, et nombre d'individus, même parmi les travailleurs, hélas ! réclament contre leur propre asservissement, et continuent à ne voir, dans la femme, qu'un être inférieur, un instrument de plaisir, quand ils n'en font pas une bête de somme.

Que de fois, n'avons-nous pas entendu dire autour de nous : « La femme ! s'occuper de politique ! qu'elle aille donc soigner son pot au feu, et rapetasser les chausses de son mari ». Bien souvent, ce sont des socialistes, des révolutionnaires qui tiennent ce langage ; combien d'autres, qui, sans parler ainsi, sans y réfléchir, agissent, dans la famille, comme de véritables maîtres ! Outre qu'ils laissent ainsi perdre une des plus grandes forces de la révolution, cette conduite prouve aussi qu'ils ne sont pas encore arrivés à une compréhension complète de la solidarité de tous les êtres humains.

De cela, il en est résulté un courant d'opinion parallèle, qui, lui, ne s'occupant pas de la question économique, poursuit, dans la société actuelle, l'affranchissement de la femme, son accession à tous les emplois, sa participation aux choses politiques. Autre façon aveugle d'envisager les choses, autre inconscience de la situation. L'asservissement de la femme est une survivance de l'état de barbarie, qui a été maintenu dans les lois parce que l'homme la considérait, en effet, comme un être inférieur, mais, pour la femme riche, cet asservissement n'a été bientôt que purement nominal, ne s'est maintenu dans toute sa force que pour la femme prolétaire. Cette dernière ne peut s'affranchir efficacement qu'avec son compagnon de misère, son affranchissement politique ne serait qu'un leurre de plus, comme il l'a été pour le travailleur. Ce n'est pas à côté et en dehors de la révolution sociale que la femme doit rechercher sa délivrance, c'est en mêlant ses réclamations à celles de tous les déshérités.

Sans remonter aux Pères de l'Église qui discutaient sérieusement si la femme possédait une âme, que d'âneries n'a-t-on pas débitées là-dessus ! À l'heure actuelle, encore, nombre de savants affirment que la femme est un être inférieur. Pour la plupart, il est vrai, ce sont les mêmes qui parlent des « classes inférieures », quand il est question du travailleur, et soutiennent, mordicus, l'inaptitude de certaines races à pouvoir se hausser à un certain degré d'éducation. Ces savants-là sont toujours prêts à justifier toutes les oppressions, toutes les iniquités, pourvu qu'on leur solde leur complaisance en décorations et en crachats. On croirait, vraiment, qu'à force de rabaisser les autres, ils s'imaginent se hausser d'autant.

Que n'a-t-on pas invoqué pour prouver cette prétendue infériorité de la femme : sa faiblesse musculaire, comparée à celle de l'homme, la moindre capacité de son cerveau, pour ne parler que des choses parfaitement établies, sans parler d'une soi-disant inaptitude aux sciences exactes, et d'une prétendue physiologie qui voudrait prouver que les organes sexuels de la femme ne sont qu'un arrêt de développement des organes de l'homme.

Mais, lorsqu'il fut bien établi que le cerveau était l'organe de la pensée, les partisans de l'infériorité féminine crurent avoir enfin trouvé une base inébranlable pour leur doctrine, et c'est là où ils se sont retranchés. Dans toutes les races humaines, en effet, le cerveau de la femme est, normalement, inférieur en poids à celui de l'homme.

Il est également prouvé que, toutes proportions gardées, le cerveau le plus lourd, a plus de chances d'être mieux doué, cela est hors de contestation. Que répondre à ces faits ?

Une chose bien simple : lorsqu'on fait de la science, réellement de la science, dans le but d'apprendre, d'augmenter ses connaissances, et non en vue de s'en faire une arme de guerre pour justifier une idée conçue a priori, on compare, un à un, les éléments du procès, on fait entrer en ligne de compte tous les rapports accessoires qui complètent la chose en la compliquant, on étudie les modifications que ces rapports peuvent apporter à l'élément principal, et entre eux ; et alors là, seulement, on peut espérer avoir des conclusions à peu près certaines.

Nos savants en question, heureux de trouver un fait qui appuyât leur théorie, n'ont oublié qu'une chose, c'est que si le poids eût été tout, s'il eût été seul à entrer en ligne de compte, la baleine et l'éléphant seraient les êtres les plus intelligents qui existent, leur cerveau dépassant, certainement, celui de l'homme.

Mais le poids n'est pas seul à coopérer à la richesse du cerveau, certains l'ont compris. Il faut tenir compte de ses rapports avec la taille, avec le poids total du corps. Le cerveau est composé de cellules pensantes, mais aussi de cellules nerveuses dont la seule fonction est d'actionner les différents muscles. Plus la masse est pesante à mouvoir, plus ces dernières sont nombreuses et volumineuses, et leur masse n'a rien à voir avec l'intelligence.

Il y a, ensuite, la richesse des circonvolutions qui a autant, sinon plus de valeur que le poids ; la composition chimique est une autre valeur dont il faut | tenir compte. Une différence de structure des cellules peut modifier le fonctionnement du cerveau, et, enfin, il y a, à prendre en considération les conditions de nutrition qui, selon que l'afflux du sang s'opère, plus ou moins régulièrement, d'une façon plus ou moins active, ralentit ou accélère l'activité cérébrale.

Et, dernière raison, il ne suffit pas d'avoir un cerveau bien doué, faut-il encore lui donner de l'exercice par l'éducation. Or, pour la femme, comme pour le travailleur, on les a toujours maintenus dans une infériorité d'éducation, sous prétexte que celle que j

l'on réservait aux dirigeants était trop au-dessus de leur compréhension, que du reste, elle leur était inutile pour remplir les emplois qu'on leur réservait. Et c'est cette infériorité « acquise » que l'on nous présente aujourd'hui comme une loi naturelle !

Si les hommes avaient été moins infatués de cet esprit anthropocentrique qui leur fait rapporter tout à eux et dérive du même esprit que l'erreur géocentrique, ils n'auraient pas osé émettre cette hérésie scientifique. Mais, voyant démanteler peu à peu cette suprématie dont ils se glorifiaient, ils en tentent une dernière transformation [1] : la « virocentrie » qui, pas plus que les autres, ne repose sur aucune donnée réelle.

S'il s'était agi de deux races différentes, et sans rapports aucuns, nous comprendrions, à la rigueur, que la question eût pu se poser aussi à faux, sans doute, mais cela eût été à discuter. Mais entre les deux membres de la même famille, les deux souches également nécessaires à la perpétuation de l'espèce, il faut être idiot pour avoir soulevé la question.

Est-ce que l'homme se reproduit à part, et la femme de son côté, pour mieux donner naissance, l'homme à des fils, la femme à des filles, transmettant ainsi séparément leurs qualités et leurs défauts à leur descendance ? — Non, ils sont forcés de coopérer ensemble pour engendrer, indistinctement mâles et femelles. Chacun d'eux transmet ses qualités à sa progéniture, sans choix de sexe. Parfois le mâle domine, parfois c'est la femelle. Parfois, l'individu peut prédominer dans le produit de son sexe, mais aussi dans le produit du sexe opposé. Personne n'a encore pu donner la raison de ces

---

1 Sans oublier les pédants qui veulent prouver la supériorité de certaines races et les sous-pédants qui viennent ensuite, pour affirmer la supériorité de certaines classes. Autant d'erreurs qui dérivent du même esprit.

variations, mais il n'en reste pas moins acquis que, selon les circonstances (inconnues) l'un ou l'autre sexe peut indifféremment, dominer dans les produits de la génération.

Or, s'il en est ainsi, et en admettant qu'au point de départ, une infériorité réelle eût caractérisé le sexe féminin, il se serait produit ceci : ou la femelle aurait fini par imposer son infériorité, ou bien le mâle aurait imposé sa supériorité, ou bien encore, il aurait fini par se faire entre les deux composantes un équilibre de facultés qui les auraient mises au même niveau.

Dans le premier cas, à chaque génération la femelle serait venue ajouter une part de plus de son infériorité, et ses propriétés négatives auraient fini par éliminer les qualités positives de l'homme. Mais, en ce cas, depuis le temps que l'espèce humaine se perpétue par la génération, elle serait retournée depuis longtemps à l'animalité.

Dans le second, ce sont les qualités positives de l'homme qui auraient triomphé. Les partisans de l'infériorité féminine seront forcés de repousser cette hypothèse, car depuis le temps que les sexes se sont mélangés par la génération, les deux sexes ont été assez malaxés pour qu'ils aient acquis des propriétés égales, et leur affirmation n'aurait plus raison d'être.

Ils nieront également le troisième cas qui implique encore un niveau moyen, inférieur, celui-là, pour les deux sexes. Il ne leur resterait donc qu'une quatrième hypothèse, celle que, malgré les mélanges, chaque sexe aurait conservé à travers les croisements, ses qualités propres. Outre que cette hypothèse est la moins admissible de toutes, que diront ceux qui se rattachent désespérément à la théorie absolue de la « lutte pour l'existence » et de la survivance des plus aptes ?

Ainsi, le simple raisonnement logique nous indique la solution : l'égalité des sexes avec des nuances, des propriétés diverses, mais qui sont des qualités afférentes à l'organisation physiologique à laquelle elles sont attachées et qui les rendent équivalents sinon égaux en aptitudes.

La femme de par sa faiblesse physique, a, dans les sociétés inférieures, toujours subi l'autorité du mâle, à divers degrés de violence ; ce dernier lui a toujours plus ou moins imposé son amour. Propriété de la tribu d'abord, du père ensuite, pour passer sous l'autorité du mari, elle changeait ainsi de maîtres sans qu'on daignât consulter ses préférences.

Objet de propriété, ses maîtres veillaient sur elle pour l'empêcher de prêter sans leur assentiment ce dont ils voulaient être les seuls à disposer, sauf dans les pays où une riche postérité étant un gage de richesse, le maître voulait bien fermer les yeux sur l'origine de biens dont il pouvait disposer. En tous autres cas, le maître pouvait parfois dans un accès de générosité, la prêter à un ami, un hôte ou un client, comme on prête une chaise, mais se croyant frustré si ceux-ci en avaient disposé à son insu, il en tirait une vengeance féroce sur la coupable.

Certes, cette dépendance, — si elle est toujours constatée par les lois, hautement prônée par certains, — soit par ruse, soit par le pouvoir que son sexe exerce sur l'homme, dans les relations des deux sexes, cette soi-disant autorité de l'homme est bien tombée de fait. À l'heure actuelle, dans nos sociétés soi-disant civilisées, la femme riche est émancipée de fait, sinon de droit, il n'y a que la femme pauvre qui subisse à l'heure actuelle l'esclavage et la lettre de la loi.

Même dans les peuplades les plus arriérées, n'arrive-t-elle pas à se créer des privilèges ? Les historiens antiques nous mentionnent cette tribu gauloise où les femmes étaient appelées à juger les différends que la tribu pouvait avoir avec ses voisins et dont un général romain dut respecter les décisions.

Chez les Australiens, où elle est traitée en bête de somme, où elle ne se met à table qu'en arrière de son seigneur et maître qui lui jette à la volée, les morceaux dont il n'éprouve pas le besoin, on signale une coutume semblable.[1] En fait, si elle a toujours subi la force brutale de l'homme, la femme par sa finesse et sa ruse, a su toujours prendre de l'ascendant sur lui. On lui fait aujourd'hui un crime de cette ruse, « l'arme des faibles », dit-on. Elle pourrait vous répliquer que la raison de la force n'est que celle de la brute.

L'union sexuelle a débuté fort probablement par la promiscuité, ensuite l'homme a affirmé son droit de propriété en capturant celle

---

1 Elie Reclus : *Les Primitifs d'Australie*.

dont il voulait faire sa « compagne ». Il l'a ensuite achetée, puis, les mœurs s'adoucissant toujours de plus en plus, on a fini par tenir compte du choix de la femme, et l'émanciper graduellement, tandis que l'esprit de propriété qui reposait sur l'organisation familiale despotique du père, cherchait à replonger la femme sous la dépendance étroite du mâle, c'est ce qui nous a valu cette variété de lois et de préjugés sur les relations sexuelles.

Que de lois n'a-t-on pas faites, pour réglementer les rapports de l'homme et de la femme, que d'erreurs et de préjugés que la morale officielle a contribué à maintenir et à enraciner, mais que la nature s'est toujours plu à culbuter sans jamais se plier à leurs décrets arbitraires !

L'homme, en sa qualité de maître, trouve très bien de butiner sur la propriété du voisin ; cela est très bien porté ; même dans les sociétés les plus pudibondes, l'homme qui peut se vanter de nombreuses « conquêtes » est considéré comme un heureux gaillard ! Mais la femme-propriété, elle, de par la loi, de par l'éducation, de par les préjugés et l'opinion courante, il lui est défendu de donner libre cours à ses sentiments. Les relations sexuelles sont pour elle fruit défendu, elle n'a droit qu'à la copulation sanctionnée par devant le maire et le curé ! Et voilà comment il se fait que, dans un acte commis à deux, toute la honte est pour l'un et la gloire pour l'autre.

C'est que, disent les masculinistes, le mal opéré par les deux participants, n'est pas comparable. L'adultère de la femme risque d'introduire dans la famille des étrangers qui viendraient plus tard spolier les propriétaires légitimes d'une part d'héritage. De cet axiome capitaliste on peut en induire qu'il est très bien de faire du tort à son voisin, il n'y a de mal que lorsqu'on l'éprouve soi-même. Voilà la morale capitaliste dans toute sa splendeur. La femme-propriété, en ayant des complaisances pour le mâle dont la prestance l'a subjuguée, fait tort au maître, haro ! sur elle. Le mâle désinvolte qui, pareil au coucou, va nicher dans le nid du voisin, fait preuve d'intelligence. On n'est pas plus régence.

La religion est ensuite venue apporter sa part d'anathème contre ceux qui obéissaient davantage aux lois de la nature qu'aux restrictions des moralistes et des légistes. La théorie du péché originel est venue peser de tout son poids sur l'accomplissement de l'acte génésique.

Ne pouvant décréter la continence absolue, l'Église a dû sanctionner et bénir l'union de l'homme et de la femme, mais pour en réglementer les rapports, jetant ses plus forts anathèmes à ceux qui se livraient à l'amour sans son assentiment. Les cérémonies qu'accomplissaient librement les primitifs au sein de la tribu ; pour bien établir leur entrée en ménage, devinrent obligatoires avec la religion et de là passèrent dans le Code civil, l'héritier de la plupart des prérogatives de l'Église.

Après avoir défendu de s'aimer sans l'autorisation du prêtre, il fut défendu de s'aimer sans l'autorisation du maire. L'opinion publique, entretenue dans l'ignorance par le prêtre et le législateur, conspua ceux qui trouvaient qu'ils n'avaient besoin de l'autorisation de personne pour se prouver leur amour. Mais toujours de par l'idée de propriété, ce fut sur la femme que tomba le réprobation ; l'homme n'était blâmé que s'il prenait cette union-là au sérieux, et traitait son amante en véritable compagne.

Mais cette fausse pudeur, ainsi que toutes les peines et châtiments que l'on a pu inventer contre ceux qui pratiquaient l'amour librement n'eurent qu'un effet, rendre les individus fourbes, menteurs et hypocrites, sans les rendre plus chastes ni plus continents. On dévie la nature quand on la contrarie, mais on ne la dompte pas. Ce qui se passe dans notre société soi-disant civilisée est là pour le prouver. On y a poussé la pruderie à l'extrême, l'adultère, la prostitution, la corruption, la transformation du mariage légal en véritable maquerellage, sont les conséquences de cette intelligente organisation et législation. Les infanticides nous prouvent que la honte jetée sur la fille qui se livre à l'amour n'empêche personne d'y goûter à l'occasion, mais que les conséquences qui en découlent peuvent entraîner au crime pour cacher une soi-disant faute.

Aujourd'hui, pourtant, la société perd de son rigorisme, la religion, on n'en parle même plus. Sauf quelque grue qui veut étaler sa toilette blanche ou l'héritier qui veut se concilier les bonnes grâces de parents à héritage, un peu retardataires, peu de personnes éprouvent le besoin d'aller s'agenouiller devant un monsieur qui se déguise en dehors des jours de carnaval. Quant à la sanction légale, si on voulait faire le recensement parmi la population de nos grandes villes, on trouverait bien que tous les ménages ont passé par la mairie, mais en examinant d'un peu près, on pourrait s'apercevoir que les trois quarts ont rompu, sans tambour ni trompette, les nœuds légaux pour en former d'autres sans aucune consécration officielle ce coup-ci, et que les ménages ne sont plus formés comme ils ont été inscrits à la mairie : Il y a bien toujours un monsieur et une madame A., un monsieur et une madame B., mais la madame A. connue des voisins, se trouve être une madame X. à la mairie, et la madame B. une madame Z. légale.

Cela est devenu si général que les bourgeois, quoi qu'ils en aient, ont dû inscrire le divorce dans leur code. Aujourd'hui celui qui veut se passer de la consécration officielle pour son union libre, arrive à l'imposer à son entourage et à se faire respecter. L'opinion publique commence à trouver l'union librement consentie, aussi valable que l'autre, et si la consécration officielle ne peut disparaître qu'avec les autres institutions sociales, car la propriété repose sur elle, les lois de l'héritage exigeant que la famille soit légale bien délimitée, et tenue en bride afin que la fortune ne se disperse pas, elle n'en a pas moins reçu le coup fatal du jour où le législateur a dû enregistrer les cas où elle pouvait être dissoute.

N'était-il pas insensé, en effet, de vouloir forcer deux individus à passer leur vie ensemble, alors qu'ils se rendaient mutuellement la vie insupportable.

Parce que, dans le premier feu de la jeunesse, ils s'étaient plu, deux individus, mâle et femelle, étaient, de par la loi, forcés de terminer leur carrière ensemble, sans jamais pouvoir rompre cette chaîne. Si la vie leur était trop insupportable, et que chacun voulût reprendre sa liberté d'allure, ce n'était qu'en se mettant en marge du Code et sans pouvoir faire reconnaître sa nouvelle famille comme valable, quelles que fussent ses préférences. Il était forcé de cacher comme une tare l'irrégularité légale de sa situation, l'opinion publique étant aussi bête que la loi.

Malheur à qui s'était trompé dans son choix, ou qui s'était laissé engluer sous l'amabilité de sourires trompeurs, des promesses fallacieuses, des serments perfides ou donnés, en toute sincérité, dans un moment d'expansion, mais que les circonstances font, plus tard, envisager autrement ; une fois le pas franchi, il n'était plus permis de retourner en arrière ; c'en était fait pour toute la vie. Heur ou malheur, il fallait s'en accommoder. C'était tout simplement insensé.

L'indissolubilité du mariage était un idiotisme. Deux individus peuvent se plaire pendant un jour, un mois, deux ans, et arriver à se haïr à mort ensuite. Pourquoi les forcer à envenimer leur haine en les forçant à se supporter, quand il est si simple de tirer chacun de son côté.

C'est que, en dehors du préjugé religieux, le capital exigeait ce sacrifice. Les mariages, dans la société actuelle, sont le plus souvent l'association de deux fortunes — avec leurs espérances — plutôt que l'union de deux sexes. Permettre à l'association de se dissoudre, c'était le désastre pour bien des calculs, il y avait aussi la question des enfants qui compliquait la situation, non pas par l'amour que l'un ou l'autre des dissidents pût leur porter, mais par la question plus vulgaire de qui doit les nourrir.

C'est comme l'autorité des ascendants pouvant opposer leur veto aux inclinations des jeunes, n'y avait-il pas là une autre absurdité sans excuse ? De quel droit des individus qui ne peuvent plus penser ni sentir comme des jeunes, avaient-ils le droit de s'interposer dans leurs sentiments d'affection pour les entraver ? Quand on pense qu'il y a des jeunes gens qui, contrariés dans leur passion, ont encore recours au suicide, quand il serait si logique d'envoyer promener leurs Gérontes.

La société étant débarrassée de toutes ses entraves économiques, les relations sexuelles redeviendront plus naturelles et plus franches, en reprenant leur caractère : « l'entente libre de deux êtres libres. » L'homme ne cherchera plus une dot ou des moyens d'avancement, la femme un entreteneur. Lorsqu'elle fera choix d'un compagnon, elle consultera davantage si le mâle préféré répond à son idéal esthétique et éthique, que s'il est capable de lui assurer une vie de luxe et d'oisiveté. Quand l'homme choisira une compagne, il recherchera chez elle des qualités morales et physiques plutôt que des « espérances » ; quelques milliers de francs de plus dans la corbeille ne lui feront pas fermer les yeux sur les « taches » des quatrièmes pages des journaux.

On objecte que, s'il n'y a plus de frein pour modérer le libertinage dans les relations sexuelles, ii arrivera que les unions n'auront plus aucune stabilité. Nous sommes à même, tous, de voir dans la société actuelle que les lois répressives n'ont aucune valeur pour l'empêcher. Nous sommes même certains qu'elles contribuent pour une bonne part aux zizanies conjugales, pourquoi donc vouloir s'entêter à réglementer ce qui est incompressible ? Ne vaut-il pas mieux laisser les individus libres, pouvant ainsi conserver des égards l'un pour l'autre ; lorsqu'ils ne seront plus forcés de se supporter, au lieu que la contrainte en fait, parfois, des adversaires féroces ? Trouve-t-on qu'il soit plus digne, comme cela se voit actuellement, que monsieur ait des maîtresses en ville, madame des amants, que chacun se « trompe » au su de tous, mensonges sur lesquels tout le monde ferme les yeux, pourvu que l'on évite le scandale ?

Le mariage actuel est une école de mensonge et d'hypocrisie. L'adultère est son corollaire indispensable, comme le lupanar est l'accompagnement obligé de cette fausse pudeur qui veut que l'on rougisse en parlant de l'acte sexuel. On se cache d'éprouver le besoin de l'accomplir, mais on tourne à l'ignoble lorsqu'on se croit caché.

Parce qu'une femme a eu des relations avec un homme, la morale courante voudrait qu'elle fût condamnée à n'avoir des relations qu'avec lui. Pourquoi ? S'ils se sont trompés l'un ou l'autre, ne peuvent-ils pas chercher mieux ? C'est la porte ouverte au libertinage, répond-on. — Regardez donc votre société, tas de malheureux !

Nous avons cité le cas des filles séduites qui ne trouvent rien de mieux, ensuite, pour cacher leur prétendue faute, que l'avortement et l'infanticide. Et, pour un cas où l'adultère fait scandale, combien en voyons-nous autour de nous, qui vont leur petit bonhomme de chemin, sous l'œil curieux des voisins. Lorsque la femme aime, nous la prenons comme exemple, puisque c'est elle qui a davantage à en craindre les suites, elle se moque des lois, de l'opinion, et de tout le reste. Si donc, on ne peut entraver un sentiment que des siècles et des siècles de compression ont bien pu forcer à se dissimuler, mais non empêcher, laissons-le donc s'épancher librement, nous y gagnerons toujours la franchise et la bonne foi dans nos relations, ce qui serait une véritable amélioration.

Mais cela ne serait pas la seule amélioration, car nous, nous prétendons, que du jour où la contrainte et l'intervention officielle seront abolies, ainsi que les considérations économiques, les associations sexuelles étant plus normales, loin de se relâcher, deviendront plus stables et plus resserrées. La femme qui possède la véritable pudeur, ne se donne pas au premier venu. — Darwin prouve qu'il en est de même, du reste, chez les animaux, — il faut, lorsque la cupidité n'est plus en jeu, qu'elle se sente attirée vers un individu pour se donner à lui. Même en ce cas encore, que de luttes et de débats, avant l'abandon final ! Quelles meilleures garanties peut-on demander ?

Nous avons vu que, dans la société actuelle, les unions sexuelles étaient plutôt basées sur des considérations économiques que d'affection, c'est une des causes qui font qu'au bout de très peu de temps de cohabitation, les individus se prennent en grippe, et deviennent insupportables l'un pour l'autre ; surtout s'il s'est trouvé des déceptions à la suite de leurs « espérances ».

Dans les mariages même où l'amour a pu entrer pour quelque chose, l'éducation et les préjugés interviennent pour amener des sentiments de discorde. Les individus — homme et femme — sachant qu'ils sont liés pour la vie, d'une façon indissoluble, perdent graduellement ces petites attentions, ces prévenances qui sont ce que l'on pourrait appeler le piment de l'amour ; peu à peu, l'habitude, la satiété des sens, détachent insensiblement les amants l'un de l'autre ; l'homme et la femme oublient ces soins personnels que l'autre aimait au moment de leur « cour » ; chacun regrette l'idéal qu'il avait rêvé, et qu'il est loin de reconnaître dans son compagnon de chaîne ; cet idéal il croit le retrouver dans de nouvelles relations ; arrive le moment psychologique où il peut posséder ce nouvel idéal, qui le satisfait, le fixe, ou bien le désillusionne, mais ayant toujours pour effet, de le détacher d'autant plus de son premier choix.

Du jour où l'homme et la femme ne se sentiront plus enchaînés de par la loi et les convenances, celui qui aimera, voudra s'assurer la durée de la possession de l'objet aimé ; il comprendra qu'il doit continuer, envers lui les soins, les prévenances qu'il a employés pour en faire la conquête ; qu'il doit continuer à l'emporter sur ses rivaux, s'il veut toujours être aimé lui-même. Au plus aimant de savoir prolonger l'amour qu'il a su inspirer. Cela ne peut être qu'utile à l'évolution morale et physique de l'espèce.

D'un autre côté, lorsque la femme ne sera plus forcée de se vendre pour manger ou pour se procurer le luxe qu'elle convoite, elle choisira chez celui qu'elle aura élu, les qualités qu'elle préfère, et la constance est une de celles-là. Ordinairement aussi, elle est plus stable dans ses affections, elle fera donc aussi son possible pour s'attacher son amant.

D'autre part, lorsqu'ils ont vécu un certain laps de temps ensemble, l'homme et la femme éprouvent un sentiment d'estime et d'affection qui survit aux élans passionnés de la première possession, et leur fait négliger les passionnettes d'aventure. Si la monogamie est le but de l'évolution humaine, il n'y a que la liberté la plus complète qui puisse l'y conduire. L'épreuve est faite de la compression.

Il se peut que, alors qu'il est jeune, ardent, plein d'activité et d'expansion, que l'homme soit porté au changement et à l'inconstance ; mais nous le voyons s'assagir lorsque réellement il aime, par la crainte de froisser l'objet de son amour. Laissons donc ici, la nature se corriger elle-même.

Certains admettent tout cela, mais prétendent que, dans la société actuelle, le mariage est une garantie pour la femme. Erreur. C'est l'homme qui fait les lois, il n'a eu garde d'oublier de les faire à son avantage. Nous l'avons dit, la femme riche, elle, est affranchie, elle trouvera dans la loi une protection et peut se rendre libre ; l'homme riche lui-même, n'est-il pas absolument libre, et qu'a-t-il à tant s'inquiéter des lois ? L'argent dans la société actuelle est le grand libérateur. Mais pour la femme prolétaire, le mariage légal n'offre que des garanties illusoires contre l'homme qui voudrait la lâcher avec ses gosses.

Il faut de l'argent pour intenter des poursuites, et pour obtenir l'assistance judiciaire, il faut bien du temps et des démarches. Et ensuite, quel recours peut-elle avoir contre l'homme qui n'a pas le sou, et peut rendre vaines les saisies d'appointements en changeant d'atelier, de résidence à chaque opposition. S'il a de l'argent, il y a bien des détours dans les lois, sans compter les moyens d'intimidation.

Quant à celle qui aurait un mari ivrogne, brutal, qui l'exploitera et la battra, elle ne pourrait s'en séparer ni s'en défaire, la loi l'a faite sa propriété, le maître a droit d'user et d'abuser. Que de tortures, que d'avanies faudra-t-il qu'elle subisse avant d'obtenir la rupture de la chaîne qui l'attache à lui ! Et encore ! la loi intervient bien en cas de sévices graves, mais elle est désarmée devant les sévices moraux. Que de cas où la femme aurait le temps de mourir à la peine, si elle ne trouvait pas de protection plus efficace que la loi !

La femme-prolétaire ne peut, comme le travailleur, s'affranchir que par la révolution sociale. Ceux qui lui font espérer son émancipation dans la société actuelle, la trompent effrontément. Considérée comme une ilote par l'homme et par la loi, il faut qu'elle aussi, conquière sa place au soleil par sa volonté, mais elle n'y arrivera qu'en s'associant et faisant cause commune avec ceux qui poursuivent l'émancipation de *tous* les êtres humains sans distinction de sexe ni de race.

XXIII. L'ENFANT DANS LA SOCIÉTÉ NOUVELLE

Une des questions les plus complexes et des plus délicates à traiter est, certainement, la question de l'enfant. Quand on pense à la faiblesse de ces petits êtres, quand on songe que les premières sensations qui viendront impressionner leur cerveau, influeront plus ou moins sur leur développement ultérieur, on se sent pris d'un profond sentiment de sympathie pour eux, d'une très grande tendresse qui voudrait pouvoir s'épancher sur tous les petits déshérités que leur faiblesse rend les premières victimes de notre mauvaise organisation sociale.

C'est parce que l'enfant est faible et qu'il mourrait si on ne lui venait pas en aide que, dans une société anarchiste, où personne n'aura à craindre la misère, tous ne demanderont qu'à épancher leurs sentiments affectifs, tous se rendront utiles et voudront contribuer à leur développement physique, assister à leur éclosion morale, apporter leur quote-part de connaissances à leur développement intellectuel.

Mais, pour bien comprendre cet empressement des individus autour de l'enfance, il est évident qu'il faut s'abstraire de la société actuelle, où la famille est une charge, d'abord, un moyen d'exploitation ensuite ; qu'il faut se faire une idée nette des rapports sociaux, tels que nous les comprenons et que nous venons de les décrire ; se rendre compte de la nouvelle situation qui se sera créée dans les rapports de l'homme et de la femme, où l'enfant viendra apporter une note nouvelle ; un lien de plus chez les individus normalement doués. Faire dans son esprit table rase des préjugés actuels est un des premiers travaux à accomplir pour apprécier sainement les choses de l'avenir.

Étant donné que les anarchistes ne veulent d'aucune autorité ; que leur organisation doit découler des rapports journaliers entre les individus ; rapports directs, sans intermédiaires, naissant sous l'action spontanée des intéressés, d'individu à individu, d'individu à groupe et de groupe à groupe, mais se rompant aussitôt ; une fois le besoin disparu, la société, cela est évident, n'aurait, pour la synthétiser, aucun comité, aucun système représentatif pouvant intervenir, en tant que corps, dans les relations individuelles.

La question de l'enfance se simplifie beaucoup et ne se pose plus comme l'ont comprise jusqu'ici les socialistes autoritaires : « À qui doit appartenir l'enfant ? » — L'enfant n'est pas une propriété, un produit qui puisse « appartenir » plus à ceux qui l'ont procréé, — comme le veulent les uns — qu'à la société — comme le prétendent les autres. La question se transforme donc en celle-ci : « Qui donnera les soins à l'enfant ? »

Nous l'avons vu, en anarchie, il y a bien une association d'individus combinant leurs efforts en vue d'arriver à la plus grande somme de jouissances possible, mais il n'y a pas de société telle qu'on l'entend actuellement, venant se résumer en une série d'institutions qui agissent au nom de tous. Impossible donc d'attribuer l'enfant à une entité qui n'existe pas d'une façon tangible. La question de l'enfant appartenant à la société se trouve donc tout naturellement écartée.

D'un autre côté, il peut arriver que des individus ne veuillent pas se charger de leur progéniture, cela se produit dans la société actuelle, sous l'influence de conditions économiques, mais cela se comprendrait moins lorsque les individus n'auront plus à compter avec cette question, d'autant plus que l'amour des jeunes est un sentiment naturellement répandu chez tous les êtres animés, chez les êtres sexués les plus inférieurs, jusque chez les poissons. Mais enfin cela se peut produire encore, il faut en tenir compte.

D'autre part, l'amour a différentes façons de se manifester, les parents peuvent aimer leur progéniture à leur manière et d'une façon nuisible à l'enfant. Pourquoi celui-ci serait-il pour eux une propriété, et devrait-il subir une autorité qui serait nuisible à son développement intégral ?

En naissant, il apporte son droit à l'existence, sa faiblesse n'infirme en rien ce droit primordial, puisque ce stade d'impuissance est une des phases commune à tous les êtres de l'espèce humaine, et se retrouve chez toutes, ce stade se prolongeant d'autant plus que l'espèce est plus développée. Ce n'est donc pas une raison suffisante pour qu'il devienne la chose de ceux qui l'ont précédé. Ses besoins doivent être consultés avant les préférences de ses éducateurs.

Force de l'avenir qui se développera alors que ses progéniteurs déclineront, ceux-ci ont intérêt à faciliter son développement, à mériter son affection, s'ils veulent, dans leur décrépitude, retrouver l'aide qu'ils lui auront prêtée comme on la leur a prêtée lorsqu'ils ont vu le jour. Alors ici nous commençons à entrevoir une réponse à notre question : « À ceux qui aimeront le plus l'enfant reviendra le soin de l'élever. »

La famille juridique étant abolie, les rapports de l'homme et de la femme n'étant plus entravés par des difficultés ou considérations économiques ou sociales, ces rapports s'établissant par la libre action des affinités, le caractère des individus se modifiera certainement, une plus grande sincérité régnera dans leurs relations, le rôle du père et de la mère se transformera par la façon nouvelle de l'envisager. On n'aura plus aucune raison de craindre un accroissement de famille.

L'être humain trouvant dans la société la possibilité de satisfaire à tous ses besoins, l'entretien et l'éducation des enfants ne seraient plus une charge pour eux. N'ayant plus de capital à débourser ni de privations à s'imposer pour élever leur progéniture, non seulement cela ne sera plus une charge pour eux, mais ils ne seront plus portés à ne voir dans leur descendance qu'un capital de réserve devant produire selon ce qu'il a coûté.

La loi, aujourd'hui, leur assure la propriété de l'enfant, dont ils ont droit d'user et d'abuser au mieux de leurs intérêts. La situation actuelle leur permet, parce qu'ils l'ont procréé et nourri, de lui donner l'impulsion qui leur plaira. Selon le bénéfice qu'ils croiront pouvoir en tirer, l'enfant sera dieu, table ou cuvette ; instruit ou ignorant, mendiant ou travailleur.

Toute autre sera la situation dans la société que nous envisageons. La famille n'étant plus régie par la loi ou par les considérations économiques, c'est l'amour et l'affection qui l'établiront. Au lieu d'être une charge de plus pour ceux qui l'adopteront, un être à façonner au mieux de leurs intérêts, l'enfant sera une petite créature à développer, à instruire, à aimer, à cajoler. N'étant plus talonnés par les soucis de l'existence, nul doute que les individus ne s'acquittent à merveille de leur tâche.

La famille n'étant plus régie par aucune loi, ici comme dans tous les rapports sociaux, c'est la diversité de caractères et de tempéraments, le libre jeu des aptitudes diverses qui aplanira les difficultés de la situation, permettra à chacun de trouver sa vraie place dans l'harmonie sociale sans heurts ni difficultés.

Il y a aujourd'hui des individus qui n'aiment pas les enfants, pour qui c'est un supplice d'avoir de ces petits êtres autour d'eux. La loi actuelle, en forçant ces individus à garder à leur charge leur progéniture, ou en mettant des entraves à leur abandon, est la cause de ces actes d'atrocité, de tortures journalières qui viennent parfois se dénouer devant les tribunaux, sans compter celles qui ne font aucun bruit.

Et, cette opinion du droit de propriété des parents sur l'enfant, est si enracinée que, nos vertueux défenseurs de la propriété, sous la pression de l'opinion publique, frappent bien les tortionnaires d'une pénalité quelconque, mais avec une indulgence des plus grandes, qui leur est inspirée, cela ne fait aucun doute, par l'esprit du code.

Mais, s'il y a des individus qui, de male rage, font payer à ces petites créatures, qui ne peuvent se défendre, les désagréments d'une mauvaise organisation sociale, il y en a d'autres, au contraire, pour qui c'est un bonheur d'avoir des bambins à choyer, à dorloter ; pour qui c'est une suprême jouissance de s'ébattre avec eux, vivre de leur vie, prendre part à leurs jeux, assister à l'éclosion de leur personnalité.

C'est avec une émotion ravie qu'ils les guident dans leurs premiers pas, leur font balbutier leurs premiers mots. Combien en voit-on qui se sont faits pédagogues, — principalement chez la femme, malgré tous les dégoûts que ce métier occasionne actuellement, portés qu'ils sont, en cela, par le seul amour de l'enfance.

Ce sont ceux-là qui savent comprendre l'enfant, et s'en faire écouter ; leur amour de l'enfant les fait les véritables instituteurs, tandis que ceux qui n'y ont vu qu'un métier, un moyen de s'élever, ce sont ceux-ci qui fournissent les gardes-chiourmes et tortionnaires qui mènent leur classe disciplinairement, font entrer, à coups de férule et de pensums, les rudiments de leur enseignement dans la tête des élèves, en même temps que la haine de l'étude. Il n'y a que ceux qui aiment l'enfant qui sachent l'instruire en l'amusant, et puissent l'amener à aimer l'étude.

Combien, par suite de difficultés économiques, qui ne peuvent, dans la société actuelle, donner cours à tous leurs penchants pour l'enfance. Mais dans la société future, ces individus pourront se grouper, s'entendre, en vue de donner leurs soins aux enfants de ceux pour qui ce serait une contrainte de s'en occuper, ou qui, n'étant pas universels, — personne ne l'est — seraient bien forcés de faire appel à ceux qui sauraient pour apprendre à l'enfant, ce qu'ils ne pourraient lui enseigner eux-mêmes.

Seulement, au lieu de salariés, de gens faisant cela par contrainte, parce que la bouchée de pain en dépend, sans goût ni conviction, on aurait des individus prenant leur tâche au sérieux, s'ingéniant à la mener à bien, ayant à cœur de faire comprendre ce qu'ils enseignent ; devenant, pour ainsi dire, les parents intellectuels de leurs disciples. Et nous voilà, farouches destructeurs de la famille, qui en brisons les barrières, c'est vrai, mais pour pouvoir l'étendre à tous les objets de notre affection, à tous les êtres autour de nous, à tous ceux vers qui nous entraîne notre sympathie.

En envisageant ainsi la question, elle se résout d'elle-même, sans difficulté, sans besoin d'avoir recours à aucune intervention sociale pour l'élucider. Chacun se partage la besogne à son gré, et y trouve sa satisfaction personnelle, puisqu'il la choisit au mieux de ses tendances et de ses aptitudes.

Les autoritaires élèvent cette objection : « Si la société n'exerce aucun contrôle sur l'éducation des enfants, si ceux qui les élèveront sont libres de les élever à leur guise, ne court-on pas le risque de laisser à des individus vicieux, au cerveau étroit, la possibilité de fausser les conceptions de ceux dont ils seront les maîtres, de les convertir à loisir, et d'en faire, ainsi, un danger pour la société ? »

« Il pourrait se faire encore, qu'une mère, aveuglée par l'amour maternel, veuille, par exemple, à toute force, élever son enfant, quand il serait démontré que son état de santé ne le lui permet pas » ? Et mille autres détails ayant leur importance, qu'il est impossible de prévoir, mais auraient, soi-disant, chacun leur inconvénient, avec la liberté complète des individus.

Nous allons prendre, une à une, ces diverses objections, et tâcher de démontrer que le simple exercice de la liberté et des affinités naturelles, vaut mieux, pour aplanir toutes les difficultés, que l'exercice de l'autorité qui, elle, n'a jamais su qu'aggraver les situations embarrassées.

Si, se basant sur les lois naturelles, il est un être qui puisse, avec quelque raison, arguer de ses droits sur l'enfant, c'est, assurément, la mère. Plus que la société, plus que le père qui, somme toute, ne peut s'affirmer pour tel, que par un acte de confiance, — plus que qui que ce soit, la mère, seule, peut faire valoir des droits. C'est elle qui, après l'avoir porté de longs mois dans son sein, après avoir subi toutes les incommodités de la grossesse et lui avoir donné le jour, est la plus apte à lui donner les soins nécessaires à maintenir cette frêle existence qu'un souffle semble devoir emporter. C'est elle qui le nourrit pendant longtemps encore de son lait ; pendant de longs mois encore l'enfant a besoin du sein de la mère, c'est par lui qu'il fait corps avec elle pendant les premiers temps de son existence.

La mère a donc tous droits à conserver son enfant avec elle. En anarchie, du reste, il n'y aura pas de gendarmes pour appliquer l'arbitraire. Celles qui aimeront leurs enfants auront toute latitude. « Mais celles qui ne seraient pas capables de les élever ? » nous dit-on.

Dans la société actuelle, malgré toutes les difficultés et les mauvaises conditions d'existence qui entravent les individus, les mères ne font aucune difficulté pour remettre, à une nourrice, l'enfant qu'elles ne peuvent — ou ne veulent — élever : ouvrières pour pouvoir continuer de travailler ; bourgeoises, pour ne pas avoir l'embêtement des soins à donner à un enfant, pour ne pas flétrir une gorge qui, croient-elles, ne serait plus si appétissante à étaler, en un décolletage savant ; pour rester plus libres de ne pas manquer un bal ni une soirée.

Quelle est donc la mère, qui, dans la société future, lorsqu'elle pourrait elle-même se déplacer avec lui, se refuserait à confier son enfant aux soins d'une nourrice volontaire, lorsqu'il lui serait démontré que la santé de l'enfance en dépend ? D'autant plus que l'allaitement de l'enfant par la femme, n'est pas, croyons-nous, une condition *sine qua non* de santé pour l'enfant, et qu'il suffirait, à la mère, d'opérer un simple déplacement et de s'établir en les conditions climatériques exigées, pour pouvoir continuer de donner, elle-même, les soins dont son enfant aurait besoin.

C'est le rôle physiologique de la mère d'allaiter son enfant. Lorsqu'elle peut le faire sans inconvénient pour elle et son enfant, cela n'en vaut que mieux. Mais certains docteurs ont voulu partir de là pour affirmer que l'allaitement par la mère était un élément indispensable au développement normal de l'enfant. Mais, tous les jours, nous voyons sous nos yeux des enfants se développant dans toute la plénitude de leur force, tout en étant allaités non seulement par une nourrice étrangère, mais aussi par des moyens artificiels, et cela dans des conditions malsaines où les parents pauvres sont forcés de se débattre, et de refuser, par suite, une foule d'améliorations et de perfectionnements que leurs moyens financiers, leur développement intellectuel, ne permet pas d'appliquer.

L'allaitement par la mère n'est donc pas indispensable, et les affirmations en ce sens peuvent être rangées avec nombre d'autres affirmations soi-disant scientifiques dictées par des mobiles d'intérêt de classe. La bourgeoisie voit la haine décoller sa famille, et elle voudrait créer, en dehors des sentiments, une morale qui forçât les mères à garder leurs enfants près d'elles.

Quelles facilités ne trouvera-t-on pas dans la société future, où, en premier lieu les produits ne seront plus sophistiqués par des trafiquants rapaces, où la nourriture des animaux choisis pour l'allaitement de l'enfance serait appropriée à sa destination, où les animaux eux-mêmes seraient placés dans des conditions de bien-être qui en feraient des animaux robustes et sains, au lieu d'être anémiés et phtisiques, comme la plupart des vaches laitières de nos grandes villes.

Ceux pour lesquels un changement de climat serait reconnu nécessaire, n'auraient pas pour cela, à être privés des soins de leur mère. Ce qui fait la difficulté des déplacements aujourd'hui, c'est l'élévation des frais de locomotion, et, qu'ensuite on n'est pas toujours assuré de trouver des moyens d'existence où l'on se transportera. Dans la société future, les individus pourront se déplacer le plus facilement du monde. Les habitants d'une localité, loin de considérer les arrivants comme des concurrents qui viennent leur enlever la place à l'atelier, ne verront en eux, que des compagnons qui leur apportent le concours de leur force et de leurs aptitudes.

Et dans ceux qui s'occuperont des soins à donner à l'enfance, plus de mercenaires rechignant sur le travail. Ceux et celles qui se livreront à l'éducation des enfants, le feront par goût, par affinité. Le sentiment qui les aura portés à s'occuper de l'enfant, sera la meilleure garantie que l'on puisse désirer pour le bien-être du bambino. Ils s'ingénieront à inventer toutes sortes de prévenances et de raffinements pour distraire les enfants livrés à leurs soin et aider à leur développement.

Quant à ceux qui objectent que des parents bornés pourraient rétrécir le cerveau de leur progéniture, vicier ses premières impressions en lui inculquant les préjugés dont ils sont remplis, la crainte n'est pas sérieuse.

Qui n'a pas de préjugés aujourd'hui ? Qui n'a pas dans le cerveau quelque idée faussée par l'éducation ? Et, pourtant, y en a-t-il un seul qui ne se croit pas plus éclairé que ses voisins ? Où est la méthode pour reconnaître positivement que telle conception spéculative vaut mieux que telle autre ? que tel cerveau est moins sujet à erreur ? Chacun juge selon son appréciation et croit être dans le vrai ; et la science elle-même nous démontre que, à part certaines vérités, en bien petit nombre, hélas ! qui sont nettement définies, positivement reconnues immuables, tout autour de nous est sujet à varier, à se transformer. Que ce qui est reconnu vrai aujourd'hui, ne l'est que par suite de l'insuffisance de nos connaissances, une nouvelle découverte peut le controuver demain.

Ce serait vouloir cristalliser les connaissances humaines que de les centraliser en un enseignement unique, où tous seraient forcés de puiser. Nous savons tout le mal que nous a fait l'enseignement officiel, le retard qu'il a apporté au développement des générations passées et actuelles, et que la critique bien restreinte que l'on n'a pu étouffer entièrement, a seule pu contrecarrer un peu. Ne renchérissons donc pas sous prétexte de progrès, en créant des institutions qui feraient passer l'humanité dans un moule unique.

Ce qui retient aujourd'hui les parents de faire donner à leurs enfante une éducation intégrale, ce qui pousse certains à les envoyer à l'atelier plutôt qu'à l'école, c'est toujours sous diverses formes, la question d'argent. Malgré toutes les difficultés existantes de ce genre, malgré toutes les causes d'ignorance retenant les miséreux dans l'abjection la plus crasse, le nombre des illettrés s'amoindrit tous les jours. Comment veut-on que dans la société future, les parents quand ils ne seront plus tenus par cette question hallucinante, qui se pose éternellement à leur pensée : « Comment faire pour trouver à gagner de quoi manger à sa faim ? » veuillent malgré tout, faire des ignorants de leurs enfants, lorsque à l'heure présente les mêmes obscurantistes qui émettent des craintes, se plaignent de l'orgueil des « classes inférieures », de l'envie qui leur fait mépriser leur condition, et aspirer à monter plus haut, et en font remonter le tort à l'éducation obligatoire, regrettant les temps heureux où les individus croyaient au diable, aux sorciers, ne savaient pas lire, et étaient heureux de souffrir dans cette vie pour mériter le paradis dans l'autre.

Lorsque les individus auront toutes les conditions requises pour leur assurer un intégral développement physique et moral, ils ne voudront pas se faire obscurantistes en faisant de leur progéniture des ignorants ; surtout lorsque l'acquisition du savoir leur sera un gage de supériorité dans l'acquisition des conditions de bonheur à se créer.

Centraliser l'enseignement, serait arrêter net le développement intégral de l'enfant. Ce serait l'étouffer inconsciemment que de lui appliquer un régime arbitraire. Il est nécessaire pour le libre développement de l'humanité, que l'éducation enfantine soit laissée à l'initiative individuelle.

Chacun de nous vient au monde avec des aptitudes diverses ; ces aptitudes ne se développent qu'autant que nous trouvons de facilités à les exercer. Ces facilités on ne peut les trouver que sous le régime libertaire le plus complet. Nous ne voulons pas d'un régime qui « indiquerait » aux individus leur voie, nous voulons qu'eux-mêmes soient libres de la choisir. Et quelle que serait la latitude qu'un régime autoritaire prétendrait théoriquement laisser à l'enfant, il n'aboutirait en pratique, qu'à la compression et à dévier leurs aptitudes.

Ceux qui s'adonneront à l'éducation de l'enfance, ne devront pas venir avec un programme établi d'avance. Ils devront étudier le caractère de leurs pupilles, noter les aptitudes qui se feront jour pour en favoriser les tendances, en les mettant à même de les essayer dans cette voie. Leur rôle consistera à provoquer les questions de l'élève, lui expliquer ce qui lui paraîtra obscur, et non à lui bourrer la tête de faits qu'on lui fait réciter sans compréhension aucune.

Ce qui a contribué à fausser le jugement de l'homme, à maintenir dans son cerveau tous les préjugés, toutes les bêtises dont il a tant de mal à se débarrasser, c'est cette éducation centralisée que lui imposaient l'État et l'Église, et que ne pouvait combattre efficacement l'éducation reçue dans la famille, puisque les parents avaient reçu les mêmes préjugés, avaient été bercés des mêmes sornettes, dont ils ne sont pas arrivés à se débarrasser encore.

S, après la suppression des Églises et des États, il venait au cerveau de certains parents, l'idée saugrenue de faire des crétins de leurs enfants, cela leur serait rendu impossible par la force même des choses.

Le besoin de savoir est inné chez l'homme ; dans la société future, des groupes se formeront en vue de faciliter aux contractants l'étude de certaines connaissances spéciales. De plus, par l'idée de prosélytisme qui anime chaque individu bien convaincu de l'excellence de son idée, ces groupes ne se contenteront pas d'étudier eux-mêmes, ils chercheront à propager le fruit de leurs études. Il se formera donc des groupes à l'infini, pour chacune des connaissances humaines ; on voit d'ici le mouvement intellectuel qui se fera jour, et l'échange continu d'idées qui s'opérera.

De plus, encore, les rapports seront autrement larges, autrement empreints de fraternité que dans la société actuelle. L'enfant, par ce qu'il verra se passer sous ses yeux, par ce qu'il entendra journellement autour de lui, échappera certainement à l'influence absolue de ses parents ou de ses instituteurs, pour ne se livrer qu'à ceux qui lui témoigneront une bonté réelle, qui feront envers lui, preuve de véritable amour. Et ceux qui aiment réellement l'enfant, se sacrifient pour lui fournir les moyens de se développer.

Toutes les facilités requises pour que l'enfant puisse acquérir les connaissances que lui refuseraient ses parents, il les aura donc à sa portée par l'entremise de l'entourage de ses parents. Bien plus, s'il se trouvait trop malheureux sous la domination qu'ils voudraient lui imposer, il lui serait facile de les abandonner pour se mettre sous la protection des personnes qui lui seraient plus sympathiques. Les parents ne pourraient mettre des gendarmes à ses trousses, pour ramener sous leur domination, l'esclave que leur accorde la loi actuelle, mais qui dans une société autre, pourrait s'émanciper.

On nous objectera, peut-être que, malgré tout, il pourrait se trouver des exceptions qui, profitant de l'absence de toute règle, pourraient déformer le cerveau des enfants qu'ils auraient, ou les pervertir à leur aise.

Nous répondrons que la suppression de l'autorité n'empêchera pas l'exercice de la solidarité, mais le développera certainement. Actuellement, malgré l'autorité, nombreux sont les actes d'injustice qui se commettent, et où souvent l'on est empêché d'intervenir à cause des complications que comporte la procédure judiciaire ; mais, que de fois le poing vous démange, à la vue d'nn de ces actes. Dans la société future, on aura l'avantage de ne plus voir les oppresseurs protégés par l'effet d'une loi rétrograde, et on leur fera sentir que la loi du plus fort est facilement déplaçable.

Nous aurons les coudées franches pour développer notre solidarité de toutes les façons, à nous de combattre par notre propagande d'instruction, les absurdités de quelques parents idiots. Ce n'est pas, parce qu'il plairait à une demi-douzaine d'abrutis d'aller à rebours du sens commun, qu'il faudrait enserrer l'humanité dans le réseau d'une législation qui serait anti-libertaire, anti-progressiste, par le fait seul qu'elle serait la Loi.

D'autres, des malthusiens qui, à l'heure actuelle, démontrent — croient démontrer, serait plus juste — que les vivres ne sont pas en rapport avec la population, et font envisager avec effroi, que s'il n'y a plus aucune convention pour réglementer les rapports sexuels ; si les parents n'ont plus à prendre souci de leur progéniture, les enfants vont pulluler comme des petits lapins, et les hommes trop nombreux sur la terre pour les ressources existantes, seront forcés de se refaire la guerre sous la pression des besoins. Ce sera le retour à la barbarie et à l'anthropophagie, nous crient ces nouveaux Jérémie.

Nous avons vu qu'à l'heure actuelle, il existait autant de terrain inutilisé qu'il pouvait y en avoir en culture ; que, tous les jours on découvrait des méthodes nouvelles pour obtenir sur un moindre espace, une récolte plus grande ; on obtient déjà des résultats, et n'avons-nous pas pour exemple la Chine qui, non seulement nourrit une population plus dense que celle de l'Europe, avec une culture des plus primitives, mais supplée à l'outillage qui lui manque, par un soin de tous les instants, une fumure constante de la terre. Que ne ferait-on pas avec un outillage perfectionné, et une connaissance plus exacte de la nature des terrains, de la chimie des plantes et des engrais ?

On voit que l'humanité a de la marge devant elle, avant de s'encombrer de ses enfants. Du reste, la souffrance de l'enfantement, les incommodités de la grossesse ne seront-elles pas toujours là pour jeter un frein modérateur sur la prolification. Il reste encore à savoir si le développement d'une race, d'une espèce, ne restreint pas son pouvoir prolifique. Que de problèmes encore à résoudre. En tous cas, nous le répétons, l'humanité a le temps de parer à ces inconvénients, s'il était un jour acquis qu'ils fussent réels, c'est aux générations futures que nous devons laisser le soin de parer aux difficultés qu'elles pourront rencontrer, l'avenir leur apportera sans doute la solution avec la difficulté. Nos vues sont trop courtes pour que nous puissions faire les prophètes.

XXIV. L'ART ET LES ARTISTES

« Une société communiste serait la mort de l'art», s'écrient certains artistes qui, ne voyant dans l'art : littérature, peinture, sculpture, musique, théâtre, etc., qu'un moyen de gagner de l'argent, ne savent évaluer la « valeur » de l'œuvre que par l'argent qu'elle rapporte, s'imaginent qu'il est nécessaire qu'il existe une aristocratie pour les apprécier et sont navrés à la seule idée, que tout cela pourrait disparaître, que leur « art » ne pourrait plus leur rapporter : hôtel, luxe, décorations et honneurs académiques.

D'autres artistes, qui se croient tout ce qu'il y a de plus indépendant, parce qu'ils « abominent le bourgeois », sont, au fond, tout aussi réactionnaires, sans s'en douter. Partisans de la théorie de « l'art pour l'art », un livre, un tableau, une statue, pour eux doivent bien se garder de vouloir dire quelque chose. L'artiste ne doit pas avoir d'autre conviction que « l'art ». La ligne, la couleur, l'arrangement des phrases, le frisson des mots suffisent à rendre une œuvre parfaite, à plonger l'artiste dans une béatitude complète. Qu'il se garde, surtout, d'essayer d'y introduire ses pensées, s'il en a, sur notre monde, sur l'avenir de nos sociétés. Le véritable artiste se suffit à lui-même.

Oser concevoir qu'en dehors de la jouissance des yeux et des oreilles, l'œuvre puisse éveiller le raisonnement de celui qui lit, voit ou entend, est un blasphème épouvantable, un crime de lèse-art.

C'est vouloir le déshonorer que d'oser concevoir que l'œuvre, par exemple, puisse être une arme de combat, mise au service d'une idée.

Pour ces intransigeants l'art est une chose trop élevée, trop au-dessus du raisonnement de la foule. Ce serait le déshonorer de chercher à le rendre compréhensible à tous.

Nous n'avons pas dit de le mettre à la « portée de la foule », ce qui impliquerait, en effet, une idée de castration de l'idée et de la forme, ignominie dont l'artiste consciencieux doit, en effet, se défendre avec énergie. Se rabaisser pour capter les suffrages de la foule, est aussi plat que de se masturber l'idée pour attirer les regards du public acheteur. Mais on peut chercher à rendre une idée compréhensible, éloigner les obscurités voulues, chercher une façon claire de dire les choses, de façon à empoigner le cerveau des plus obtus, et provoquer chez eux une série de raisonnements qui les amènent à saisir un coin de l'œuvre. Nous croyons même que c'est là, la tendance de tout art, et qu'il est bien plus facile de planer dans les hauteurs en restant incompréhensible, que d'être clair et précis, tout en restant impeccable dans la forme.

On nous objectera, sans doute, que, jusqu'à présent les œuvres que l'on a voulu faire servir à la propagation d'une idée, ont toujours péché par la forme. C'est du reste l'objection qui nous a été le plus souvent faite. Elle peut être fondée. Mais il y a peut-être, aussi, des œuvres de propagande qui ont une valeur artistique. Ce serait une statistique à faire, mais fort probablement, la plus grande partie des œuvres de combat, surtout en littérature, ont dû être inférieures comme art. Qu'est-ce que cela prouve ?

Qu'une chose, c'est que les auteurs pouvaient avoir une forte conviction de leur idée, mais qu'ils manquaient du talent nécessaire pour faire une œuvre d'art. Ou, s'ils possédaient ce talent, emportés par l'obsession de l'idée, comme il arrive parfois pour l'homme fortement convaincu, ils se sont laissés entraîner, au delà de l'expression ; voulant trop prouver, négligeant ce qui contrecarrait leur idée, ils n'ont voulu voir que ce qui la flattait et y ont tout rapporté, ils n'ont pas été vrais. Et, quoi qu'on en dise, le Vrai est encore ce qu'il y a de mieux en art.

Nous n'avons jamais vu le tableau de Picchio, *Le Triomphe de l'ordre*, et l'aurions-nous vu, nous ne nous connaissons pas assez en peinture pour pouvoir décider de sa valeur, mais qui oserait affirmer que, avec du talent, on ne pouvait pas faire, avec un pareil sujet, une œuvre d'art, et que l'idée elle-même, ne devait pas y contribuer ?

Est-ce que *Germinal* de Zola ne restera pas un de ses meilleurs volumes ? On nous dira que Zola n'a jamais voulu faire un livre de propagande socialiste. D'accord, mais qu'a-t-il voulu représenter : la lutte du capital et du travail, était-il possible de mieux en dessiner l'antagonisme qu'il ne l'a fait au moyen du contraste des familles Grégoire et Maheu ? Qui oserait affirmer, qu'une profonde conviction socialiste jointe au talent de Zola, lui aurait fait abîmer son œuvre ?

Descaves, lorsqu'il a fait *Sous-offs*, Henry Fèvre lorsqu'il a écrit *Au Port d'armes*, Darien lorsqu'il a lancé *Bas les Cœurs* et *Biribi*, Hauptmann, *Les Tisserands*, Ajalbert, *La fille Élisa*, tirée du roman des Goncourt, n'ont sans doute pas voulu faire œuvre de propagande, mais ils ont sûrement voulu exprimer leur dégoût de certaines de nos institutions : leurs livres sont un cri de révolte et ils resteront.

Messieurs les partisans de l'art pour l'art, se regimbent à cet énoncé. Être compris de la foule, disent-ils, ne serait plus de l'art. Pour mériter ce nom, l'art doit rester inaccessible aux masses ; il doit continuer d'avoir un langage à lui, dont les initiés seuls ont la clef. Une idole restant toujours vaguement embrumée, dont un petit cénacle demeurerait le groupe officiant. Le vulgaire populo devant se contenter de travailler et peiner pour permettre aux artistes de continuer leur sacerdoce.

Certes, tous ne vont pas Jusque-là, tous les partisans de « l'art pour l'art » ne méprisent pas le peuple, mais c'est à cette conclusion que conduit cette théorie, et beaucoup, quoi qu'ils en aient, se croient certainement une élite bien au-dessus du vulgaire. Si tous n'aspirent pas aux privilèges, quelques-uns ne crient contre les infamies actuelles que lorsqu'elles les atteignent par ricochet.

Ce raisonnement peut suivre une échelle très graduée, mais le fond en est le même.

Pour nous, les œuvres dites d'art, ne sont qu'une des manifestations de l'activité humaine ; cette question ne forme pas une question à part dans la société future, et sa solution doit se trouver, comme toutes les activités de l'individu, dans la possibilité de se produire au milieu de la liberté la plus complète. C'est par l'entente et la solidarité, que les artistes trouveront les moyens de produire leurs œuvres. Œuvres d'art véritables, puisque, dans leur élaboration, l'artiste pourra s'affranchir de toutes les préoccupations matérielles qu'entraîne la société actuelle.

Quoi qu'en disent certains dilettanti, on ne fait pas un tableau, un livre, une statue ou une pièce de théâtre pour soi seul et le plaisir de les garder par devers soi, les soustraire aux yeux des profanes. Les jouissances artistiques sont, par elles-mêmes des jouissances altruistes qui, pour être véritablement goûtées, demandent à être partagées. Certes, lorsqu'on est fortement convaincu de la beauté de son œuvre, on se moque de la bêtise du philistin, mais les louanges sincères n'en sont pas moins bien goûtées. Une œuvre n'a, pour son auteur, sa valeur consacrée que lorsqu'il peut la faire admirer. Lorsqu'on publie un livre, qu'on expose un tableau ou une statue, qu'on invite le public à une audition de musique, à une représentation théâtrale, c'est une consécration qu'on lui demande, ou une œuvre de propagande que l'on tente.

Dans la société actuelle, les trois quarts de ceux qui voudraient cultiver la Muse, en sont empêchés par les difficultés des conditions d'existence. Forcés de fournir neuf, dix ou douze heures de travail pour gagner la pitance quotidienne, il n'est guère possible dans ces conditions de cultiver des goûts esthétiques. Il n'y a qu'un petit nombre de privilégiés qui puissent le pratiquer et en jouir. Les autres devront se borner à admirer les œuvres de ceux-là, si les quelques facultés qu'ils auraient pu avoir ne sont pas complètement atrophiées dans la lutte pour l'existence.

Dans la société future, le temps nécessaire à satisfaire les premiers besoins de la vie animale sera réduit au minimum, et, même ne sera plus qu'une gymnastique hygiénique nécessaire à développer les muscles parallèlement au cerveau. Chacun pourra donc développer ses talents et aptitudes à son gré, poursuivre l'idéal de son imagination. Ceux qui auront de réelles dispositions pourront les faire valoir ; ceux qui n'auraient que des prétentions, pourront satisfaire leur vanité sans danger pour personne, s'ils perdent leur temps à des cancreries, ils n'en devront compte qu'à eux-mêmes, tandis que dans la société actuelle, la fortune, s'ils l'ont entre les mains, peut leur donner une influence néfaste sur la destinée des autres.

Qu'un compositeur par exemple, veuille organiser une audition de ses œuvres, s'il cherchera autour de lui les exécutants qui pourront l'aider, se fera, s'il le faut, leur professeur ; son besoin de produire son œuvre le mettra dans la nécessité de se rendre utile aux autres pour mériter leur concours. Au lieu de faire jouer sa musique, s'agira-t-il de la publier ? — ou lui seul en éprouvera le besoin ou bien elle lui sera demandée par des admirateurs. En ce cas, il aura le concours assuré de ces derniers, il n'aura aucune difficulté de mener cette publication à bonne fin.

S'il est seul à éprouver le besoin de se voir éditer, les difficultés seront nombreuses il est vrai, mais non insurmontables. Le pis qu'il pourra éprouver sera de se voir forcé de se faire graveur, imprimeur, au cas où il n'arriverait à intéresser personne à son œuvre.

Forcé de s'entendre avec les groupes producteurs des matières premières dont il aura besoin, ce sera à lui de les intéresser à son idée ou de trouver la façon de leur être utile pour en obtenir leur concours. Mais, en tous cas, ce serait un large champ ouvert à l'activité de l'individu ; ce serait l'élargissement de sa personnalité, tandis que la société actuelle n'en est que le rétrécissement.

L'homme ne peut être universel, mais il ne peut non plus raisonner sainement sur une chose, qu'à condition d'avoir au moins une notion des autres. Les connaissances humaines comme les événements, s'enchaînent et se suivent. Causes et effets, chacune à leur tour, elles ne peuvent être comprises qu'à condition de les grouper et de ne pas les considérer isolément.

L'œuvre d'art n'approche de la perfection que lorsqu'elle laisse le moins de prise possible à la critique. Elle ne devient chef-d'œuvre que lorsqu'elle est impeccable. Et comme toute œuvre de valeur est forcée d'embrasser un champ plus ou moins vaste de conceptions, elle force l'artiste s'il veut être sincère à étudier tout cet ensemble de choses d'une façon consciencieuse, s'il ne veut pas laisser glisser dans son œuvre une anomalie qui la déparerait.

Quelle que soit l'imagination de l'artiste, quelles que soient sa patience et sa minutie à reproduire ce qu'il voit, on ne conçoit bien que les choses dont on a compris le mécanisme. Quel que soit son enthousiasme pour son œuvre, si ses connaissances sont bornées comme elles le sont, de fait, par l'éducation actuelle, l'œuvre en souffrira certainement ; par des points de détail peut-être, mais qui n'en choqueront pas moins celui qui aura des connaissances spéciales sur le point négligé ! Et lorsque s'élèvera le niveau intellectuel du public, ces défectuosités pourraient être plus nombreuses si l'artiste ne s'élevait pas lui-même.

Dans la société actuelle, nous voyons déjà ce mouvement de recherche des affinités s'opérer. Nous avons cité les Orphéons, fanfares, sociétés chorales, elles sont ce que le niveau moyen les fait, pourquoi ce qui est possible par l'entente en art moins relevé ne le serait-il pas en art plus transcendant ? Les essais d'association pour organiser les représentations théâtrales d'une esthétique donnée, ne sont plus à compter. Il y en a deux que pour leur valeur on peut citer : *le Théâtre Libre et l'Œuvre.*

Dans la société actuelle, elles sont entravées par la question financière, elles laissent encore place à la hiérarchie. Forcés de faire appel au capital, autant, sinon plus qu'aux bonnes volontés, les initiateurs sont forcés de se grouper selon les circonstances, plus que selon les affinités. Malgré toutes ces causes d'entraves, on connaît les bons résultats que ces initiatives ont produits.

Dans la société future, on pourra écarter la question financière et faire simplement appel aux bonnes volontés ; les individus ayant les coudées franches la sélection sera plus facile. Il y aura toujours des individus qui auront la démangeaison de faire des pièces, d'autres de les interpréter, ces individus se rechercheront et associeront leurs aptitudes. Où serait le mal, si ceux qui, ayant le goût du spectacle, venaient chacun dans la possibilité de leurs aptitudes apporter le concours de leur aide, pour la décoration, la mise en scène, la confection des costumes ou autre aide accessoire ?

Si chacun des spectateurs pouvait se rendre utile à sa façon, à l'exécution de l'œuvre à laquelle il serait appelé à assister, sa jouissance intellectuelle en serait augmentée. Il pourrait y avoir les importuns, mais il est plus facile de s'en garer que de suppléer au manque de fonds d'aujourd'hui. Ce qui se ferait pour les représentations théâtrales pourra s'appliquer à tout autre délassement intellectuel. Loin de les prohiber dans la société future, on voit qu'il serait facile de les mettre à la portée de tous.

Aujourd'hui, ce n'est qu'à de très rares exceptions que l'artiste arrive à percer s'il n'a pas de fortune. Ce n'est qu'au prix de son repos, de sa santé, qu'il arrive à se donner à son œuvre. Et lorsqu'il arrive à lui donner vie, que de petites concessions ne faut-il pas faire encore au goût dominant afin d'obtenir de lui faire voir le jour !

« Tant mieux ! » s'écrie-t-on, cela trempe un homme, et ceux qui ont réellement quelque chose dans le ventre ressortent toujours ». Il est à noter que ceux qui émettent cet aphorisme, ont « tout ce qui leur faut », il est vrai que par contre ils ne font jamais rien ressortir. Mais, pour un, véritablement doué, qui triomphe des difficultés, combien périssent étouffés par la misère et encore, celui qui y échappe n'y resterait-il pas, si le plus souvent quelque circonstance fortuite, indépendante de son talent et de sa volonté, ne venait lui apporter une planche de salut ? Certes, la misère trempe les hommes, mais parfois lorsqu'elle est excessive combien elle en tue, et des mieux doués, qui, dans des conditions meilleures auraient pu s'épanouir en talents merveilleux. Qui remplacera jamais les belles années perdues de la jeunesse passées à engraisser l'exploiteur, qui lui, se contente de faire du lard ?

Ce n'est pas encore tout d'être sorti de l'ombre, il faut pouvoir répandre son œuvre, il faut pouvoir vivre de son talent. On a en tête l'œuvre que l'on rêve, on la sent palpiter sous la pensée, les doigts frémissent de l'étreindre… mais la huche est vide, le ventre creux, parfois il y a des enfants qui demandent du pain, il faut travailler pour vivre, avant de penser à l'art. Et l'œuvre est abandonnée pour des jours meilleurs, on accepte de faire, pour l'entrepreneur qui paie, l'œuvre qui se vend, jusqu'au jour où l'on s'aperçoit que l'idée est envolée et que l'on n'est plus qu'un simple manœuvre.

Les récréations vraiment artistiques ne sont de nos jours réservées qu'à une infime minorité de privilégiés qui doivent leur situation à des circonstances autres que leur talent. Ce ne sont que les riches qui peuvent donner cours à ce qu'ils appellent « leurs sentiments artistiques » ! Et pour quelques-uns, dont le goût est vraiment pur, combien de Philistins dont l'ignorance et la crétinerie, dangereuses de par leurs richesses, contribuent à pervertir le goût public, étant les seuls dont l'approbation est efficace, puisqu'ils sont les seuls à pouvoir acheter. À l'heure actuelle, l'artiste ne cherche pas une idée originale selon sa conception, mais selon la conception du public payant. C'est pourquoi l'art actuel n'est, pris en général, pas un art, mais une mode, un métier, un tremplin.

L'art libre, tel que nous l'entendons, rendra l'artiste son propre et seul maître. Il pourra donner cours à toute son imagination, aux caprices de sa fantaisie, exécuter l'œuvre telle qu'il l'aura conçue, l'animer de son souffle, la faire vivre de son enthousiasme. Alors là, nous aurons la pensée réelle de l'artiste et non celle qui lui aura été imposée par des circonstances où l'art n'avait rien à voir.

Si, à côté de cela, il se produit un stock innombrable d'œuvres sans valeur, de productions folles, que peut nous faire cela ? Le riche désœuvré d'aujourd'hui encombre bien ses salons de croûtes abominables et de plâtres insanes, au détriment des belles choses qu'il contribue à étouffer. Dans la société future, les ratés ne perdront que leur propre temps, et s'ils trouvent des admirateurs, pourquoi n'auraient-ils pas le droit de se congratuler, quand cela ne fait de mal à personne ?

Mais, quoi qu'il en soit, au fur et à mesure que le développement du machinisme et de la science rendra la vie plus facile, les côtés intellectuel et artistique de l'individu prendront plus de prépondérance et ainsi que l'a dit un détraqué qui, en cela, pensait juste : *L'art, cette suprême manifestation de l'individualisme*, contribuera à la jouissance et à l'extension de l'individu.

XXV. LA TRADITION ET LA COUTUME

Ainsi, nous venons de passer en revue une partie des modes d'activité de la puissance humaine, et, dans leur ensemble, nous avons vu que, à tous les points de vue, la liberté, la plus complète, était le gage le plus sûr d'une entente parfaite, d'une complète harmonie.

Ceux qui, ayant toujours été bridés, ne peuvent s'abstraire des conditions actuelles, et s'imaginent que l'humanité ne pourrait vivre sans lisières, s'écrieront, certainement : « Plus de lois ! qu'allons-nous devenir ? la société est perdue ! » Gomme si la loi était indispensable à la vie des sociétés, comme si des agglomérations humaines n'existaient pas encore sans loi, aussi bien que le comporte leur degré de développement.

Les lois sont, par elles-mêmes, impuissantes à forcer les individus à exécuter la chose qu'elles ordonnent, ou à sanctionner la défense qu'elles promulguent. Pour être efficaces, elles doivent être appuyées d'une force coercitive. Et cette force, elle-même — nous l'avons vu — est d'un bien maigre appui, lorsque les mœurs sont en antagonisme avec le régime qu'on veut leur imposer.

Lorsqu'elles commencent à être discutées, les lois ne sont pas loin d'avoir perdu leur autorité. Elles n'ont de véritable force effective que lorsqu'elles sont parfaitement d'accord avec l'opinion, ce qui se rencontre fort rarement.

Mais, la loi elle-même n'a jamais rien empêché. Au moyen-âge on punissait le vol de la corde, de la roue ; des tortures effroyables, accompagnaient l'appareil judiciaire. On brûlait la langue ou les lèvres des blasphémateurs. On brûlait les sorciers, ou prétendus tels. Cela n'a pas empêché de blasphémer et l'esprit d'irréligion de faire son chemin. C'était l'époque où pullulaient les sorciers, où les voleurs tenaient le haut du pavé.

Aujourd'hui on a renoncé à poursuivre les blasphémateurs, à brûler les sorciers. Ces derniers, on se contente de les condamner pour escroquerie ou exercice illégal de la médecine, selon les plates-bandes du Code qu'ils ont piétinées. Mais leur nombre a diminué du jour où on les a laissés tranquilles, aujourd'hui, ils ne prétendent même plus chevaucher des manches à balais, ou avoir des rapports avec messire Satanas, choses pour lesquelles, pourtant, on ne penserait plus à les poursuivre.

Quant aux voleurs, si les pénalités sont moins rudes, on a toujours continué à les pourchasser, lorsqu'ils n'opèrent pas à l'abri de certaines situations ou fonctions, mais nous ne pensons pas que leur nombre ait diminué. C'est qu'ici, malgré le code, malgré l'opinion, il intervient un autre facteur. C'est l'organisation sociale et le régime de l'appropriation individuelle, sur lequel elle repose qui engendre le vol. Ce dernier est le produit du régime capitaliste, il ne disparaîtra qu'avec son progéniteur.

Par contre, pour celui qui aurait la patience de fouiller le recueil de lois et ordonnances, il y aurait de véritables trouvailles à faire parmi les lois tombées en désuétude, parce que les mœurs se sont transformées, en dépit de la loi, et en lui imposant silence.

Les premières lois écrites qu'étaient-elles, elles-mêmes, sinon la reconnaissance et la codification des mœurs et coutumes ? Encore avant la révolution il y avait, en France, le droit féodal et le droit coutumier. Ce dernier dérivant des usages et coutumes, et chaque province, pour beaucoup de cas, était régie d'après ses propres coutumes.

Ce fut la première affirmation de la bourgeoisie de s'emparer des prérogatives du Parlement, de s'arroger le pouvoir législatif, et d'édicter des lois et décrets, selon son bon plaisir, ne s'inspirant que de ses intérêts de classe, sans plus s'occuper des mœurs et coutumes des populations « justiciées ». Puis vint le boucher Bonaparte qui reprit l'œuvre de la Convention, en faisant amalgamer, avec quelques aphorismes de la loi romaine, ce qui, dans les lois édictées antérieurement à lui, pouvait flatter son autocratie, et voilà pourquoi, nous sommes gouvernés par des morts, quoique chaque génération de vivants ne se soit pas fait faute d'apporter ses restrictions au lieu de supprimer purement et simplement. Ce qui n'a fait que compliquer la chose et à nous enserrer de plus en plus, dans un réseau inextricable de décrets, lois et règlements qui étranglent celui qui s'y laisse tomber.

Lorsque la tradition et la coutume régissaient les relations sociales, ce pouvait bien être, en quelque sorte, la régentation des vivants par les morts, mais les coutumes, les mœurs se transforment insensiblement, et, chaque époque, vient, à la coutume ancienne, ajouter sa marque particulière. Ce qui n'est pas écrit, ce qui n'est qu'accepté, et non imposé, se transforme avec les mœurs.

La loi écrite est immuable ; on peut la torturer pour lui faire dire, et on y arrive, ce que n'ont jamais pensé ceux qui l'ont formulée, mais plus elle est élastique, plus elle est terrible, car ceux qui sont chargés de l'appliquer n'en ont que plus de facilités pour l'accommoder au mieux de leurs intérêts. C'est ce qui fait, qu'au milieu de nos révolutions, ceux qui, la veille, étaient frappés par la loi existante, pouvaient, le lendemain, avec la même loi, le même corps judiciaire, frapper leurs persécuteurs de la veille. C'est ce qui fait aussi que tant de lois blessent le sentiment public, continuant à régir nos relations, car ceux qui sont au pouvoir ont intérêt à éterniser les préjugés qu'elles représentent.

On a voulu objecter, que, dans les pays où règne la coutume, tels que la Corse, la Kabylie, les actes de vengeance individuelle, rendaient la vie cent fois plus difficile que là où règne le châtiment juridique ; ne vous mettant nullement à l'abri du ressentiment de la partie lésée et que le meurtre se poursuivait ainsi, englobant des villages entiers, et toute une série de générations.

Mais, par contre, on était forcé de convenir que, dans ces pays, il se développait un sentiment chevaleresque de respect de la parole donnée dont la plupart de nos soi-disant civilisés sont dépourvus, et, d'autre part, que la meilleure des lois ne vaut rien entre les mains d'un mauvais juge ! Et comme la plupart des partisans de l'autorité avouent que, pour être sainement exercée, il faudrait ne la remettre qu'entre les mains de purs anges, la conclusion est facile à tirer.

Puis, que l'on n'oublie pas que nous ne demandons pas un retour pur et simple en arrière, tout cela doit être modifié par notre évolution. Revenir aux institutions du passé, telles qu'elles ont existé, ce serait une régression. Ce que nous voulons, c'est une adaptation de ce qui est bien et peut faciliter notre évolution.

Parmi les institutions que l'autorité a intérêt à éterniser, nous avons cité le mariage, mais combien d'autres, en s'en donnant la peine, on pourrait trouver ! L'ordre bourgeois, pour être stable, avait besoin de s'appuyer sur la famille, c'est par elle que peut se perpétuer la domination capitaliste, c'est pourquoi, il l'a enlacée de mille liens légaux. L'amour, l'affection, la famille d'élection et d'affinité, le code n'en a cure, ce sont des fariboles qu'il laisse aux rêveurs. Pour la bourgeoisie, il n'y a qu'une famille, c'est la famille juridique, enserrée dans les ascendances et descendances, hiérarchisée, comprimée, dans les formes, légales, limitée par la marge du code, il n'y a, en un mot, de parents que ceux qui sont reconnus par la loi, quels que soient leurs sentiments à l'égard les uns des autres.

C'est ainsi, qu'au point de vue de la loi, deux époux qui se seront mutuellement détestés toute leur vie, se seront séparés pour ne plus vivre ensemble, s'ils se sont unis par devant monsieur le maire, et ont oublié de faire faire la cérémonie contraire par un autre monsieur, portant un autre costume, ils seront toujours considérés comme une famille légale, la seule valable, tandis que ceux qui auront toujours vécu ensemble, se seront aimés à l'adoration, ne seront que des « concubins » — c'est le mot légal — leur famille n'aura aucune valeur s'ils ont négligé certaines formalités légales.

Les enfants de la femme du premier ménage, si l'homme, à l'aide de nombreuses démarches n'en a pas obtenu le désaveu, seront, d'après la loi ses seuls enfants légaux, tandis que ceux qu'il aura engendrés lui-même ne lui seront rien. Quant aux enfants, nés hors du mariage, leur situation serait-elle régularisée après coup, leur situation sera toujours inférieure d'après la loi. — C'est, paraît-il, ce qui fait le charme de notre législation !

Pourtant les mœurs ont marché ! Le bâtard n'est plus — sauf pour quelques retardataires, — l'être hors caste des temps jadis ; les unions « irrégulières », nous l'avons dit, sont la majorité dans nos grandes villes ; et si par, bégueulerie ou par médisance, quelque bon voisin trouve à « chiner », elles sont parfaitement acceptées. Et, en certains cas, quelques-uns arrivent même à se faire respecter de l'administration. Il n'y a que la loi qui reste immuable.

La loi qui, en dehors de celles dictées par l'esprit de parti, a pu, autrefois, avoir sa momentanée raison d'être, n'est donc qu'une cristallisation de la coutume ; régressive en même temps, car, en devenant loi, elle demeurait immuable, restait en arrière des mœurs qui, elles, se transformaient.

De plus, l'opinion publique n'était implacable que pour ce qui portait un préjudice réel à la collectivité, en lésant un de ses membres ; elle savait tenir compte aussi, de l'intention et des circonstances.

La loi se meut entre le maximum et le minimum, et cette variation dépend encore plus de la complexion physiologique de ceux qui sont appelés à l'appliquer qu'à la nature du délit lui-même.

Du reste, est-ce que le meilleur moyen de moraliser les individus, n'est pas de leur apprendre que la transgression d'une règle utile porte en elle-même sa punition, en lui étant plus tard nuisible par ses effets ultérieurs ? Cela ne serait-il pas aussi moral et surtout aussi efficace que de lui dire que, s'il est pris à transgresser la loi, il sera puni, mais qu'il n'en sera rien s'il peut cacher sa transgression aux yeux de l'autorité.

Nous dira-t-on que la crainte du châtiment, seule, peut forcer les individus à accomplir leur devoir ? c'est le refrain des partisans de la répression, eh bien, l'argument est faux. Nos institutions prouvent d'abord, que la peur de la répression n'empêche rien, et nous avons la preuve que la tradition et la coutume, sont toutes-puissantes chez les peuplades que nous nommons inférieures. Voudra t-on avouer que notre moralité est inférieure à la leur ?

Voici ce que dit Bellot, des Indiens des régions polaires, au sujet des *cachés* de vivre qu'ils font dans les jours d'abondance, et dont pourtant ils devraient se montrer avares, car, souvent ils ont à endurer des disettes épouvantables.

« 19 juin…. M. Hehburn dit que des Indiens lui ont apporté de la viande à laquelle ils n'avaient pas touché, bien qu'ils n'eussent pas mangé depuis trois jours. Ils font des *cachés* où ils renferment leurs provisions, de façon que les loups ne les mangent pas. Si vous êtes pressés par le besoin, ils ne trouvent pas mauvais que vous preniez ce qu'il vous faut, mais sans choisir les morceaux ; car, disent-ils avec raison, l'homme qui a faim prend ce qu'il trouve sans choisir. Ne pas recouvrir le caché est également considéré comme une preuve de mauvais vouloir.[1] »

Voici un autre exemple cité par Vambéry, et, certes on ne nous accusera pas de prendre nos exemples parmi des populations idylliques, il s'agit de ces féroces Turcomans dont la seule occupation est le pillage :

---

1 J. R. BELLOT, *Journal d'un Voyage aux mers polaires*, p. 19.

« Les Turcomans, suivant mes renseignements assez peu semblables à ceux qu'a publiés Mouravieff, sont divisés en neuf peuples ou *khalks* qui se partagent en branches ou *taifes*, comme celles-ci le sont en rameaux ou *tires*.

La double adhérence, la solidarité qui unit les individus appartenant à chaque rameau, puis les rameaux dont est composée la branche, forment le lien principal qui maintient ensemble les éléments de cette société singulière. Il n'est pas un Turcoman qui ne connaisse dès son plus jeune âge le rameau et la branche dont il fait partie, et qui ne vante avec orgueil la force ou le nombre de cette section de son peuple. D'ailleurs c'est dans cette section qu'il trouve toujours une protection contre la violence arbitraire des membres des autres clans ; car la tribu entière, s'il a été fait tort à l'un de ses enfants, doit en poursuivre la réparation.[1] »

Et plus loin :

« Les nomades qui habitent cet endroit sont venus en foule visiter la caravane. Une sorte de négoce s'est établi ; j'ai vu se conclure à crédit, des ventes et des achats d'une certaine importance. La rédaction des lettres de change, et surtout leur transcription, m'a été naturellement dévolue. Il m'a paru assez surprenant que le débiteur, au lieu de remettre sa signature au créancier, garde lui-même le titre de sa dette au fond de sa poche ; c'est pourtant ainsi que se font les affaires dans tout le pays. Un créancier, que je questionnais sur cette manière de procéder si contraire à nos habitudes, me répondit avec une simplicité parfaite : « Pourquoi conserverais-je cet écrit, et à quoi me servirait-il ? Le débiteur au contraire en a besoin, pour se rappeler l'échéance de la dette et le chiffre de la somme qu'il s'est obligé à me restituer.[2] »

Ainsi voilà des pillards qui nous donneraient l'exemple de la bonne foi et du respect de la parole jurée ! Mais les négociations de notre société actuelle, si pourrie soit-elle, ne se font-elles pas en partie, sur la confiance et la bonne foi des uns des autres ? Le

---

1 A. VAMBÉRY, *Voyages d'un faux Derviche*, édition abrégée, pp. 38-39.
2 A. VAMBÉRY. Id. p. 91.

commerce pourrait-il marcher une seule minute, s'il ne pouvait compter, pour se défendre, que sur la peur de la loi ?

La loi ne punit et ne peut punir que la transgression dont on connaître l'auteur ; mais comme l'individu, chaque fois qu'il commet un acte réprouvé, — soit qu'il le juge tel lui-même, soit qu'il soit ainsi qualifié par la loi — ne le commet qu'avec la certitude de ne pas être découvert,[1] ou que la satisfaction qu'il en tire, compensera largement les privations que lui occasionnera la peine qu'il pourra encourir. La loi est donc impuissante à prévenir la transgression, lorsque les mobiles y incitant l'individu sont plus forts que les motifs de crainte. Certains prétendent qu'il faut renforcer la sévérité des lois. Nous venons de voir, qu'au moyen âge, elles étaient des plus féroces et sans effet. Il arrive un moment du reste où la pénalité est hors de proportion avec le délit, et où les plus féroces « punisseurs » sont forcés de consentir à des adoucissements. Tout cela prouve donc que la répression n'est pas le remède.

D'autre part, avec la loi, les individus ne se peuvent faire justice eux-mêmes, l'individu est donc à l'abri, s'il a l'intelligence de combiner son acte de façon à pouvoir l'accomplir sans témoins.

De plus, la loi est arbitraire, car, pour juger elle est forcée de se baser sur un niveau moyen, et de négliger les circonstances de détails, malgré que parfois, ce soient elles qui caractérisent le fait. De plus, elles ne sont faites qu'en vue de la préservation des privilèges d'une caste, de convenances de gouvernement, aussi sont-elles constamment violées, car leur transgression ne comporte pas toujours le mépris de l'opinion. Violant l'initiative de l'individu, par cela seul, elles incitent à leur transgression.

La Société étant basée sur l'antagonisme des intérêts, comme nous l'avons vu, elle entraîne donc fatalement des conflits entre individus. Mais que l'on organise une société où les individus aient intérêt à se respecter mutuellement, où l'observation de la parole donnée soit tenue pour un bien, parce que cela est profitable à tout le monde, et non parce que cela pourrait entraîner une peine physique. N'admirez plus la roublardise en affaires, mais faites que celui qui se parjure se sente tenu à l'écart des relations, et la morale

---

1   Bien entendu, nous parlons des actes prémédités, et non des actes accomplis sous la pression de la colère, que la loi est encore bien moins capable de prévenir.

s'élargira ; on comprendra que si l'on fait quelque chose de nuisible aux autres, on pourra en ressentir les effets, à chaque instant dans ses relations ; on se trouvera par le fait, intéressé à empêcher un mal de s'accomplir, lorsqu'on le verra se commettre.

Et, quoi qu'en disent les moralistes, c'est, à l'heure actuelle, cet esprit de solidarité de la foule, la crainte de l'opinion publique, qui empêche les individus de transgresser ce qu'il est convenu d'appeler la morale, bien plus que tout l'appareil de la loi et de sa répression.

Quand les individus se sentiront solidaires les uns des autres, il s'établira entre eux une morale nouvelle qui portera sa sanction en elle-même et sera bien plus puissante, bien plus efficace que toutes vos lois répressives. La solidarité resserrant tous les liens sociaux, ceux-ci ne se formant que d'après les affinités, tout individu qui chercherait à nuire à un membre de la société, se verrait immédiatement réprouvé par son milieu, car chaque individu comprendrait que s'il laissait s'accomplir un acte d'injustice sans le dévoiler, ce serait laisser la porte ouverte à d'autres dont il pourrait avoir à souffrir plus tard. L'agresseur conspué et mis au ban des relations, sentant que la vie lui serait impossible, serait plus amendé que par un emprisonnement dans un milieu qui le corrompt au contraire davantage, et cette crainte l'empêcherait d'accomplir l'injustice qu'il méditerait.

La disparition des délits n'est donc pas dans l'organisation d'un appareil formidable de répression, mais dans une meilleure organisation sociale, par l'éducation des individus, et l'évolution de la morale.

XXVI. L'AUTONOMIE SELON LA SCIENCE

Nous voici arrivé à la fin de notre étude. Nous avons passé en revue toutes les objections qu'il nous a été possible de prévoir, nous avons vu que ce que nous connaissions de l'homme, loin de détruire notre idéal venait plutôt corroborer nos hypothèses d'harmonie et de solidarité. Et la science, la science elle-même, quoi qu'on en ait dit, vient à l'appui des théories anarchistes, nous démontrant que tout, dans la nature, se meut en vertu de la loi des affinités et, par conséquent, est autonome. La nature est un vaste creuset où les différents corps viennent se transformer en acquérant des propriétés nouvelles, opérant leurs transformations sans volonté préconçue, de par la seule force de leurs propriétés.

Il est certain que, dans la nature, dans les règnes animal, végétal et minéral, tout s'enchaîne ; il est vrai que les mouvements et le développement des uns sont réglés par les mouvements et le développement des autres ; que, par conséquent, l'individu, dans une certaine mesure, dépend de la société dans laquelle il se meut et se développe ; mais, pour le bourgeois et les autoritaires de toute sorte, cette société se résume en une certaine organisation qui la représente sous forme de pouvoir constitué, et c'est aux volontés de ce pouvoir que les individus d'après la théorie autoritaire, doivent subordonner leur activité. C'est cette théorie que nous repoussons et dont nous pensons avoir démontré la fausseté.

Nous l'avons vu, ce n'est pas l'individu qui doit se plier aux convenances arbitraires d'une société mal organisée, mais celle-ci qui doit se modeler et fonctionner de façon à ce que l'individu y trouve un élargissement de sa personnalité et non un rétrécissement de son activité. Elle doit modeler son organisation d'après les relations que les individus ont entre eux. Loin de rester immuable, elle doit suivre les fluctuations de l'évolution humaine afin de rester toujours en harmonie avec les changements qu'apportent le temps et les circonstances.

Il est vrai encore que la science nous démontre que tout, dans la nature, est régi par des lois immuables dénommées « lois naturelles » ; lois qtii veulent que toutes les molécules ayant les mêmes affinités, se recherchent et s'unissent pour arriver, selon la manière dont elles se sont juxtaposées, selon l'état du milieu dans lequel leur combinaison s'est opérée, selon le nombre et l'intensité des molécules de chaque sorte qui ont pris part à la combinaison, à former soit un minéral, soit un organisme végétal ou animal.

Qui a fait ces lois ? — Pour le prêtre c'est un être surnaturel qu'il a baptisé du nom de « Dieu ». Pour le savant, — s'il est parvenu à se dépouiller de toutes les superstitions dont ont été entourées son enfance et son éducation — ces lois sont la résultante des propriétés que possèdent les différents matériaux dont l'Univers est composé, et résident dans ces propriétés mêmes.

La loi, ici, n'apparaît plus pour régir les diverses parties d'un tout, mais pour expliquer que si les phénomènes se sont produits dans tel ou tel sens, de telle ou telle manière, c'est que, par la force même des qualités des corps, il ne pouvait en être autrement.

Les lois sociales ne peuvent avoir d'autre autorité que les lois naturelles ; elles ne peuvent qu'expliquer les rapports entre les individus et non les régir. Comprises ainsi, elles n'ont plus besoin d'un pouvoir oppresseur pour en assurer l'exécution. N'étant que la constatation d'un fait accompli, elles ne peuvent avoir d'autre sanction que le châtiment que comporte la désobéissance à une loi naturelle. Leur connaissance exacte doit nous faire connaître d'avance le résultat de telle action envers nos semblables, nous enseigner si nous y trouverons profit et jouissance ou regret et déplaisir, nous indiquer si le plaisir que nous tirons de tel acte, ne sera pas suivi d'un déplaisir plus grand.

Ce n'est donc pas à établir des lois applicables, indistinctement, à tous par la force, que doivent tendre les efforts du sociologue, mais à étudier les effets de nos actes et de leurs rapports avec les lois naturelles ; ses conclusions enseigneront à l'individu ce qui lui est profitable à lui et à la race. Les lois sociologiques ne doivent pas être une règle imposée, elles doivent, par leur enseignement et non la coercition, se borner à nous indiquer le milieu le plus favorable où l'individu pourra évoluer dans la plénitude de son être.

En chimie, par exemple, quand on veut associer deux corps, est-ce la volonté de l'opérateur qui agit et fait que les différents corps mis en présence s'associent ! — Non, il a fallu, auparavant, étudier les différentes propriétés de ces corps, de sorte que l'on sût qu'en opérant sur telles quantités, dans de telles conditions, on obtiendrait tel résultat, — inévitable chaque fois que l'on opérerait dans des conditions absolument semblables.

Si, au contraire, l'opérateur voulait associer des corps doués de propriétés différentes, en dehors des conditions requises pour obtenir le résultat cherché, ces corps s'annihileraient ou se détruiraient ; en tous cas le résultat serait tout autre que celui espéré par l'opérateur. La volonté de ce dernier n'entre donc, dans le choix du résultat, que par sa connaissance des matériaux qu'il emploie ; sa puissance est limitée par la propriété des corps, tout son pouvoir se borne à « préparer » les conditions requises pour l'opération, et rien au delà. Il en sera toujours ainsi pour les sociétés humaines ; tant que l'on voudra les organiser arbitrairement, sans tenir compte des tempéraments, des idées ou des affinités des individus, on n'obtiendra jamais qu'une société boiteuse, devant produire, au bout de très peu de temps, le chaos, le désordre et la révolte.

Le rôle des anarchistes, en sociologie, ne peut pas être d'une autre portée que celui du chimiste : leur œuvre est de préparer le milieu où les individus pourront évoluer librement ; d'élargir les cerveaux de façon à les amener à ce qu'ils puissent concevoir la possibilité d'une telle indépendance, leur inculquer la volonté de la conquérir.

Quand les molécules, les cellules composant l'Univers, ont pu librement s'associer, quand rien n'a entravé leur évolution, la combinaison se fait et il en résulte un être complet, parfaitement constitué qui est, virtuellement, viable dans le milieu où il a pris naissance. Quand cette association n'a pu se faire librement, quand l'évolution a été entravée dans sa marche, quand « l'autonomie » des différentes molécules a été violée, il en résulte ce que l'on appelle un monstre, c'est-à-dire un être qui, n'étant pas conformé pour le milieu où il doit évoluer, n'est pas viable, ou bien, lorsqu'il peut, malgré sa monstruosité, prolonger son existence, ne traîne qu'une vie misérable, languissante, restant toujours souffreteux et difforme. Telles nos sociétés dont les éléments morbides dont elles sont imprégnées occasionnent les crises qui les bouleversent continuellement.

Et c'est parce que les anarchistes désirent une société saine, parfaitement constituée, qu'ils veulent que l'autonomie des individus — ces molécules de la société — soit respectée. C'est parce que nous voulons que tout ce qui a les mêmes affinités puisse s'associer librement, selon les tendances de chacun que nous repoussons tout pouvoir qui réduirait tous les individus à la même estampille, — ce pouvoir fût-il « scientifique ».

Pour exercer l'autorité, il faudrait, ce qui n'existe pas, des anges.

Il n'y a pas de cerveaux assez vastes pour embrasser toutes les connaissances humaines. Quelle que soit l'estime que nous professions pour les savants, nous sommes forces de reconnaître que les plus grandes iniquités sociales les laissent, pour la plupart indifférents, quand, pour mériter les faveurs des maîtres, ils ne se servent pas de leurs connaissances, pour essayer d'en justifier les turpitudes.

Il suffit, également, de suivre leurs discussions, pour comprendre que nombre d'entre eux, qui se sont adonnés à telle ou telle étude, telle ou telle branche du savoir humain, ne tardent pas à s'en faire un « dada » qu'ils enfourchent à tous propos et hors propos, en font le moteur de toutes choses, ne voyant dans les autres sciences que des accessoires à leur étude spéciale, sinon inutiles, tout au moins de fort peu d'importance.

Non, non, la science est une belle chose, mais à condition qu'elle se renfermera dans son rôle : constater les phénomènes qui s'accomplissent, en étudier les effets, en rechercher les causes, en formuler les données, mais que chacun reste libre de s'en assimiler les découvertes, selon ses aptitudes et son degré de développement.

D'ailleurs, ne serait-il pas présomptueux de vouloir tout régir « scientifiquement », alors que tant de points d'interrogation se dressent devant le savant avide de connaître ? N'est-ce pas, précisément, parce que l'on a toujours voulu réglementer cette association des intérêts faisant agir les individus, que l'on est arrivé à produire ce monstre informe qui s'appelle la « société » d'aujourd'hui ?

Certains — nous l'avons vu — ont voulu prétendre que, plus l'homme se développait, plus la science s'élargissait, plus l'individu perdait de son autonomie. L'emploi des machines et forces motrices mises à sa disposition par la science le poussant à l'association, lui enlèverait ainsi, d'après ces « savants », graduellement de son autonomie en subordonnant son action personnelle à celle de l'outillage et de ses coassociés. On a affirmé que, pour trouver une société où règne l'autonomie complète de l'individu, il faut remonter aux sources de l'humanité, ou bien aller chez les races actuelles les plus inférieures. En sorte que l'on serait en droit de conclure que la société idéale de ces assoiffés d'autoritarisme serait une société où l'individu n'aurait plus la liberté d'aller pisser sans en demander l'autorisation !

Plus la science se développe, plus elle ajoute à l'autonomie de l'individu. Si, dans la société actuelle, chaque découverte scientifique jette, en effet, les travailleurs sous la dépendance du capitaliste, c'est que les institutions actuelles font tourner les efforts de tous au profit de quelques-uns seulement. Mais, dans une société basée sur la justice et l'égalité, les découvertes nouvelles ne pourront qu'ajouter à l'autonomie de l'individu.

Il faut vraiment être aveuglé par la monomanie de l'autorité pour oser prétendre que l'on doit remonter à l'origine des sociétés ou bien aller chez les races inférieures[1] pour y retrouver l'autonomie. Est-ce que l'homme était autonome alors que, nu et sans défense, n'ayant encore qu'une intelligence rudimentaire, il était livré à tous les hasards de la vie, forcé de lutter contre la nature qu'il n'avait pas encore appris à connaître, il était porté à la déifier dans ses phénomènes dont il ne comprenait pas les causes ? L'homme était-il libre alors qu'il était contraint de courir à la recherche de sa nourriture et de la disputer aux grands carnassiers qui le surpassaient en force ? Quelle somme d'autonomie pouvait-il déployer, forcé qu'il était de soutenir, à tous moments, le rude combat de l'existence ? Et le spectacle des races, dites inférieures, de nos jours nous montre bien, en effet, qu'il n'y a pas d'autonomie quand l'homme est contraint de tenir constamment en éveil le peu de facultés qu'il possède afin de pouvoir satisfaire ses besoins matériels.

Nous reconnaissons, certainement, que les grandes découvertes telles que celles de la vapeur, de l'électricité, ont comblé les fossés qui séparaient, jadis, communes et nations, pour donner essor à la solidarité universelle ; mais de ce que les travailleurs sont forcés d'associer leurs efforts pour vaincre les obstacles que leur oppose la nature, il ne s'ensuit pas que leur autonomie fût amoindrie dans le sens d'une subordination quelconque. — Les communes et les nations étant, désormais, en rapports continuels, toute autorité servant à établir ces rapports et imposant sa volonté pour socialiser les efforts des individus et des groupes devient de plus en plus nuisible.

1 Inférieure en degré de développement, mais non en puissance virtuelle.

Si, aux premiers temps de l'humanité, la fédération des groupes isolés et la socialisation des efforts s'est faite par l'intermédiaire d'une autorité extérieure, cette solidarisation se fait, aujourd'hui, spontanément sans porter atteinte à l'autonomie des groupes, et c'est précisément grâce à la vapeur et aux progrès de la mécanique, qui ont établi des rapports suivis et fréquents entre ceux qui n'apprirent à se connaître qu'en tombant sous la férule du même maître. — L'indépendance des individus et des groupes s'en trouverait-elle amoindrie ? Nous ne le pensons pas non plus, puisque la vapeur, l'électricité et la mécanique, en mettant au service de l'homme des forces considérables qui permettent de vaincre la distance et le temps, sont venues augmenter cette indépendance en réduisant la somme de temps nécessaire à la lutte pour l'existence — lutte contre la nature, ne confondons pas — et permettre ainsi aux individus de dépenser la plus grande partie de leur temps en un travail récréatif au sein d'une société basée sur la solidarité et la liberté.

Oui, nous le reconnaissons et le proclamons : les découvertes scientifiques de l'homme le conduisent de plus en plus vers l'association des efforts et la solidarisation des intérêts. C'est pourquoi nous voulons la destruction de la société actuelle, basée sur leur antagonisme. Mais de là à conclure à la nécessité d'un pouvoir, il y a loin. Où donc les autoritaires ont-ils pris qu'il puisse jamais y avoir solidarité d'intérêts entre celui qui commande et celui qui obéit ?

Les progrès lentement accomplis par l'humanité ne sont-ils pas dus, justement, à cet esprit d'insubordination et d'indiscipline qui a poussé l'homme à s'affranchir des obstacles qui nuisaient à son développement, à cet esprit sublime de révolte qui l'entraînait à lutter contre la tradition et le quiétisme, à fouiller dans les recoins les plus obscurs de la science pour arracher ses secrets à la nature et apprendre à triompher d'elle ?

En effet, qui peut prévoir le degré de développement où nous serions arrivés si l'humanité avait pu évoluer librement ; qui ne sait, aujourd'hui, que beaucoup de découvertes dont s'enorgueillit le XIXᵉ siècle, avaient été faites ou pressenties jadis, mais que les savants avaient dû tenir secrètes, ou en abandonner la recherche afin de ne pas être brûlés comme sorciers.

Si le cerveau humain n'a pas été broyé dans ce double étau : l'autorité temporelle et l'autorité spirituelle ; si le progrès a pu se faire malgré cette compression, sous laquelle l'humanité gémit depuis que l'homme est un être pensant, c'est que l'esprit d'insubordination était plus fort que la compression.

Les autoritaires disent qu'ils ne veulent un pouvoir que pour guider cette évolution des idées et des hommes. Mais ne voient-ils donc pas que vouloir contraindre tous les hommes à subir le même mode d'évolution — ce qui arriverait inévitablement si une autorité quelconque se chargeait de la guider, — ce serait cristalliser la civilisation dans l'état où elle est aujourd'hui. Où en serions-nous actuellement si, parmi les êtres inconscients des premiers âges de la vie, il s'était trouvé des esprits « scientifiques » assez puissants pour diriger l'évolution des êtres dans le sens des connaissances qu'ils possédaient à cette époque ?

Nous avons vu qu'il ne fallait pas en conclure que notre idéal, à nous, soit ce que les partisans de Darwin en sociologie, ont appelé la « lutte pour l'existence. » La destruction des espèces plus faibles par les espèces plus fortes a pu être une des formes de l'évolution dans le passé, mais aujourd'hui que l'homme est un être conscient, aujourd'hui que nous commençons à entrevoir et à comprendre les lois qui régissent l'humanité, nous pensons que l'évolution doit revêtir une forme différente.

Nous l'avons dit, cette forme est la solidarisation des intérêts et des efforts individuels pour arriver à un meilleur avenir. Mais nous sommes convaincus aussi que cette solidarisation de but et d'efforts ne peut naître que de la libre autonomie des individus qui, libres de se rechercher entre eux et d'unir leurs efforts dans le sens qui répondra le mieux à leurs aptitudes et à leurs aspirations, n'auront plus besoin de peser sur personne, puisque personne ne viendra peser sur eux. L'homme est assez développé aujourd'hui pour reconnaître, par l'expérience, le bon ou le mauvais côté d'une action ; il ressort que, dans une société sans pouvoir, les groupes ou les individus qui se seront fourvoyés dans une mauvaise voie, voyant à côté d'eux des groupes mieux organisés, sauront abandonner la mauvaise voie pour se rallier à la manière de faire qui leur paraîtra la meilleure.

Le développement progressif de l'humanité étant débarrassé des obstacles qui l'ont entravé jusqu'à ce jour, l'évolution des idées et des individus ne nous présenterait plus qu'une lutte pacifique, où chacun rivaliserait de zèle afin de produire mieux que les autres, et nous conduirait ainsi au but final : le bonheur de l'individu au milieu du bien-être général.

CONCLUSION

S'il est une doctrine qui ait eu le don de soulever les fureurs et les calomnies de tous les partis de la politique, c'est bien la doctrine anarchiste. Effrayés des progrès que faisait dans l'esprit des exploités, l'idée d'indépendance sous sa nouvelle formule, tous ceux qui vivent d'exploitation — exploitation industrielle, capitaliste, politique, morale et intellectuelle — s'unirent fraternellement dans une commune défense pour tomber sur ces nouveaux venus qui osaient venir les troubler dans leur quiétude, en émettant des théories « subversives de tout ce que l'on était convenu de respecter ! »

Les théories anarchistes comportaient le droit primordial qu'a tout individu, de se révolter contre ce qui l'écrase, mais les bourgeois n'attendirent pas les premiers coups : le bagne et la prison fondirent sur les propagandistes de l'idée philosophique. Le maximum de la loi était assuré à tous ceux qui défilaient devant un tribunal, pour avoir osé exprimer que tout n'était pas pour le mieux dans la meilleure des républiques bourgeoises et qu'il fallait travailler à une transformation sociale.

La force appelle la force, la terreur engendre la terreur. Sachant que l'on paie autant pour un écrit, une parole que pour un acte de révolte effective, certains anarchistes, plus impatients que d'autres, refusèrent de discuter plus longtemps et voulurent rendre coup pour coup ; des lois exceptionnelles de répression furent votées, les gouvernants espèrent avoir ainsi tué l'idée anarchiste ; les événements nous diront un jour ce qu'il faut en penser.

Mais, avant d'oser faire des lois si rétrogrades, ne pouvant réfuter des théories que, pour la plupart, leur faiblesse intellectuelle les empêche de comprendre ; sentant que si les idées nouvelles prenaient pied, c'en était fait de l'exploitation et de leurs privilèges, menacés au ventre, ne voyant aucune chance pour leur parasitisme de se perpétuer dans le nouvel ordre de choses, les bourgeois, pour combattre la pensée philosophique, en sus de la prison, eurent recours à leur arme favorite : la calomnie.

« Les anarchistes», s'écrièrent-ils, sur tous les tons, — suivis dans cette campagne par les autoritaires de tous poils qui prétendent travailler à une réforme sociale, — « les anarchistes ! ne sont pas un parti. Ils n'ont pas d'idées sur l'organisation sociale future, ils n'ont que des appétits ! » — les socialistes autoritaires ajoutèrent, « ce sont des mouchards ! » — et tous : « ils voudraient nous ramener au règne de la force et de la brute ! »

Et les injures, les calomnies, les dispensant d'arguments, ils firent dans les journaux un tel renom d' insanité et de violence irraisonnée aux anarchistes que tous les imbéciles, dont la conviction ne se fait que d'après la lecture de leur journal, acceptèrent comme vérités ce fatras de mensonges et ne virent dans les anarchistes, qu'une bande de forcenés qui ne savaient pas ce qu'ils voulaient.

Nous n'avons pas à juger ceux qui agirent et dont plusieurs payèrent de leur vie et de leur liberté, leur erreur s'ils se trompèrent. — Ils sont à saluer profondément, ceux qui sacrifient leur vie à leur façon de concevoir les choses. — Mais nous devons avouer que certains actes maladroits, certaines violences hors propos, contribuèrent à ancrer cette opinion. Mais la crânerie, le désintéressement de ceux qui furent pris dans la lutte et dont plusieurs sont morts au bagne et à l'échafaud, forcèrent ceux qui pensent à étudier des idées capables d'engendrer des dévouements semblables, pendant que les satisfaits de l'ordre actuel les couvraient d'ordure.

Pour ces ventrus, tout anarchiste n'est qu'un être haineux, envieux, voulant bien vivre et ne pas travailler. Est-ce bien à ces repus, de venir nous parler d'appétits et de convoitise ? Eux qui se sont gardé toutes les jouissances de la vie ; eux que la satiété a dégoûtés de toutes les jouissances naturelles qu'ils n'en ont plus en effet, aucun appétit...

Saouls et blasés, ils en sont réduits à chercher des jouissances dans des passions anormales, dans des raffinements contre nature...

Pauvres gens !

Les anarchistes se sont répandus en écrits, en paroles pour expliquer leur idéal, et les pourquoi de cet idéal. Nous espérons, par ce volume, avoir apporténotre petite pierre à l'édifice de la pensée future, qu'importe, les bourgeois n'en continueront pas moins de clamer que nous n'avons aucun idéal.

« Pour eux, hommes d'appétits et de convoitises, ces anarchistes qui sacrifient leur existence et leur liberté à la conquête d'une organisation sociale qui donnera libre jeu à l'évolution de tous ! Hommes d'appétits quand, avec l'absence de préjugés qui les caractérise, ils pourraient faire une trouée et se tailler une large place dans les institutions de la société actuelle ouverte à toutes les ambitions, à tous les appétits, à toutes les monstruosités dérivant d'une éducation faussée et corrompue, pourvu que celui qui veut arriver ferme les yeux sur ceux qu'il renverse sur sa route, se bouche les oreilles pour ne pas entendre les cris d'agonie de ceux qu'il foule aux pieds dans la course folle qui l'emporte à la curée.

Hommes d'appétits et de convoitises, ces anarchistes que nous avons vus défiler dans tous les procès, sous lesquels on a cru étouffer le parti, qui, bourgeois en rupture de classe avaient sacrifié une position faite — qui, travailleurs après une journée de labeur et de fatigue, prenaient sur leur temps de repos pour aller annoncer à leurs frères de misère, cet avenir meilleur qu'ils entrevoyaient dans leurs rêves, à travers leurs conceptions ; s'en allaient dévoiler aux travailleurs leurs véritables ennemis, en leur faisant comprendre les véritables causes de leur misère. Hommes d'appétits, tous, quand il leur aurait suffi, pour la plupart, d'accepter la société telle qu'elle est, et un peu de souplesse d'échine pour entrer dans les rangs de nos exploiteurs actuels.

Enfin, hommes d'appétits et de convoitises, tous ces travailleurs qui aspirent à un état meilleur, eux qui produisent tout, luxe et jouissances, et se serrent le ventre toute leur existence ! Hommes d'appétits et de convoitises, ceux qui réclament leur part de consommation dans les richesses qu'ils produisent !

Mais ceux qui nous oppriment ? — Oh ! peut-on dire ! Eux, des hommes d'appétits et de convoitises ? comment donc ! — Écoutez-les, au sortir d'une nuit bien employée ! viennent-ils nous surexciter les mauvaises passions, en faisant entrevoir au travailleur un avenir impossible ? que non, entendez-les lui prêcher l'amour de sa famille, de son intérieur, le respect des positions acquises, la morale, la tempérance et le désintéressement, en des discours coupés par les hoquets d'un repas trop copieux, où, individuellement, ils auront absorbé la substance de plusieurs familles.

Eux, des hommes de convoitises ? Ho ; fi donc ! les pauvres gens que vous les connaissez mal ! — Mais s'ils consentent à s'empiffrer de la sorte, au risque de crever d'indigestion, croyez-vous que ce soit pour leur satisfaction personnelle ? oh ! que non. C'est par humanité... ! Ne faut-il pas qu'ils rendent à la circulation l'argent qu'ils ont soutiré au commerce et à l'industrie, à la sueur du front... de leurs serfs du sol, de la mine, de l'usine ou du comptoir ! Les croyez-vous si égoïstes de vouloir se l'accaparer et n'en rien laisser sortir ?

Allons ! pauvres diables qui tremblez, hâves, déguenillés, sous la morsure du froid, qui vous crispez, le ventre creux, sous les étreintes de la faim, réjouissez-vous ! Pour vous faire plaisir et vous procurer du travail, vos exploiteurs se couvrent de beaux habits, s'emmitouflent de fourrures, jettent leur or à des futilités, se délectent dans de dispendieux repas, à votre intention ; et, le soir quand vous irez étendre sur un méchant grabat vos membres endoloris par une journée de travail, eux, sortant de chez leur maîtresse — une de vos filles le plus souvent, — ou de leur cercle où ils auront laissé la fortune d'une famille, ils iront mollement étendre leur carcasse détraquée par les excès, ils s'endormiront heureux. — N'auront-ils pas bien gagné leur sommeil ?... N'ont-ils pas travaillé à vous river de plus en plus à la glèbe ou à l'usine ?

Oh ! nous savons bien ce que vous autres, anarchistes, vous répondrez : « il vaudrait mieux ne pas exploiter les travailleurs, leur laisser à eux-mêmes le soin de dépenser comme bon leur semblerait, le fruit de leur travail ; mais vous n'êtes que des hommes de rapine ; qui n'avez aucun idéal social, qui ne rêvez que pillage, meurtre et incendie ! Vous n'avez que des appétits !... cela répond à tout et dispense de bonnes raisons.

Ce qui fait que tous les partis rapprochés dans une si touchante union, ont oublié leurs querelles sur le dos des anarchistes, c'est que, faisant partie de la classe des exploiteurs actuels, ou espérant y entrer, il faut bien qu'ils prennent la défense de ce dont ils espèrent tirer parti un jour. Ils veulent bien se disputer l'assiette au beurre, mais non la briser, il leur faut donc travailler à se débarrasser de ceux qui leur barrent la route, en démontrant aux travailleurs qu'ils ne doivent plus accepter de maîtres. Or, pour ameuter les naïfs quoi de mieux que de présenter comme des affamés, se précipitant à la curée des biens, ceux qui préconisent le renversement de l'exploitation de l'homme par l'homme !

Il faut les entendre plaindre « ceux qui, par leur travail et leur économie, se sont assuré un peu de pain pour leurs vieux jours », ils n'ont pas de termes assez élégiaques pour louanger « le petit propriétaire ou industriel qui, par son travail, son énergie, fait la force de la nation ! » Et les imbéciles qui sont destinés à crever à l'hôpital, qui, devraient bien savoir que le « capital, fruit de l'épargne et du travail » n'est qu'une blague, que le travailleur est plus assuré d'avoir devant lui, des jours sans pain que d'arriver à faire des économies, craignent eux aussi, pour la sécurité de leurs économies… hypothétiques I

Les anarchistes, n'avoir que des appétits ? Bon pour les imbéciles de croire à cela, mais les autoritaires, comment peuvent-ils espérer tromper ceux qui réfléchissent ? — Quand à chaque instant, ces hommes disent aux travailleurs : « Ce sol dont on vous a frustrés et que l'on vous force à défendre vous appartient, personne n'a le droit de s'en emparer et de vous le faire travailler à son profit ; les fruits de la terre appartiennent à tous, personne n'a le droit de mettre en réserve quand d'autres ont faim ; tout le monde doit manger à sa faim, tant qu'il y a assez de vivres au banquet de la nature », comment peut-on espérer les faire passer pour des hommes de convoitise ?

Quand ils s'efforcent de faire comprendre aux travailleurs qu'ils doivent réaliser l'avènement d'une société où tout le monde doit trouver la satisfaction de ses besoins physiques et intellectuels ; où ne se verront plus ces monstruosités : des individus dans la force de l'âge, mourant de misère, de besoins, ou cherchant dans le suicide, un moyen d'échapper aux angoisses de la faim, lorsque à côté d'eux, se dépensent dans des fêtes folles, dans des orgies sans nom, des sommes qui suffiraient à défrayer plusieurs familles pour le reste de leur existence ; qui pourra les comparer à des hommes de rapine ?

Des ambitieux les anarchistes ? quand leur principale propagande est de faire comprendre aux individus, qu'il faut qu'ils détruisent toutes les situations qui permettent aux intrigants de dominer la masse ; quand ils s'efforcent à chaque instant de faire comprendre que, quels que soient les hommes au pouvoir, ce pouvoir sera forcément arbitraire, puisqu'il ne servira qu'à assurer la volonté de quelques-uns, que ces individus le détiennent de par le Droit Divin, le Droit du Sabre ou du Droit du Nombre.

Et c'est bien là ce qui ameute, contre l'idée anarchiste les bourgeois et les autoritaires, voilà ce qui les fait hurler à la mort, c'est qu'elle apprend aux travailleurs à faire leurs aflfaires eux-mêmes, à ne se reposer sur personne du travail à accomplir, à ne pas déléguer leur souveraineté, s'ils veulent rester libres. Tout ce qui vit d'exploitation politique a senti que, l'idée se propageant, il ne resterait plus de place aux appétits, et cette meute de faméliques en quête de places et d'honneurs, et, surtout d'émoluments, gronde en montrant les crocs ; ils sentent leur rôle s'effacer peu à peu ; étant trop gangrenés pour se mettre franchement avec les travailleurs, ils bavent sur tout ce qui travaille à l'affranchissement de l'humanité.

Allez ! bavez tant qu'il vous plaira, ce ne sont ni vos injures, ni vos calomnies qui arrêteroat la marche de l'humanité. Oui, tout homme a des appétits. Eh bien ! après ? — Il ne s'agit que de s'entendre sur la portée de ce mot. — Oui, nous voulons une société où chacun pourra satisfaire à ses besoins physiques et intellectuels, dans toute leur intégralité ; oui, nous rêvons une société où toutes les jouissances du corps et de l'esprit ne seraient plus accaparées par une minorité privilégiée, mais seront à la libre disposition de tous. Oui, nous sommes des hommes et nous avons les appétits de l'homme ! nous n'avons pas à nous cacher de notre nature.

Mais nous avons, aussi, une telle soif de justice et de liberté que nous voudrions une société exempte de juges, de gouvernants et de tous les parasites qui constituent le monstrueux organisme social dont est affligée l'humanité depuis son histoire.

Quant au reproche de ne pas avoir d'idéal, les déclarations que les anarchistes ont faites en toutes les occasions qui leur ont été offertes dans leurs journaux, brochures, réunions, devant les tribunaux, partout où ils ont pu parler au public, suffisent à prouver y la fausseté de ces allégations.

Dans le cours de ce travail, nous avons essayé de dégager notre idéal, de démontrer preuves à l'appui, que l'initiative et l'autonomie, dans une société normalement constituée, doivent être les seuls moteurs de l'activité humaine. Nous avons vu que toutes les institutions actuelles ne sont faites que pour la défense des intérêts particuliers d'une classe, pour la protéger contre les réclamations de ceux qu'elle a spoliés : que loin de découler de « lois naturelles, » elles ne reposent que sur l'arbitraire et sont absolument contraires aux lois de la nature.

Puis, nous avons vu que la science et la nature, loin d'infirmer nos idées, comme on le prétend, s'accordent pour proclamer l'autonomie complète de l'individu au milieu de ses semblables et dans l'espace. Aux travailleurs à méditer.

Clairvaux, 1894-95.

ISBN : 978-1986081610